爱情是不离不弃

施天权 著

文汇出版社

爱是不分不离

前　言

吾生亦有幸，躬逢近半个世纪来中国之巨变。在国门封闭三十年后，中国终于改革开放，无数有为青年跨出国门，想看看世界的真实面目，闯荡自己的人生之路。我当年已届不惑，但还是有一颗美好的童心，愿随着时代的风潮，与年轻人一路同行。

1990年，我赤手空拳远渡重洋飞抵美国，与当时的留学生、新移民一起，开始了在一片陌生疆土的摸爬滚打、砥砺前行，在没有路的地方硬生生地闯出一条路来。其间亲身经历、耳闻目睹了许多催人泪下的故事，有感动，有叹息，有愤慨；深悟造化弄人，一如自然界的鬼斧神工，其情节的曲折离奇，实非想象所能及。

作为一名文学爱好者，多年以来，总觉得有一桩心事未了，有一件人生大事尚未完成；总想着应该记录下这一代勇敢者的足迹，让更多的人知晓这批先驱者的筚路蓝缕。奈何我大学所读并非中文专业，只能 Just do it，以硬着头皮打起来的精神，写就了《海那边的中国女人：爱情三部曲》。第一部为《爱情是不可替代的》，第二部为《爱情是不离不弃》，第三部暂定名为《爱情是奇迹》。希冀借由爱情这种人世间最珍贵的感情，以此为红线，串联起两代新移民的喜怒哀乐、成长历程。美国谚语云："There is a will, there is a way." 中文意为"有志者事竟成"。中国留学生和新移民以顽强的意志和不懈的努力了解美国，融入社会，终于成为注入美国这个移民大家庭的一股新生力量。

　　整部小说的主要情节在美国展开，全景式、立体地展示当时的美国社会。这里有美国的一些基本规章制度，比如12岁、16岁、21岁都可以做些什么；有点点滴滴的生活常识，比如申请中学、大学的做法，个人信用的累积，注册成立公司的程序等；还有美国老百姓的生活实景，他们的善良单纯，以及美国政客的狡猾险恶；等等。这些描述，既是小说主人公生活历练的背景，兴许也能帮助读者对美国社会有更感性的认识。

　　谢谢大家愿意阅读此书。

施天权

2019年6月

主要人物表

（人物年龄以第一次出场为准）

陈卫红，女，26岁，大学教师，上海名牌大学硕士毕业后留校任教，以自费公派身份赴美国做访问学者。

吴大伟，男，27岁，陈卫红同学，同事，丈夫。

陈启帆，男，52岁，陈卫红父亲，大学外文系教授。

魏晓楠，女，50岁，陈卫红母亲，大学物理系教授。

叶敢峰，男，21岁，出生于上海，来美国大学读书。

彭金凤，女，20岁，出生于台湾，来美国读书。

蔡卓娅，女，30岁，北京名牌大学硕士毕业后来美国读博士学位。

王义尧，男，32岁，蔡卓娅男友。

王绍德，男，40岁，祖父辈移民美国，公司董事长。

柔斯玛丽，女，50岁，美国中产阶级家庭妇女。

万招娣，女，50岁，吴大伟母亲。

胡小英，女，22岁，吴大伟公司招收的大学应届毕业生。

目　录

前言 001
主要人物表 001

第 1 章　小夫妻机场惜别 001
第 2 章　融入年轻的海洋 009
第 3 章　初来乍到—海伦 018
第 4 章　留学生的苦与乐 027
第 5 章　遇见柔斯玛丽 036
第 6 章　百万美金的诱惑 044
第 7 章　以身相许的赌注 053
第 8 章　心急火燎赴美追妻 061
第 9 章　假作真时真亦假 070
第 10 章　鸳梦重温情更浓 080
第 11 章　纷繁多样的世界 089
第 12 章　时代大潮的裹挟 097
第 13 章　患难真情两相依 106
第 14 章　愿有情人成眷属 115
第 15 章　光明已在前方 124
第 16 章　留胎，还是流产 133
第 17 章　生活最好的安排 142
第 18 章　这是爱的呼唤 151

第19章	随时可以为你疯狂	159
第20章	女儿小晨茜诞生	164
第21章	婆婆来了	172
第22章	同一屋檐下的两位女主人	181
第23章	求解世界难题	189
第24章	中产阶级家庭	196
第25章	花无百日红	205
第26章	一石激起千层浪	214
第27章	深圳,我们来了	223
第28章	进退两难的徘徊	232
第29章	空中飞人内在美	240
第30章	朝朝暮暮谁与共	249
第31章	创业人在江湖	257
第32章	当惊世界殊	267
第33章	冰火两重天	275
第34章	青春作伴好还乡	284
第35章	东窗事发惊鸳梦	293
第36章	闺密胜亲人	302
第37章	东边日出西边雨	310
第38章	世界依旧那么美丽	319

尾声 326

后记 329

第1章
小夫妻机场惜别

　　上海人还是有点小幽默的,他们自嘲道:当年知青上山下乡,只不过是去往上海附近的江西、安徽之类省份,最远也就是云南、黑龙江,竟弄得全家大哭小叫鸡犬不宁的。现在要到美国、英国去,跨洋过海远行数千数万里,竟然都不嫌远,家家户户争先恐后要把子女送出去。他们边说还边摇头晃脑地打哈哈,一副自鸣得意的样子呢!

　　这是20世纪90年代的初春,上海虹桥国际机场,人头攒动,远行的,送别的,济济一堂。人们意气风发,情绪亢奋,远行的人自觉重任在肩,踌躇满志;送别的人殷殷寄语,期望深切。近处走过来四个人,更叫人眼前一亮:那年轻的一对,看上去也就二十来岁,男的浓眉大眼,伟岸魁梧;女的白皙秀美,身材修长。年老的一对,约莫五十来岁年纪,老先生儒雅挺拔,女士清秀优雅。四个人随着人潮走向安检口,边走边聊。

　　"红红啊,你一个女孩子外出,还是要处处小心,不要轻易相信别人,遇事要自己拿主意啊!"

　　"爸爸,你放心好啦!我开始也有点心里哒哒动地不踏实,后来听人说,旧金山只有上海的五分之一大,我是在上海长大的,到只有上海一个区那么大的地方,不会迷路找不到地方的啦。"

　　"哎呀,你这孩子有点偷换概念啊,你爸爸叫你要识人,你倒是在说识路呢!"

"知道啦,妈妈,识人最重要,你跟我讲过一百遍啦!"说着,她忍不住笑着向那个年轻人眨了眨眼睛。

年轻人沉默不语,有点郁郁寡欢的样子。

妈妈见状,拉了拉丈夫的袖子说:"我要去一下洗手间,你去不去?"

丈夫立刻接了翎子,有点夸张地对女儿女婿说:"对啦,我也正想去呢,你们两个等等我们啊。"

看着老夫妇走远了,男人拉起妻子的手,闷闷地念道:"此去经年,纵是良辰好景虚设,便纵有千种风情,更与何人说?"

女人笑着揶揄道:"吴老师还蛮有文人风尚的嘛,这句话应该是远行的我说的呀。不过那时柳永仕途失意又与恋人分别,所以满眼离愁别绪。我是出去看看外面的精彩世界,先给你探探路,你不是很快也要出来的吗?"

吴大伟和陈卫红都是上海名牌大学的教师,他俩一起申请到美国大学做访问学者的机会。陈卫红外出心切,什么要求都不提,只要有大学接受她就行,因此较快拿到了自费公派的名额,也就是说,费用自己出,国内容易批准;而名义上算是公派,美国方面又便于接受。吴大伟要求较高,一定要美国的大学答应负担他在美国的生活费用,这样的位置就比较难申请到。他俩约定,陈卫红先行一步,等吴大伟拿到美方资助的访问学者名额,两人就可在美国会合了。

吴大伟轻声地嘀咕了一句:"我就弄不懂你为什么一定要到美国去,我们夫妻俩在名牌大学教书,这样的位置多少人眼红求之不得呢!我去不去美国无所谓的。"

陈卫红几乎有点苦口婆心地劝说道:"你看我们学校的年轻教师差不多都出去了,学生都想知道外面的世界怎么样,做教师的自己莫名其妙,还怎么教学生啊?再有,你看看系里的几位老教授,我们如果不出去,一辈子也就像他们那样啦。这么年轻就一眼看到头知道自己的一辈子,我可不想这样活。"

吴大伟还想说什么,怎奈岳父岳母走回来了。岳父陈启帆听到了最后一句,接口道:"你们年轻,有机会出去看看太幸福了,我老头子也想出去呢。

我想起'文化大革命'运动时,有一张大字报说我们这些知识分子就知道跟在洋人的屁股后面跑。我看了随口说道,现在洋人的屁股在哪里我们都不知道了,还怎么跟着人家跑呢?结果给跟踪的人听到去汇报了,大家又批判我,说我崇洋媚外。你看看,现在邓小平都说了要跟上世界发达国家。你不出去看看,真的不知道洋人的屁股在哪里呢!"

岳母魏晓楠假嗔道:"你说话文雅一点好吗?"

陈启帆说:"好呀,我就说洋人的ass①好吗?"

老夫妻俩和女儿都忍不住大笑起来,吴大伟不解地看着三个人,愣了几秒钟,也跟着勉强地笑了笑。

说起来,这四个人竟还都是一个学校的教师。

陈启帆和魏晓楠虽说是新中国培养出来的第一代大学生,但不知为何,无论是组织上还是民间的看法,总认为他们是资产阶级知识分子,也许是因为他们的出身有点不太草民吧。

陈启帆祖上几代都是读书人,举人秀才不在话下,据说还出过状元榜眼探花之类的拔尖人才。他的堂兄就是庚子赔款送去美国留学的,那一支之后就留在美国,与他们也没有多少联系。陈启帆自己读到高中毕业要上大学时,恰逢上海解放,他进大学后成了新中国第一代大学生,虽然经过多次院系调整,从一所大学转到另一所大学,但他的攻读方向一直没有变,学的是外语专业。

魏晓楠家确实是资产阶级,父亲早年留洋后回国创办实业,妄想通过实业救国,可以一改中国腐败的积习。奈何实业救国碰到太多的钉子,碰得他头破血流,几乎连身家性命都难保。新中国成立后政府对资本家采取赎买政策,他放弃了工厂经营权,拿起了定息,日子过得比一般老百姓好多了。只是,"文革"运动中他们这种人首当其冲,家里被抄家,自己被挂牌游行,

---

① 英文"屁股",正规的说法是butt,文雅一点的说法是Someone's behind,而ass是民间粗俗的说法,这里陈启帆故意引用英文中这种粗俗的说法来与妻子打趣。

尝够了红色恐怖的滋味。魏家一向相信实业，魏晓楠学的是物理专业，也正是这个专业救了她的命。

陈启帆和魏晓楠是在新中国成立初期大学的院系调整，各个学校各种专业不断碰撞时认识恋爱的。当然，开始时魏晓楠的父亲不喜欢陈启帆那样的"精神贵族"，不务实际，只会吟诗唱英文歌曲，觉得女儿嫁了这种人会吃苦头。但陈启帆用莎士比亚式的恋爱劲头锲而不舍地追求，魏晓楠一家人都被他逗笑了，父亲母亲也就都松了口，陈启帆如愿以偿抱得美人归。

陈启帆以怜香惜玉的姿态照顾着魏晓楠，几乎所有的矛盾分歧，他都能以幽默的玩笑化解，或者是用大男人的方式装糊涂，不计小事。魏晓楠虽然身体瘦弱，脑子却特别灵敏，善于学习新生态、新时尚。在科学研究之余，她还会从饭店的菜谱中学习做菜肴点心甚至沙拉果酱，从电影银幕中借鉴国际服饰新潮流、新式样。夫妇两人举案齐眉，一辈子恩恩爱爱，没有分开过。只是在"文化大革命"时期，魏晓楠因为她一贯时髦出众的打扮，而最早被看不惯这种资产阶级生活方式的革命群众"揪出"批斗，再因为她的出身而被关进"牛棚"①，接着就被送到偏远的山区清洗脑子改变腐朽的旧生活方式，两人被迫分居数月。这时候陈卫红才刚刚牙牙学语蹒跚起步，陈启帆不管不顾地抱着女儿赶到偏远山区去照看魏晓楠。幸好这时候大学要新建一个物理二系，研究核物理等新项目，而整个物理系只有不断追求新时尚的魏晓楠对此有较多涉猎研究。凭借国家重大课题的大盖子罩着，科研人员的出身成分生活小节也就不再追究，魏晓楠被调回了学校。这也可归功于晓楠的父亲有先见之明，他知道科学不分政治，要女儿学了这个走遍天下都需要的专业，令女儿摆脱了濒危的境地。也因为魏晓楠身子弱，科研任务重，夫妇两人商定，只要一个孩子。孩子既姓陈，也姓魏，因为是女孩，加上一个红字。没想到登记户口时，书写的人偷懒，把个魏字写成了卫字。陈启帆一

---

① 牛棚，中国在"文化大革命"时把认为有问题的人叫作"牛鬼蛇神"，因此把关押他们的地方称为"牛棚"。

向随和，要求改回来人家不理会，也就笑笑说心里明白就行了。

陈卫红遗传了父母的良好基因，个子高挑像父亲，面貌姣好像母亲，性格上既有父亲的随和大气，也有母亲的聪颖新潮。她与吴大伟是同班同学，一个是貌美如花，一个是英俊健壮，看外貌都说是天造地设的一对。但实际上，两个人的出身背景大相径庭，用一句俗话来说，就是门不当户不对的。

吴大伟的老家在江西山区，世代务农。吴大伟天资聪颖，虽然从小就帮助做家事农活，倒并没有耽误他读书上进。父母识字不多，但"万般皆下品，惟有读书高"的思想根深蒂固，村里人也津津乐道地传扬着那一带历史上"五里一状元，一门三进士"的荣耀，会读书的孩子从小就备受赞扬。吴大伟在村里人羡慕的眼光注视下读到了县里的重点高中，又成了那里唯一一位考进重点大学的学生。家里人节衣缩食供他读书，他也不负众望，顺利地完成大学学业并考上了研究生，毕业后留校任教。他是地地道道的乡下人，但长得白白净净的，似乎是大太阳也晒不黑的皮肤，加上近二十年的书卷浸淫，举手投足俨然是一位知识分子精英。

"陈卫红和吴大伟，真是完美的一对哎！"这是每个见到他们的人发出的第一声赞叹。陈卫红皮肤白皙细腻，五官长得十分精致耐看。一对丹凤眼眼角微微上翘，眼珠晶莹发亮，鼻梁挺直，小小的嘴唇棱角分明，笑起来露出洁白的牙齿，甜美得让人心里痒痒的。高挑的身材，与一米八〇高个的吴大伟正好般配。吴大伟浓眉大眼，五官端正，腰圆膀粗，魁梧雄壮，很有男子汉气派。两人从18岁进入大学时就认识了，当然，开始时大家都认真读书谁也没有动心。到了大四临近毕业的那一年，同学们纷纷行动起来找对象了，两个人都是异性追求的焦点，烦不胜烦。一到周末，陈卫红就赶快往家里躲，正好吴大伟也想出去清静一下，两个人在去市区的路上碰到了。

吴大伟先看到了她，随口说道："陈卫红，回家去呀？还是你们上海同学好，周末就可回去加餐了。"

陈卫红笑着应付："你愿意的话就跟我一起回家加餐好了。"

吴大伟说："那你妈还不把我赶出去？"

陈卫红不假思索地说:"我爸妈都是热情好客的,我妈妈最喜欢别人称赞她做菜好吃呢!"

吴大伟正好想躲开那些纠缠他的女生,也想看看上海同学家里到底是怎么样的,接口说道:"恭敬不如从命,那我就老实不客气啦!"

两个人相跟着走进陈卫红家住的公寓大门时,吸引了很多目光。及至踏进家门,爸妈都吓了一跳。

陈卫红说:"爸爸妈妈,我同学吴大伟来啦。他家在江西农村,周末没地方去,我就请他一起来了。"

妈妈拉着女儿到外面轻声责备:"你第一次带男朋友回家,也不事先跟我说一声。家里一点准备也没有,尴尬哦?"

陈卫红坦然地说:"不是男朋友,不要瞎说。"

爸爸赶快到附近餐馆里买来了白斩鸡、油爆虾,妈妈把看家本领都拿出来了,整出一桌好菜,还开了一瓶味美思葡萄酒。

吴大伟生性直爽不知客气,大口吃菜举杯喝酒,陈卫红爸爸妈妈竟十分欢喜,觉得他不矫情,不做作,又与女儿同学,肯定是个好青年。临走时就约他下个周末再来玩。

陈卫红怕他这个外地同学不熟悉路,便送他出门到车站。两个人都喝了点酒,又吃得饱饱的,走起路来劲头十足,边走边聊,不知不觉就走远了。

两个人往学校的方向走去,大伟跟卫红叙述他乡村的童年,说他如何上山砍柴下水捉鱼,听得陈卫红一愣一愣的,觉得有趣极了。相比之下,卫红觉得自己的童年太枯燥,只是踢踢毽子听听故事。他们还扯到了家里的每一个成员,似乎有说不完的话。走着走着,学校就到了。

吴大伟看到了学校的大门,惊醒似的说:"哎呀,你把我送到学校了。不行不行,半夜三更的,你一个女生,我要送你回去!"

于是两个人又往陈卫红家的方向走去。一路上家里的事都说了,又来说同学的事情。同窗三四年了,好玩好笑的事情多了去了,怎么说得完呀?两个人边走边说,兴高采烈的,两三个小时过去了,又走回了陈卫红的家。

快到公寓门口了，陈卫红伸了伸舌头："噢哟，这个时候已经后半夜了，把看门的都要吵醒了，怎么还好意思进去？我们还是回学校吧！"

两个人又往学校走，他们似乎忘记了时间，忘记了空间，满心里只有"我们俩"，再到学校大门口时，远远的天际现出一片鱼肚白，艳红的小太阳正一点一点地往上跳跃。陈卫红的脸被小太阳映得通红，她轻手轻脚地回到宿舍，好在同屋的女生都还在睡梦里，她悄悄地掀开被子钻了进去，心里怦怦乱跳，一点睡意都没有。

从这次以后，吴大伟就常常去陈卫红家里玩了。陈启帆和魏晓楠都是思想自由特立独行的教授，向来不持什么出身门第之类的世俗眼光，只要女儿喜欢，他们就顺着女儿的心意行事。吴大伟从来不带什么礼物来，他带来的只是一双勤劳的手。每次一到家，他就帮着做家务，扫地抹桌倒垃圾动作飞快，看到有脏衣服堆在那里，他不声不响就洗出来了。大冷天自来水放出来冻得钻心刺骨，他觉得这正是男子汉应该发挥作用的时候，就关照卫红和她爸妈不用洗衣服，等他周末来一起清洗。陈启帆和魏晓楠都是大学教授，平时也没有多少时间做家务，请来的钟点工自然不如吴大伟做事麻利，渐渐地家里的脏活累活都由吴大伟包办了。

一次两个人星期天晚上又一起走回学校，走着走着，吴大伟一把抓住了陈卫红的手。这一瞬间，陈卫红像触了电似的，电流火辣辣地从手心直烫到全身，整个人像要烧起来了。但她没有挣脱，两个人的手紧紧地牵在一起，人也越靠越近。

吴大伟结结巴巴地告诉陈卫红，曾经有某个女同学向他表白说喜欢他，自己未置可否。陈卫红抬头问他："你跟我说这些干吗？"吴大伟眼睛里竟射出一种异样的光亮，这束钻石般的星光直刺到她的心里。吴大伟腼腆地说："我觉得应该告诉你，我要把自己的一切都告诉你！"陈卫红从来没有见过这样火辣辣像燃烧的星星一样明亮的眼光，她默认了，两个人心照不宣，这句话就成了他们的定情宣言。

他们顺理成章地成了一对，待到研究生毕业留校工作后就考虑结婚了。

陈卫红还是喜欢玩浪漫,结婚前她拉着吴大伟到校园里,两个人捡了一颗小圆石,用小刀在石头上刻下了两个人的名字,又刻下了"海枯石烂不变心"。吴大伟为了刻这七个字,手上都磨出了血泡。陈卫红一点不计较吴大伟家里没有拿出一分钱支持他们结婚,更没有买任何金银首饰,她只把这块永不变心的石头当成宝贝一样时时揣在身上。

两个年轻人天天耳鬓厮磨形影不离,但不知是羞涩还是矜持,两人的亲热始终是发乎情止于礼。好不容易熬到了结婚,吴大伟的性欲才如火山爆发般迸裂出来。

可结婚才两年哪,新婚的被窝还没有焐热啊。吴大伟脑子里又涌起一句唐诗:"席不暖君床",妻子就要飞走了,她还真是幼稚啊,她不像自己,这辈子还从来没有尝过挨饿的滋味,到一个人生地不熟的地方去,日子怎么过呢?吴大伟心里在绞痛,但看着兴高采烈的妻子和岳父母,他只能朝着走向登机口的妻子深情一拥,在她耳边轻声说着:"照顾好自己,待不住就早点回来!"

陈卫红确实是幼稚的,不切实际的。她深爱丈夫,但她觉得夫妻总归一辈子待在一起的,这是个定数;而外面的世界却是个未知数,她一定要去探索一番,解开这个未知方程式。她笑着面向爸妈和丈夫,大声说道:"你们放心吧,我要上飞机了!"

第2章

融入年轻的海洋

陈卫红是带着浓得化不开的爱走上飞机的。

吴大伟还是不理解,新婚的太太为什么一定放着安稳的好日子不过,非要吵着到美国去。虽然不理解,但他行动上却总是支持陈卫红的,因为他太爱妻子,习惯性地宠着她,一切由着她的性子来。他几乎变卖了家里所有值钱的东西,把全部存款拿出来,给陈卫红买了去美国的飞机票。她到了美国以后又怎么生活呢?他简直不敢再想下去。

临行前夜,吴大伟紧紧地抱着妻子亲了又亲,舍不得放手;陈卫红也热烈呼应,把丈夫夹得紧紧的,两个人黏在一起,在床上滚来滚去,似乎融合成了一个人,永远不会分开。

身上印满了丈夫亲吻的唇印,体内保存着丈夫给予的热量,陈卫红依依不舍地踏上了飞机。

轰鸣声突然在耳边响起,座位下似乎传来了震动,透过舷窗向外望去,巨大的机翼就在眼前,遮住了远处的航站楼和晕在一片霞光中的落日。陈卫红的座位是29C,但是AB两个座位都是空的。这是她第一次乘坐国际航班,她没有一点睡意,坐在舷窗边上贪婪地望着外面变化万千的天空,看得真真切切。她看到了大自然的奇观,上海是雨濛濛的,东京是阴沉的天,而到了旧金山,外面是一片璀璨的阳光,蓝天白云,光彩炫目,令人耳目一新,精神为之一振。

一出舱门,满眼满眼的蔚蓝,没有一丝杂色,整个天空好似一整块通透的蓝玻璃,或者一片静湖,抑或一幅印刷均匀的蓝纸。那日风大,她匆忙整理着四散的头发,生长于海边城市的她敏感地从这些自由无忌的风中嗅到隐约的海腥味,熟悉而陌生的味道。

出关意外地顺利,海关检查证件的是一位中年白人女子,透过一副金丝边眼镜仔细核查了陈卫红的护照和签证,抬头看向她的时候脸上带着一丝微笑,礼貌地问道:"你是教师?"陈卫红也微笑地答道:"对,我是一位中国教师。"她便爽快地盖上入境章,伸手指了指出关方向。守门的警卫人员先说了声谢谢,陈卫红点头也说了声谢谢,这就出了海关进入美国。

跟着机场指示她又转了国内航班,终于到达她做访问学者的大学城,俄勒冈州的E城。她有点担心,不知道学校会不会安排接机,如果没有的话,人生地不熟的自己又该怎么办呢?

幸运的是她一出门便在众多接机的人群中看到了一块写了中文的牌子,也许是方块汉字在其他的线条文字中间显得尤其独特的缘故。向着那个牌子走近一些,方看到夹在人群间的几个年轻亚裔男生,稚气未脱的脸上充满着朝气,看到向自己走来的陈卫红更是激动地晃起手上的牌子,大声叫着:"你好!""欢迎!"

陈卫红这时才看清那牌子上白纸黑字写的是"俄大中国同学会,欢迎新同学!"他脚下停顿了一秒钟,但还是走到了他们面前,礼貌地问道:"同学,我是俄大的访问学者,能麻烦带我去学校报到吗?"

刚才还吵吵嚷嚷的几个男生顿时安静了下来,面面相觑,又疑惑地上下打量了她一番:"你是老师?"

陈卫红笑了:"怎么?不像啊?"

有个胆大的男学生打趣道:"你这么年轻漂亮,以前来的访问学者都是老头老太啊。"

陈卫红顺口说:"哪里年轻?我都结婚两年了。"

几人又是一阵惊诧,异口同声:"啊?你已经结婚啦?"

陈卫红被他们的反应逗笑了,语调轻快地问道:"很奇怪吗?我硕士毕业后教了两年书啦,还不能结婚吗?"

几人也跟着笑了起来。

刚才那个男生回头对同伴道:"你们要不去看看今天还有航班没有,不然我们就先送老师去学校。"

剩余两人应了,走去大厅看信息屏。

"谢谢你们了。"陈卫红说道。

那男生瘦高个,头发剪得短短的,笑起来右边嘴角还带个酒窝,让整张脸显得有些稚气。他道:"正式介绍一下,我叫叶敢峰,在俄大读三年级。老师您贵姓?"

"我姓陈,耳东陈。我叫陈卫红,上海过来的。"

"我也是上海人!"叶敢峰兴奋地拍了一下手,"老乡啊!难怪和老师一见如故呀!"

"我初来乍到,多多提携啊。"身型娇小,又衣着新潮,背着双肩包的陈卫红看起来跟学生们一个模样。

叶敢峰学着电视里面的绅士,摆出愿意效劳的架势,动作夸张地挥手加俯身:"没问题!"

陈卫红被他的举止逗得哈哈大笑:"中国同学会只派了你们三个男孩子来呀?"

说到这个话题,叶敢峰重新站直了身子:"陈老师你不知道,来美国的中国留学生,男女太不成比例了:八比一!男同学比女同学要多得多。而且女同学来了以后还可能找老外。所以每次迎接新同学,男同学都争着来,看到漂亮的就可以抓紧追啊!"

陈卫红恍然大悟,复又莞尔:"原来如此,那我可让你们大失所望了。"

叶敢峰正要准备说什么,那两个男生已经带着"今日无航班"的消息回来了。

"今天的飞机都已经到了,明天再来看吧!"

"那我们就送陈老师到她的系里去报到吧!"叶敢峰点了点头,"陈老师,你住在哪里呢?"

"我也不知道,还要去找呢。"陈卫红皱眉,这是个麻烦事。

几人说着话,下到停车场,上了一辆银色二手福特车。两个男生坐前排,一人开车,叶敢峰和陈卫红坐到了后排。

"陈老师,这里的房子都很贵的,学校会帮你出钱吗?"叶敢峰接着刚才的话问道。

"哪里啊?两边都没有人帮我出钱,我是自费公派,美国觉得我是公派,比较容易接受,中国觉得反正是你自己出钱,也比较容易批准,我是打了个擦边球,就是想早点出来看看。"

"陈老师你厉害的,胆子真大,靠国内的工资,在美国怎么生活啊?"

"所以我也要想办法打工啊!我看学生可以边打工边读书,那我们老师为什么不可以呢?我们还不用缴学费呢。"

车里又是一阵笑声。

陈卫红转头问叶敢峰:"你在打工吗?可以带我去找找工作吗?"

叶敢峰伸出三根手指:"我一个人在打三份工。"

陈卫红瞪大了眼睛:"你一边读书一边还打三份工?"

副驾上的男同学转过身来,友好地嘲笑道:"他是有名的打工不要命。不过时间再紧,接女同学的机会他从来不放弃!"

被挤对的叶敢峰挥手拍了一下副驾车座,面上却和大家笑成了一团。"我每天清早起来送报纸,送完报纸上课,中午上完课到学校食堂打工,正好可以混顿免费的午餐。下午上好课再到中国餐馆去做服务生,那里有小费,比学校食堂的收入要好些。打完工大约晚上十点多钟,再回学校做功课。"

听着对方密集的行程安排,陈卫红惊讶道:"那你什么时候睡觉呢?"

叶敢峰调皮地眨了眨眼睛,笑着说:"听说美国科学家正在研究一种东西,可以少睡觉或者不睡觉。在这里,Time is money(时间就是金钱),睡觉太浪费时间了。"

"你们呢?也打那么多工吗?"陈卫红问前排两人。

"打啊,但不像小峰那么拼,我只是下课了去中餐馆做服务员。"

"我也差不多,因为我学法语,有时也会帮一些华人小公司翻译翻译文件什么的。"

"也挺不容易的。"年长几岁的陈卫红看着这几张年轻的脸,心中不由感慨。

"习惯就好了。"叶敢峰笑着挥了挥手,接着讲起了自己在打工时遇到的趣事,前排男生也跟着分享一个又一个的美国故事,车内载满欢声笑语。

"哎呀!对了!我怎么把茱莉亚给忘了。"叶敢峰拍了一下自己的脑袋。

陈卫红听得迷糊,两个男生倒是一下子就听明白了,还故意阴阳怪气地问:"哪个茱莉亚啊,罗杰学长?"

叶敢峰笑骂两人一声,回头对陈卫红正色道:"陈老师,是这样,我们这里有一位女同学,台湾来的,叫彭金凤,我们都叫她的英文名字茱莉亚。她刚搬出来住,正好要找室友。你先跟她一起,房租比外面要便宜,怎么样?"

陈卫红连忙应道:"那简直太好啦!"

叶敢峰也很高兴:"我们先送你去学校报到,然后再带你去找茱莉亚,看看房子合不合适。找工作的事情不着急,等安顿好再说。老师,你觉得OK吗?"

陈卫红不住点头:"OK! OK!你真是太好了,又周到又体贴。"

副驾男生又起哄道:"陈老师,你如果还单身,那叶敢峰就更好了,他还会烧饭给你吃呢!"

叶敢峰哈哈一笑:"我们是老乡啊!陈老师,我很会烧菜的,你有没有女学生来美国读书啊?"

"哟,老师如果有的话一定也要介绍给我们呀!"前排男生赶紧嚷嚷着。

"先来后到,你们排队吧。"叶敢峰夸张地挥了挥手。

陈卫红被他们的一唱一和逗得哈哈大笑,刚下飞机时心中的那点忐忑也被这欢乐的气氛吹散了。

车子开进校园,一大片的绿地上间歇点缀着一座座白色的古典风格的建筑,各种肤色的年轻人三两成群,或坐在草坪看书,或抱着课本匆匆而过,或停在路口闲聊。陈卫红目不转睛地看着窗外的一切,似乎连从外面飘散进来的空气中也弥漫着青春和自由的味道。

车子直接将她送到了学院大楼下,因还要赶去打晚上的工,另外两人先开车走了,留下叶敢峰等陈卫红办完报到手续。手续办理非常简单,她填了几张表,复印了一些文件,便完成了。

她出来的时候,叶敢峰也从不远处的公共电话亭往这边走。

"老师,我刚给茱莉亚电话说了一下这个事情,她高兴死了,能有你来跟她分租。各种费用我也问了一下,一人一半,每个月大概两三百美金吧,OK吗?"

"OK的呀!我刚才在系里报到,系主任说他让学生帮我找了个房子,说是很便宜了,但一问居然要六百美金一个月,吓了我一跳,赶快跟他说已经租好了。幸亏碰到你啊。"

"应该的,我们中国人在外面就是要相互扶持嘛!"叶敢峰笑了笑,笑声爽朗,"茱莉亚租的房子离学校不远的,我来帮老师拿行李吧。"

陈卫红又谢了一遍,将箱子交给叶敢峰,边走边聊。

"茱莉亚是你同学吗?你们怎么认识的呀?"

"在学生活动中心认识的。她低我们一级,在这里读商学院二年级。"

"你说她是台湾人?这儿台湾或者香港的同学很多吗?"

"多,现在大陆过来的也渐渐多起来了。不过我们比较少跟香港的同学打交道。"

"怎么?"

"语言不通啊!他们都说广东话,我们听不懂啊。"

陈卫红愣了一下,继而笑了:"也对。"

"如果分到跟香港同学一组,面对面还是要讲英文。"叶敢峰无奈地耸了耸肩,"台湾同学会讲国语,大家能沟通,而且他们挺有人情味的。特别是茱莉亚,性格开朗,老师跟她相处起来一定没问题的。"

"好的,好的,还没见面就帮她说了一路的好话了。"

叶敢峰嘿嘿一笑:"她姐姐很早就到美国留学了,耳濡目染她也变成了美国通,以后有什么问题和困难都可以找她。当然也可以随时找我。"

"嗯,这段时间还真需要你们多多担待了。"

"别客气。"叶敢峰指着前面街角的一栋小楼说,"茱莉亚就住在那边的公寓,七楼。"

"七楼啊……"陈卫红下意识地看了看地上的这个大箱子。

叶敢峰马上意会到对方心意,开口安慰道:"别担心,像这样的大楼里面都有电梯的。"

"哦哦,那就太好了。"

两人在楼下按了门铃,等楼上住户应答后,门开了,拖着行李乘上老旧的电梯,吱吱咯咯地到了七楼。电梯门一开,便有一个黑发小个女子等在外面,小麦肤色,圆圆的脸上一双黑眼睛十分灵动。他们一出电梯,她便立马迎上来热情地拥抱,口中一迭声的"欢迎"。

陈卫红颇有些不自然地接受了对方的拥抱,接着又想到自己现在是在美国,便很快释然,微笑着对那人道:"你好,我是陈卫红,E大的访问学者,你就是茱莉亚吧?"

"对啊,中文名彭金凤,澎湖湾的'澎'没有水,金色凤凰那个'金凤',不过你叫我茱莉亚好了。陈老师有英文名字吗?"

"我?呃,嗯,海伦。"陈卫红想起自己取过一个英文名字,那是为了致敬美国盲人女作家,被马克·吐温称为"与拿破仑齐名的女人"海伦·凯勒。

彭金凤兴高采烈地又欢迎了一遍,边引着两人到了家门口,"来得太好了,我正想找个伴儿呢!罗杰学长真是做了一件好事,这可是win—win(双赢)!"彭金凤打开门,摆了一下右手,做了一个"请进"的动作,"我先带你看看房间吧。"

两居一厅一卫,房子打扫得挺干净,面积不大,但刚好够两个女孩子住,厨房有个小冰箱和一个嵌入式的烤箱,还有一些简单餐具和筷子。卫生间角落里放着一台小型滚筒洗衣机,有淋浴,洗澡时需要拿防水塑料布拉起来,不然容易溅到马桶和洗衣机。总体而言,房子还是非常不错,陈卫红边参观房间边不住点头。

"这个洗衣机有点小,只能洗点夏天的衣服,大件的只能去学校的洗衣房了。"彭金凤说道,"房东是我姐姐的朋友,所以房租还算便宜。嗯……罗杰跟你说过钱的事情了吧。"

陈卫红猜想她口中的"Roger(罗杰)"就是叶敢峰,点了点头:"是的,两人均摊的话,每个月两三百美金?"

"是的,很便宜了。"似乎怕陈卫红误解,彭金凤特别加重说"很便宜"三字。

"嗯。"陈卫红听懂了她的话外之意,笑着点了点头,"那以后就要麻烦你了。"

"Awesome!(太好了!)"彭金凤欢呼一声,帮着把陈卫红的行李搬到那空着的房间里。"陈老师,我是很少在家里的,平时在上课,下课在图书馆,有空就到学生的Cafeteria(自助餐厅)去做Part-time(兼职),又有工资拿,又可以吃喝不要钱。"

叶敢峰斜靠在门边,笑着打趣:"茱莉亚满肚子的美国经,可以天天念给陈老师听啦。"

彭金凤亲昵地捶了他一下。

陈卫红笑了:"你们都不要叫我老师了,美国都是叫名字的呀,叫我陈卫红,或者海伦好了。"

彭金凤忍不住又打量了一下对方说:"那我就叫你海伦姐吧。你真的好年轻,完全看不出来老师的样子呢。"

叶敢峰突然提议道:"海伦正好也要找工作,不如我们带她到Cafeteria

（自助餐厅）试试？"

彭金凤马上举双手赞成，"Good idea（好主意）！海伦姐明天就可以跟我一起去，那里可以吃饭不要钱，省时又省钱。"

陈卫红笑着点头："好的呀，那就明天去吧。还可以跟美国学生打成一片，学学美国的风俗习惯呢！"

第3章
初来乍到—海伦

第一声长忙音还没有结束,电话便被人接起,一个好似等待已久的"喂"声透过听筒传出来,颤颤巍巍,模模糊糊。

这头的陈卫红没想到电话这么快就被接通,后知后觉地也"喂"一声。

"卫红?是卫红!"电话那头的声音难掩激动。

"大伟!"仿佛受对方影响,她一时心跳如雷,连讲话的声音都显得柔情万分,"你怎么接得这么快呀?"

"你走了以后我就没有合过眼,一直等在电话旁。"吴大伟的声音中透着委屈。

"什么?你两天两夜没合眼?"陈卫红心里发烫了。

家里刚刚安装了电话,上海市电信局要求安装电话的人家得出一笔相当数额的安装费,相当于两人好几个月的工资呢,当时吴大伟还有点犹豫,陈卫红坚决要装。这不,显灵了。

陈卫红从分别后开始说起,说到她抵达后就找长途电话公司要给他打电话报平安,但就是找不到。憋了好久问同学,才知道美国人家里的电话都可以拨国际长途的,不像上海打国际电话要到上海电信大楼才可以。

又说起到系里报到的事情,说系主任给我找的房子要六百美金一个月租金,他还说是便宜的。幸亏遇到了一批中国留学生……真的是太感谢他们了。哦,对了,他们今天还要带我去学生餐厅打工,可以赚点生活费。

"那你小心一点,不要累着了。"吴大伟笨拙地表示着关心。

"没事的,我身体好着呢。"陈卫红为宽慰对方,故意笑得很大声,"如果你也一起来美国就好了……"

脱口而出的话,却使得两人之间的气氛突然变得有些微妙。

电话那头传来两声干咳:"国际电话贵,早点挂了吧。你当心身体啊。"

"嗯,你也是。给我爸妈说一声哦。"

"好,再见。"

"再见。"

电话被快快挂断。陈卫红又是皱眉,又是叹气,最后只能对着电话机用上海话叫了一句"小气鬼"!不过,大伟说为了等她的平安信息,两天两夜不能合眼,又让她心里暖暖的,她觉得吴大伟对自己的爱就是两个字:真,深。

也许是时差吧,陈卫红躺在床上还觉得头脑特别清醒。她不禁想起大伟说的两天两夜没有合眼,他是坐在电话机旁,还是也像我一样躺着睡不着呢?情不自禁地,往日夜晚的情景一幕幕在脑海中浮现。他俩十点钟从大学图书馆回家,那是研究生时期起就养成的习惯,晚上在图书馆读书写作备课直到十点钟关门。回到家里随意看看电视,然后洗漱上床。吴大伟动作快,往往几分钟就搞定了,陈卫红有条不紊地刷牙洗脸脚,大伟耐不住,急切地呼唤着"快点,快点呀"!好不容易挨到陈卫红上床,吴大伟一把揽住她紧紧抱在怀里,卫红只觉得热乎乎的一股暖流传遍全身。两个人紧贴在一起,轻轻交谈一天来碰到的人和事。吴大伟总是把自己最得意的写文章新想法,还有学生夸他讲课幽默风趣等细细地讲给妻子听。这是陈卫红一天中最幸福的时刻,她偎在大伟暖烘烘的怀中昏昏欲睡,大伟却劈头盖脸地吻起她来。陈卫红招架不住,呢喃着:"你昨天不是刚刚来过?"吴大伟悄声答道:"人为什么天天要吃饭?这不是一样的吗?食色性也,天天要的!"说着自己三下五除二脱得精光,又笨手笨脚地替她宽衣解带,陈卫红只好笑着帮忙除下胸罩内裤,任由他颠鸾倒凤……

天将明时陈卫红才迷迷糊糊睡着,一觉醒来已经到了第二天的下午。

"哎呀,糟糕!"想起今天约好要去学生餐厅看看的,陈卫红一下子从床上蹿了起来,草草洗漱整理完毕,正好碰上匆匆进门的彭金凤。

"海伦姐,你起来啦。肚子饿吗?冰箱里面还有一些面包哦。"彭金凤关心道。

"没事,我不太饿。"陈卫红摆了摆手,"不好意思,说好了一起去学生餐厅的,结果我睡到这个点……"

"这是时差嘛,刚过来是会比较厉害,适应几天就没问题了。"彭金凤转身跑回房间里,换了件外套,抓了两本书回来,"我一会儿有教授的研讨课,但叶敢峰应该还在自助餐厅,你身体OK吗?是否需要再休息一下,改天再过去?"

"我没关系!"陈卫红摆手加上摇头,"今天可以过去的。"

"OK。"彭金凤低头看了一眼手表,"我带你过去,走吧!"

E大一共有四个学生餐厅,因为彭金凤赶着去上课,所以直接把陈卫红带到了最大的那个。叶敢峰正兜着厨房围裙,戴着厨师的白帽子,看起来朝气满满,招呼陈卫红时中气十足,一点没有前一晚打工读书到深夜的痕迹。

"我先带你去后面见一下主管,海伦。"叶敢峰说着领着陈卫红往后厨走,待四下人不多时,他凑近陈卫红小声道,"这里只允许学生打工,我以后只能喊你海伦了。"

"就海伦好了,我昨天说了的呀。"陈卫红连忙答应道。

叶敢峰笑着点了点头,站直了身子,简单介绍了一下一会儿要见的主管。

两人穿过后厨,来到一个小办公室,叶敢峰先敲门进去说了几句,然后把陈卫红喊了进来,见到一个面相和善的中年白人男子,他挪动着略显肥硕的身躯跟陈卫红握了握手,相互问候寒暄。

"你带个人简历了吗?"主管公事公办地问道。

"哦,没有,我没想到……"陈卫红慌张道。

主管打断了她的话,笑了笑:"没关系,你稍后填个申请表就可以了。"

"OK。"陈卫红重重地点了点头。

"你学什么专业?"主管随口问道。

"哲学。"

"在艺术历史学院吧?"

"是的。"陈卫红暗思,自己也不算欺骗,只是隐瞒了访问学者身份,至少她所说的都是真的。

"那很好呀。"主管点着头,从办公室抽屉里取出几张表格,对着上面的空格说,"这是我们需要学生帮助的时间班次,你可以对照你的上课时间,看看哪些班次适合你过来工作,另外,你愿意参加后厨还是餐厅哪个岗位的工作?你自己选择填报一下,到时候过来上班就可以了。"

他起身走到一边,从柜子里找出一条围裙和一副袖套给了陈卫红,同时表情严肃地申明了几项规定,例如上班必须衣着整洁,戴上围裙袖套,头发一定要扎起来,最好不要留太长的指甲,不能外带食物回家,最重要的是"保持心情愉悦"。

"我会的,谢谢你!"

陈卫红在靠墙的小桌上填完表,表示现在就可以开始工作。主管和叶敢峰说着话,同时也好似正在等着她。

"罗杰会带你到处转转。"主管笑着指了指叶敢峰,说了一句,"祝你好运!"坐回了办公桌。

叶敢峰带着陈卫红从后厨开始介绍,冷菜热菜,烘焙糕点,传菜口,餐具回收,自动洗碗传送带,饮料加装,冰激凌机清洗,等等,还介绍了几位正在打工的学生给她,同学们见到新来的陈卫红也都友好地打了招呼。

叶敢峰告诉她,你今天有班次打工,就可以在这里吃饭。这个餐厅三餐都是自助餐，学生们都是包月吃饭的，进门划卡就可以，每个月240美金。中国学生都嫌贵，自己在家做饭，即使男生每个月100美金已经吃得很好了，所以在这里吃饭的大陆学生都是打工的。

陈卫红跟着叶敢峰端了盘子取菜。两人在餐厅角落找了个位子坐下，另外还有几位中国同学也陆陆续续围坐过来。

这是陈卫红第一次吃自助餐，大陆当时还没有这种餐厅。她感慨食物的丰盛多样，边吃边想，要是吴大伟这个大胃王在这里就好了。正想着，他看到叶敢峰找了一个空塑料面包袋，正往袋里塞着三明治。

似乎看懂了对方疑惑的眼神，叶敢峰侧身指了指架子上满满的食物，"你看这些剩下的，当天吃不完的都要扔掉。"

陈卫红吃了一惊："这么多都直接扔掉？这么浪费？"

坐叶敢峰旁边的一个同学闻声也加入他们的对话中："都扔掉的，美国真是富得流油！"

自小受着国内勤俭教育长大的陈卫红忍不住心疼道："扔掉多可惜啊，主管为什么说不能带食物离开呢？"

"怕浪费呀。"叶敢峰回答道。

"啊？"陈卫红一下子听糊涂了，"这不是节约了吗？"

"不对，他们是从体制设计上杜绝浪费。你想，如果允许带回家的话，厨师做菜的时候会不会因为私心而故意多做一些呢？"

"哦。"陈卫红恍然大悟，"可是……"

"只准吃不准带走，主要是针对美国员工的。我们可不管，不带走就被扔掉了。"同学们都露出一脸可惜的表情。

"可是……"

"中国学生都是又吃又带，不让主管看到就好了，节约粮食，节省时间，还省钱。"叶敢峰有点嬉皮笑脸地说道。

陈卫红听着点了点头，心想，这也算一种生存方法吧。

这时下了课的彭金凤也到了餐厅，拿了些吃的喝的，坐到了陈卫红身边:"你们在聊些什么,这么开心呐?"

"免费食物,当然开心啦。"那同学模仿她讲话时的台湾腔回答道。

彭金凤笑骂一句,回头对陈卫红道:"海伦姐,我们在这里混日子的办法多的是呢!不光是很多教授的研讨课都会安排茶歇,有免费的咖啡、茶点和糕点,像我们学院有个教授特别喜欢带她自己做的各种馅饼来教室。还有很多的慈善机构,或者基金会,或者教会,都会发免费食品的。"

"还有这种事?"陈卫红好奇道。

"对呀,像一些超市资助的慈善机构,每个星期都会定点发放食品,虽然都是些保质期快到的面包、牛奶、罐头之类的,还有不是很新鲜的蔬菜水果,等等,但你只要按时过去都能拿到。"叶敢峰补充道。

"还有附近的教会,每个礼拜四中午,他们都会在我们大学门口搭好帐篷,请国际学生学者去吃一顿免费的午餐,都是教徒们自己做的各种食物,按照美国人请客的规矩,有沙拉、汤、主菜、甜点,一道一道的,还有各种果汁,味道很不错呢!"彭金凤接着说。

陈卫红点着头问:"美国教会势力很强的吗?"

叶敢峰笑着,拿出一张美元,指着上面的图案说:"当然啦,你看他们连钞票上都要印'In God we trust'(我们信仰上帝)。"

陈卫红凑近仔细一看,在大写的"ONE(一)"上面果真有那么一行小字。

"美国人人都信教吗?"陈卫红忍不住发问道。

"你不要听罗杰学长乱说啦,美国也不是人人都信仰上帝的,特别是在发达地区的年轻人中间,很多是无神论者。美国信仰自由,基督教、天主教、穆斯林、犹太教、佛教,还有许多我都叫不出名字的教名,据说至少有三百多种呢。"彭金凤看向窗外,"你看,校园里面不也都是各种各样的人吗?白皮肤的、黑皮肤的、戴头巾的、不戴头巾的、穿衣服的和不穿衣服的。"

"还有不穿衣服的?"

彭金凤哈哈一笑:"就是一些嬉皮士,下次你可以找美国同学聊聊,他们知道得更多。"

陈卫红心里暗自庆幸,想着亲不亲,故乡人啊,得亏遇见了这些中国学生,才到了两天,吃住都顺利解决了。自己该到系里去找找指导教授,做做访问学者该做的事情了。

从住所到学校要经过一片小树林,陈卫红喜欢走小路泥径从林中穿行,而不走那条可以行车的水泥大道。每天走进树林,看着那些小松鼠翘着长长的蓬松的大尾巴在树枝间欢快地蹦蹦跳跳,再抬头仰望天空,看着艳阳穿过绿荫洒落到四面八方,心情顿时轻松舒畅起来。她在林间看到不少年轻学生在那里捧着书本朗读默诵,也有成双成对的男女在那里卿卿我我。想到当年她与大伟也曾在校园里亲热,她不禁会心一笑,匆匆快步走过去。

今天系主任请她去系里会面,说是替她找好了一位指导教授。她先到了系主任办公室,那位老头子系主任很和蔼地告诉她,要她赶快去学校国际部拍个照片,就可领到一张带照片的学校身份卡,凭卡可以在全市公交车免费乘车,还可以申请学校图书馆的个人阅览间。接着,又领她去见了指导教授迪安娜。

迪安娜是一位中年白人女教授,高高的个子,褐色的眼睛配着挺直的鼻子,烫着一头蓬松的卷发,卫红联想到了林间的松鼠尾巴,莞尔一笑。迪安娜见她未言先笑,也朝她笑了笑,两人便开始了交谈。

听闻陈卫红说她的研究方向是西方古代哲学,迪安娜说她自己的专长是希腊古典哲学,问陈卫红是否有兴趣跟着她搞点研究,卫红当然很愿意。迪安娜说今天中午她邀约了自己指导的几位博士生一起午餐,欢迎陈卫红参加。

午餐就在学校门口的一家中国餐厅叫作芳园的。迪安娜为每人点了一份扬州炒饭,然后让各人自己点饮料甜点,陈卫红要了苹果汁和冰激凌。来了三位博士生,一位是加拿大来的男生,瘦瘦小小的,约莫30岁样子,他说自己去过中国,有个中文名字叫小盾。另一位男生叫列奥纳多什么的,来自土耳其。还有一位女生，看起来比陈卫红岁数还大，原来是北京一家高校的硕士，来美国读博士，叫蔡卓娅。迪安娜让大家互相认识一下，交换了地址电话，还约定每周碰面一次，交流读书心得体会。

迪安娜下午有课先离席。这四个人就随意交谈起来。

加拿大人小盾说他去过台北和北京学中文，对中国文化很着迷。大家好奇他为什么又转到美国来读书了呢？他有点羞涩地说，正与一个中国女孩谈恋爱，这个女孩要来美国读书，他就跟着一起来了。

土耳其人列奥纳多已经是中年人了，他说自己的父亲来自意大利，母亲是土耳其人，他出生在土耳其，现在伊斯坦布尔的一所大学教书。大家问他土耳其人是否都信伊斯兰教，他说自己就不信的。说是教徒每天要祷告多次，不管正在忙什么都要祷告。还有斋月，白天不能吃东西，最虔诚的信徒连水都不能喝，嗓子痛了只能含口水润润嗓子再吐掉，一直要到太阳落山才能吃东西喝水，那时伊斯坦布尔的家家餐厅都排着长队。"乖乖，"他眨巴着眼睛摇着头说，"这怎么受得了？"他的样子引起大家一片哄笑。他又形容了一阵子伊斯坦布尔有多美，这个城市一半在欧洲，一半在亚洲。他很骄傲地说，他的家族在濒临伊斯坦布尔的马尔马拉海博斯普鲁斯海峡边上有一栋别墅，欢迎大家方便时去玩。

中国的蔡卓娅说她爸妈是苏联文学迷，生她的时候读了苏联的《卓娅和舒拉的故事》，就给她起了这个名字。还说了她来美国的经历，原来她硕士毕业时学校要求他们从哪里来回到哪里去。她是"文革"后第一次大学招生时从插队落户的安徽农村考进大学，工作几年又读了硕士。她不想回安徽，就在学校里待着帮图书馆整理资料。她偶然收到学术会议上认识的一位朋友的来信，说他正在美国的这所大学读博士。在他的帮助下，她就来到这里了。

陈卫红也说了自己的情况。大家从中午十二点一直聊到下午四点多钟。餐厅的午市早已结束，但因为这家餐厅的客人都是大学的教师和学生，老板习惯了客人聊天不离开的情况，也不去打扰他们。只是晚餐时间将到，服务生过来问他们是否需要再点晚饭的菜,大家才噢的一声悟到时间不早了,赶快笑着说声对不起离开了。

临分别时,蔡卓娅告诉陈卫红,学校里有中国学生学者联谊会,这个周末组织大家去海边游玩,拼车分摊费用,问陈卫红去不去,卫红很开心地答应了。

第4章
留学生的苦与乐

起床的时候天还是阴阴的,陈卫红担心会不会下雨呢。早晨八点,叶敢峰如约开车来接她了。

叶敢峰刚刚花800美金买了一辆二手车,白色的日本丰田,原车主开了十几万英里,叶敢峰从二手车市场买过来的。

这里的二手车市场,占地比新车行还大,成千上万辆二手车似乎铺天盖地排列开来,想买车的人自己去挑选,除了看外观颜色、光亮度,是否碰撞过破了相,等等,卖车中介还会带你坐进车子里面看看座椅颜色是否合意,位子是否干净,并察看可视数据,比如显示已经开过的里程码数,等等。你可以打开前车盖和后备厢仔细检视,甚至还可以发动起车子倾听马达响声,车子像一位静止的美人,你尽可以左看右看前看后看,只是不能动她,不可以开车,不能移动车位一步。叶敢峰请了一位懂车的美国当地同学帮忙去挑选,据说听马达声就可以判断车子是否有过车祸损伤,或是什么致命的大碍。卖车中介是美国出名的凭三寸不烂之舌吃饭的行当,花言巧语可以把稻草说成金条,就看你在现场是否会被他引导得晕头转向了。幸好那时刚来美国的中国留学生买的第一辆车都是最便宜的破旧车子,说是因为车技不佳,磕磕撞撞不会心痛,也上不了大当的。叶敢峰就这样开了一辆二手车回来了。

男人都爱汽车,美国的名言:老婆和车子恕不出借。不过留学生之间倒是相互不分彼此，反正大家都穷，相互借个旧车练练手，应付个什么紧急情况的，还是可以通融。今天中国留学生联谊会组织大家出游，不知怎的大家或者用自己的旧车，或者从好友处商借，倒是一刷的汽车出行，二十来个人搞了七八辆车，在校门口集合一起开出去，也算是浩浩荡荡了。

天公作美，早晨阴沉沉的天放晴了，朵朵飘逸的白云在碧蓝的天空上展开笑脸，似乎也体谅留学生们好不容易积攒的假日时光，给大家一个放松心情的氛围。是啊，平日里不是上课就是打工，匆匆忙忙的，时间比金子还值钱，哪里舍得浪费一点一滴？这次大家是下了决心，一来众人聚到一块实在不容易，二来也真是觉得需要犒劳一下自己了。

叶敢峰边开车边对卫红讲："海伦姐，最近我都觉得有种异样的感觉，连轴转地加班，身体承受不住了，昨天打工时腰痛得像要断裂似的，偏偏老板还盯住我看着，我只好躲到厕所里去坐一会儿。"

同坐在这辆车里的还有蔡卓娅和杨麒麟。杨麒麟是艺术系的学生，比叶敢峰稍长几岁，他不无辛酸地说道："最倒霉的还是我啊，我都被打工的学校餐厅开除了，今后吃饭都成问题啦！"大家"咦"的一声，注意力都转到杨麒麟身上了。

原来，杨麒麟借住在一个美国老太太家里，说好用做工换住宿，帮老太太打扫屋子做园丁，浇水除草整理花园。那位老太太总是怀疑杨麒麟偷她的东西，早晨又不许杨麒麟用闹钟。杨麒麟夜晚读书至深夜，早晨没有闹钟总是睡过头，去打工迟到，被主管警告多次还是再犯，遭到开除。杨麒麟唉声叹气，说是要重新找个地方搬出那个老太太家。

还有，屋漏偏逢连夜雨，嗜书如命的杨麒麟从学校图书馆借来世界艺术史，读书过于忘情，竟然在书上做了点标记，被图书馆发现，向他索赔350美元。杨麒麟苦笑道："艺术家大多穷困潦倒，凡·高生前贫病交加，甚至于疯狂到割掉自己左耳，我真想割掉自己右耳呢，可惜我不是左撇子！"

一句话又把大家逗笑了。陈卫红想到在餐厅打工时认识的杨麒麟，戴着副近视眼镜，清秀的脸庞，一副书生模样。叶敢峰这些学工科的留学生，想法比较单纯,做事果断简捷,在这里读书是为了好在美国找到工作。杨麒麟学的是文科,读书是为了爱好,他也知道读这种文学艺术之类的专业,即使美国本土学生也不容易找到工作的,但他就是沉醉在艺术氛围中不能自拔,简直是自娱自乐。听他讲意大利文艺复兴的前三杰但丁、彼特拉克、薄伽丘;后三杰米开朗琪罗、拉斐尔、达·芬奇,好像都是他的老朋友似的,趣闻轶事一大堆。杨麒麟还对文物古董颇有研究,他说起明朝后期风气奢靡之极,市面上流传裸女玉雕甚至性交画面等淫亵物件,他能根据这些文物的特点识别年代及真假。因为同是学文科的,虽然认识时间不长,但陈卫红觉得与杨麒麟还挺聊得来的。听他说着这些遭遇,她也心有戚戚。

"没事,车到山前必有路,船到桥头自会直!"蔡卓娅说了一句宽慰的话。

"哎呀,台湾女生都是自己做饭的,她们最欢迎大陆男生过去吃饭啦!你还会给她们讲故事,人家都要抢你啦!"叶敢峰给出了一个可行的方案。

"你自己想去对吧?听说你就经常去茱莉亚那里蹭饭呢!"杨麒麟似乎不想接受他的建议。

"你这家伙狗咬吕洞宾不识好人心哪!"叶敢峰笑着按了一声喇叭,跟着前面的车子放慢了速度。

到海边了,车子一溜停了下来,大家一个个从车子里钻出来,在耀眼的阳光照射下眯起眼睛望向远方,嘴里情不自禁地惊呼:"哇,大海!哇,太平洋!"一行人在岸上蹦蹦跳跳,手舞足蹈。

这里就是美国的西海岸啦,与地处太平洋另一端的中国隔洋对峙,能看得见吗?放眼望去,海岸线似乎无边无际,前方海天相连,水天一色,深蓝色的海水波涛汹涌,像这批西海岸的新来者一样地躁动不安,但躁动的心在大自然无限壮阔的胸怀中,又似乎被震撼,被启迪,得到了抚慰,平息了焦虑。

有人大叫一声:"脱鞋子啊,到沙滩上去!"大家忙不迭地甩掉鞋袜,冲进沙滩,胆子大的走到海水边,把脚浸在水里了。

陈卫红学过游泳,虽然从未在海水中游过,却也想练练胆子,学着那些小男生把裤腿挽到膝盖上,往海水里走去。虽然已经入春,但海水仍然凉丝丝的,只是并不刺骨,大家难得在一起撒欢,叫着嚷着跳着,似乎忘却了一切烦恼。

"我们出来吧,女生在凉水里待久了不好。"蔡卓娅笑着扯了扯陈卫红的衣襟。

这位蔡卓娅,比陈卫红稍长几岁,瘦高的个儿,虽说不是第一眼美女,但她开口说起话来条分缕析的,往往语惊四座,让人感觉儒雅厚道,照叶敢峰的说法,她绝不是柴米油盐的女人。

陈卫红跟着蔡卓娅踩开水面,在太阳晒热的沙滩上漫步。赤裸的脚丫子与沙子相吻,一步一个吻印,脚底有点痒痒的,沙子侵进每一个脚缝里,温暖潮湿,那股舒适温润的惬意,沁人心脾。两人找了张长条凳坐了下来,晒着太阳聊天。

陈卫红告诉蔡卓娅,她正焦急地等着丈夫吴大伟也来美国做访问学者。蔡卓娅提醒陈卫红,一般大学里不肯同时让夫妻俩一起出国的,难道你们学校特别宽松?这一问倒是让陈卫红警觉起来,心里掠过一片阴影。

蔡卓娅也说了自己的情况。原来,她在北京读硕士时参加了一次学术会议,会上认识了一位叫王义尧的朋友,那时他在上海的一所大学读博士。会议上的讨论发言使他们双方互有好感。会后几位谈得来的朋友又找了个地方天南海北地神聊,没想到直侃了个通宵。之后各自回校也没再联系,只听说那位王义尧说起过对她的印象:"既是革命的,又是文艺的,是林道静①与林黛玉的结合。"

说到这里,蔡卓娅略带羞涩,脸上掠过一片红晕:"林黛玉和林道静都是大美女啊,我算什么啦?"

陈卫红笑着打趣她:"看来这位王义尧很欣赏你啊!现在他也在我们

---

① 林道静是小说《青春之歌》中的女主角,从幼稚的知识分子走上革命道路,加入了中国共产党。

系吧?"

蔡卓娅诚实地答道:"是的,就是他帮我联系到这里来读书。他来得早,已经快毕业了,我才刚刚开始。"

接着,蔡卓娅又原原本本地说出了她来美国的详情。她曾是知识青年插过队下过乡,是"文革"后第一届大学生,大学毕业后工作了两年又去读了硕士,1989年硕士毕业,当时规定从哪里来回哪里去,她不想回老家,又不知道去哪里,正在此时接到了多时不联系的王义尧从美国的来信,问她的近况如何。她如实相告,王义尧就建议她也来美国读书。但当时开学在即,她什么手续都没有办,甚至都不知道该怎么办手续。

这里有一段插曲,美国另一所大学有一位研究欧洲哲学史的女教授,她来中国访学时,蔡卓娅的导师安排卓娅陪着她活动,既当助手又是近距离学习机会。她俩先是借了两辆自行车在北京到处转悠,骑着骑着车子还会掉链子,得蹲下来重新装上链子再上路,两人在一起玩得非常开心尽兴。之后西北的一所大学因为与美国这所大学结成姊妹学校,一定要尽地主之谊,尽管那所大学并没有哲学系,但还是诚挚地邀请这位美国教授去访问。那位教授提出条件要卓娅为她当翻译。蔡卓娅说自己当时很多英语都听不懂,但是与那位教授十分默契,不管她怎么翻译,那位教授都点头说"Yes"!两人配合得天衣无缝,邀请方还以为她都明白了自己的意思呢。访问结束后再从西北一路游玩到上海,路上都有卓娅的同学朋友接风招待,那位女教授顺利地完成了考察任务,还玩转中国一大圈,高兴极了。之后导师让蔡卓娅写了一篇文章回忆这段经历,在一家刊物上发表了。

及至王义尧建议蔡卓娅也来美国读博士,并向自己就读的学校推荐了她,蔡卓娅就寄去了自己的简历,其中说到与美国这位女教授的共同经历和发表的文章,引起了大学重视。原来这位女教授是一位大名人,在美国哲学界享有盛名。学校打去电话向她核实,她说了蔡卓娅一大串好话,说卓娅非常聪明能干,只是英语还不够好,但相信她只要花三个月就能赶上的。还说倘使她签证有什么麻烦,她认识纽约州参议员可以帮忙。学校哲学系看到如此名人这样强烈地推荐，就接受了蔡卓娅并给了她奖学金。学校还生怕她签证会有麻烦，有关教授甚至寄去了自己家的经济状况表格，表示愿意个人做她的经济担保人。

这一切都是特快邮件来回寄递。其间她还到朋友的公司去打了国际长途给王义尧，时差那时美国是半夜，但王义尧还是热情地解答了她的许多问题。

待到去北京的美领馆签证时，当时都是连夜排队。她女友的丈夫为她前一夜就去排了个通宵，等她去签证时递上材料，签证官见她既有美国大学的录取通知书还有奖学金，说了一句OK就通过了，蔡卓娅顺利拿到签证，甚至都没有动用教授的个人担保书等。

蔡卓娅认为自己能进入美国读博士的经历简直像传奇，她既没来得及考托福也没有考GRE，通过速度如此之迅速，之前并无先例。系里给了她三年的助教奖学金，实际上她的英文程度还无法做助教，都是带她的教授在做助教的事情而让她拿钱维持学习生活的。

"我因为是非白人族裔反而受到许多额外的特殊关照。这里的教授和整个学校的安排都是非常善意的。你知道吗？女同学晚上在学校图书馆或教室读书晚了，回去不安全，还可以打电话给校方，学校会安排车子护送你回家的。"

蔡卓娅娓娓道来，陈卫红正想问她，与王义尧是否是恋爱关系，两人现在情况怎么样呢，后面叶敢峰和杨麒麟叫了起来："你们两位女生怎么坐在这里不动啦？大家都去冲澡吃饭啦！"

两人站起来朝人群处走去。这儿的沙滩上每过一段距离有一个淋浴室，分男女两边，供游泳者冲澡换衣服。沿着沙滩斜坡走上去，有一个很大的凉棚，一张大木桌，周围一圈长凳子。同学们团团围坐，把带来的各色食物放在上面大家分享。食物形形色色，大多是从各人打工的餐厅里带出来的，有面包、蛋糕、香肠、比萨、苹果、橘子，还有在中餐馆打工的同学带出来的中式炒菜，比较仁慈的饭店老板会允许员工将当天没卖完的菜打包带回家。大家嘻嘻哈哈的,见着啥都觉得好吃,还交流着各家餐厅的打工秘笈,询问哪里还有中餐馆打工空缺。毕竟,在外面餐馆做侍应生可以有不菲的小费,他们说,每天晚上带着一把美金小票回到家里数钱,那是既心酸又开心啊!

叶敢峰拉住一位年长的男生,叫他伸出手来,陈卫红凑过去一看,心里一惊,那双大手上满是伤疤。她随口叫了出来:"这是怎么啦?开水烫的?"那男生叫韩伟强,从东北来的大小伙子,他说是按照国内的习惯认真主动地干活,但是老板不断给他加活干,却不肯涨工资,他的手上是让碱水腐蚀得一个洞一个洞的,像是一块千疮百孔的破布。大家都怪他太老实了,这里是资本主义啊,跟老板就是要斗智斗勇的。

叶敢峰又指着对面站着的男女同学悄声问陈卫红:"你看他们是一对吗?"陈卫红抬眼看去,只见那位男生长得挺清秀的,中等的个儿,穿着一身运动服。那位女生很洋气,大大的眼睛忽闪忽闪的,穿着一条连衣裙。陈卫红点着头说:"他俩很般配呀。"叶敢峰悄声说:"留学生中有这种说好要分手的结合。"陈卫红有点摸不着头脑,疑惑地看着他。叶敢峰把她拉出人群,走到稍远处解释说,"他们在国内都已经有确定的结婚对象了,英文叫作费昂赛(Fiance),他们正在为对象办理来美国的手续,只是一时还出不来。于是在这里读书为了方便,就与另一位异性住在一起了。一来省了房租生活费,二来也解了寂寞,满足了生理心理需求。我们中国同学都知道,只是瞒着国内那一位。"

陈卫红心里又是一惊,那不是对爱情不忠诚吗?叶敢峰从陈卫红脸上看出了疑问,随意一笑说:"留学生过日子的花样多着呢,你慢慢就看出门道来了。就说我吧,我在国内读书时也谈了恋爱,我的女朋友姓潘,当时我觉得她是最好看的女生了,腰身那么细,胸部高高的,看了就让我心动。现在我也在帮她办理来美国的手续,但办得出办不出来还不好说,首先就是经济担保人难找啊。我爸妈在国内一个月的工资,还没有我一天打工的收入高呢。而且小潘的爸妈还有这个要求那个条件的,我都不知道怎么办才好。"

杨麒麟和蔡卓娅看他们两人在外面聊得不回来了,也跟了出来。杨麒麟问道:"你俩又在说什么话题呢?这么投入!"

叶敢峰调皮地说:"我在向海伦姐报告留学生的苦与乐,以后她讲课的时候就更生动了。"

杨麒麟说:"这还不是明摆着吗?国内的收入怎么能应付美国的学费生活费呢?如果拿不到奖学金,人人都要勤工俭学,我们住最便宜最差的房子,在餐厅打工解决吃饭问题,另外找工作挣钱付学费,生活用品都是捡来的,沙发、床、椅子都是美国人丢掉不要的。原来在国内反正大家都一样没什么感觉,一出国,就深深体会到我们真穷啊!"

毕竟是学文科的,杨麒麟话锋一转:"但是我们又享受到了以前从来没有过的乐趣啊,这是一种'知'的快乐。孔子曰'朝闻道,夕死可矣',屈原说,'亦余心之所善兮,虽九死其犹未悔'。我每天能泡在图书馆里,就是最快乐的时光。"

蔡卓娅接口说:"我的英文不及杨麒麟,现在看英文书,首先要把这些哲学家的英文名字跟国内翻译出来的名字对起来,像泰戈尔、康德、叔本华那些,中文发音跟英文还比较接近,可以猜出来,像黑格尔、罗素、萨特①这些人,就要连蒙带猜了,哈哈!好在读读上下文来猜,基本上还是八九不离十的。"

叶敢峰接话说:"你们这些都是小case(事情)啦!邓小平要中国人摸着石头过河,我们这些留学生更加是摸着石头过大海呢,哪有那么容易的啊?"

大家都笑起来了,蔡卓娅说:"不过我们还是幸运儿,我们是最早出来的一批人,就像那时邓小平、周恩来他们去法国勤工俭学,他们成为时代的弄潮儿。我们这些人中,将来也会出著名的科学家、社会活动家,也许将来的中国领导人,也会在留学生中产生呢!"

---

① 哲学家的中英文名字: Rabindranath Tagore(泰戈尔), Immanuel Kant(康德), Arthur Schopenhauer(叔本华), Georg Wilhelm Friedrich Hegel(黑格尔), Bertrand Arthur William Russell(罗素), Jean-Paul Sartre(萨特)。

大家又起哄说:"但愿如此,但愿如此啊!"

凉亭里的人们也陆陆续续出来了,大家笑着打趣说:"你们这些学文科的人在一起就会讨论理论问题,不像我们学理工科的人实际爽气。现在闲话少说,再出去吹吹自由的海风,回去又要紧张打工啃那些难念的英文课本了。"

大家又在海边兜兜风说笑一通就打道回府了。只有叶敢峰这一辆车上的人聊得来劲似乎意犹未尽不肯散去。四个人一起到陈卫红住处下面条吃了,杨麒麟又提议去看成人电影,说学校附近的电影院今天放映一部叫作《巴黎最后的探戈》的成人片,是3X级的,应该已经有不少人在排队了,这时茱莉亚也已从图书馆回来,五个人就一起晃荡晃荡去看电影了。

第5章
遇见柔斯玛丽

星期一早上,陈卫红到了学校国际部,那是专门为外国学生学者服务的部门,办公地点就设在学校行政大楼。她在那里拍了照,当场就合成了一张大学身份卡。接待她的那位中年男职员样子特别和蔼,告诉她,学校里还可以为她物色一个美国家庭,那个家庭会把她当成自家的一员,周末和节假日都会接她回家团聚,问陈卫红是否需要。陈卫红一想,这正是活学英语了解美国的好机会啊,就连连点头说要啊。于是填了表格,陈述了需求,等待学校安排好了通知她。

没过几天,国际部就通知她已经联系好了,请她过来与接待家庭见面。她兴奋又期待地快步来到国际部,刚坐定,就见一位六十岁左右的白人老太太,手里拿着一张小纸条,走到自己面前,弯下腰凑近她,看着纸条一字一顿亲切地念道:"陈——卫——红",显然她不习惯于这种发音方式,她念完后似乎为自己完成了一件极重要的任务而显得开心自豪。陈卫红受到感染,也立即站起来说,我就是啊!那位老太太兴奋地张开双臂拥抱着她,亲切地呼叫着"红——红!"又自我介绍说,"我叫柔斯玛丽·弗莱斯,欢迎你到我家来!"

两人手挽着手走出大楼,一出门,就被灿烂的阳光映照得眯起了眼睛,艳阳照耀得校园里五光十色,大道两旁树枝摇曳生辉,像是一幅色彩斑斓的风景油画。陈卫红看柔斯玛丽穿着一件白色的呢子长大衣,淡灰色的丝袜,黑色的高跟皮鞋，走起路来噔噔噔的很有精神。她比自己高约半个头，银灰色的头发，脸颊略显消瘦，蓝色的大眼睛有点凹陷进去，但看得出来年轻时是位典型的白种美人。柔斯玛丽也在打量着陈卫红，笑着说："听说你是来自中国的大学老师，中国女人好美丽哟！"又说，"我丈夫生前也在这个大学工作，那时候我会过来陪他一起午餐的。"她随便看了一眼手表说："我能有幸请你吃个午餐吗？你愿意去餐馆还是去我家吃呢？我家开车过去也就是20分钟的样子。"

陈卫红见柔斯玛丽如此热情，觉得恭敬不如从命，就顺着她的意说道："那么就去你家里吧！不麻烦吧？"

柔斯玛丽见陈卫红接受了邀请，十分开心，指着前面不远处说："一点不麻烦！我的车子就停在那里，我们走吧！"

柔斯玛丽带陈卫红走到一辆浅灰色的福特车前面，打开车门请陈卫红坐在副驾驶位置上，自己麻利地钻进车子，找出一副远视眼镜戴上，脚一踩油门，车子就冲了出去。果然，开出学校不远就上了高速公路，转了几个弯，驶过了一座大桥，再一转就到了一条小街上。顺着这条街开过去，经过几栋房子后，她在一栋屋子前停了下来。打开车门，请陈卫红出来，说："到了，这里就是我家。"

陈卫红一看，这是一栋貌不惊人的平房，屋前一片草坪，沿着草坪栽着一圈鲜花，像是给草坪镶了个花边。草坪中间铺了一条石板小径，沿着小径走到一扇木门前，柔斯玛丽掏出钥匙打开家门，展开右手请陈卫红进来。陈卫红好奇地跟着她走进屋子，一进门就闻到一股甜香，屋里都铺了地毯，客厅里摆着一张三人大沙发，再往里是一架古老的钢琴，一张大餐桌。柔斯玛丽熟练地拉开窗帘，掀开百叶窗，阳光照进了屋里，看得更清楚了。柔斯玛丽脱下大衣，露出里边一袭精致的连衣裙。她到自己房间换了套家常便服后，就带着陈卫红参观了整栋屋子。靠左手边一条走廊，顺着走廊往里，是一间挺大的主卧室，主卧带着一间有浴缸的大盥洗室和一个嵌入式衣帽间。主卧旁边有一间客房，客房里一张大床，铺盖整洁美观，床头柜上摆着一架蒂凡尼台灯,一边靠墙摆着一张五斗衣柜,另一边也有一个嵌入式衣帽间。客房对门是另一间盥洗室,盥洗室里一应俱全,大小浴巾和洗漱用品都摆放整齐。客房旁边是一间书房,摆着一张写字台和一排书架。柔斯玛丽笑着说:"我丈夫去世了,这屋子现在是我一个人住,这间客房是我为你准备的,愿意的话可以搬过来与我一起住。"

陈卫红一点思想准备也没有,不知道怎么回答她。柔斯玛丽请她坐到沙发上,自己进厨房去张罗午餐了。陈卫红跟进了厨房,问道是不是需要帮忙。柔斯玛丽笑着摆摆手,让她就在厨房里的一张小餐桌前坐下。连着厨房,似乎还有一片天地,那是一间大屋子,柔斯玛丽说这就是家庭起居室。陈卫红看到起居室里放着一个大电视机,电视机前两张单人沙发。靠墙的一边有一辆固定的自行车,那是为了锻炼身体用的。家庭起居室与厨房相通无间隔,两边各有一扇门,一扇通向汽车间,另一扇通向后院,后院是一片泥地,种着一点蔬菜。柔斯玛丽笑着说,自己的园艺不行,种出来的菜时好时坏。今年种了点西红柿,不知道能不能长出来。

两个人坐下来午餐。与中国人待客相比,美国人的食物实在简单,但刀叉盘子倒是摆了不少。每人一套盘子、深碟子、浅碟子、钢叉、小刀、大汤匙、小汤匙。上海有不少西餐馆,陈卫红家里算是洋派的,逢到什么特殊场合也会去小酌一番。但看到这种情景,陈卫红心里还是忍不住想笑。一盘蔬菜沙拉,加上几款不同的沙拉酱,柔斯玛丽隆重地邀请陈卫红挑选。吃罢沙拉,上了一道汤。喝完汤,是每人一小块鸡排,加上面包随意。最后是每人一小块蛋糕,"Dessert last(最后甜点)"。这套四个款式的餐食,在美国算是相当隆重的正餐了。柔斯玛丽一边吃饭,一边向陈卫红介绍美国的餐桌礼仪,比如餐具的摆放规则是:餐盘正中、盘前横匙、叉左刀右、叉尖向上、刀口朝盘、主食靠左、餐具在右,各种餐具成线,餐具与菜肴配套。还有食物在嘴里时不能讲话,喝汤要用汤匙,不能捧着碗喝,等等,一边说一边还问陈卫红:"你会在意我向你介绍这些吗?"

陈卫红是求之不得,她正想更多地了解美国,了解美国人的生活习惯。

两个人一见如故，越谈越投缘。柔斯玛丽把碗碟放入洗碗机后，两个人就坐在沙发上，每人面前一杯水，推心置腹地交谈起来。

柔斯玛丽说她丈夫去年病逝。他们原来有一个儿子一个女儿。儿子前些年遭遇车祸突然身亡，那是一个深夜，急促的电话铃声惊醒了他们，一听竟是如此噩耗。当时她以为自己这辈子再也不会笑了，从此也不敢再接夜里的电话。儿子留下一个非婚生的女儿黛安，现在跟着她母亲，与柔斯玛丽联系不多。女儿叫雪莉，住在离她开车约一小时的地方，女儿女婿有一个农场和一个机械零件加工厂，养了许多马和牛。能干的女婿不希望妻子与母亲多来往，尤其不愿意让他们的孩子与外祖母近，说是老人会带给孩子不好的影响。因此女儿住得虽然不远，但是一年中也就过来两三次，柔斯玛丽说着说着，眼眶中就带上了泪花。陈卫红听着也暗暗叹息，心想，这真是应了中国的老话：家家都有一本难念的经啊！

陈卫红也告诉柔斯玛丽，自己的父亲母亲都是大学教授，在"文化大革命"当中遭受不少劫难。现在中国人总算打倒了祸国殃民的坏蛋叫作"四人帮"的，日子比以前好过多了。自己的丈夫叫吴大伟，是同学也是同事。自己还没有孩子，想趁着年轻出来看看世界。丈夫正在申请到美国也来做访问学者。

柔斯玛丽听着陈卫红的陈述，一边口中念念有词。她说我们一起来祈祷吧，寻求上帝的帮助。她让陈卫红跟着她念道："我们可亲可爱的父亲，我们的主，请您帮助中国来的大学老师陈卫红，让她的丈夫早日来到美国，让他们夫妻尽快团聚！"

柔斯玛丽还亲切地问陈卫红："你是否在意我来纠正你的英语表述？"

陈卫红说："正中下怀啊，我就是想把英语说得更标准一些呢！"

柔斯玛丽笑着说："别以为我是好为人师啊！这是学校国际部交代我们的任务，要让你们融入美国社会生活。你说的话我都能听懂，只是觉得有些话前后次序与我们说得不一样。以后我都会告诉你，英语的说话顺序是怎么样的。还有，如果我问你，是不是不喜欢这个。你说，是的，我不喜欢，这在英文中就错了,我们说,不是,我不喜欢。"

陈卫红哦了一声,记得父亲好像跟她说过似的,但是她总是按照中文的意思在脑子里翻译成英文说出来。父亲说过,真正好的英文应该在脑子里也用英文来思考的。

两人就这么轻松随意地聊着,无意中天色就暗了下来。陈卫红看了一下窗外,猛然想起晚上还有两节课要听。她站起来告辞说:"我今晚还有课要赶回学校了。请问这里附近有公共汽车站吗?"

柔斯玛丽也站起来说:"到学校的汽车站倒是不远,不过我可以开车送你去呀,你不用着急,我们在车上还可以说说话呢。"说着到厨房匆匆做了一个三明治,拿了一个苹果一个香蕉,加上一瓶饮料,一起放在一个纸袋里说:"你去上课来不及吃晚餐了,就用这个充饥吧。我以前经常替儿子女儿做这种快餐让他们带到学校去吃的。"

两个人就一起出门上了车。路上柔斯玛丽问陈卫红是否愿意搬过来与她同住,她只是找个伴儿,不收任何房租费用的。陈卫红说,这个学期她选听了两个晚间的课程,怕过了时间没有公共汽车,等下个学期再说吧。柔斯玛丽说,这倒没有关系,我可以开车接送你的。陈卫红笑着说,这样太麻烦你了,还是等这个学期结束再说吧。

陈卫红听完晚间的课程回到住所。她与茱莉亚合住的公寓是学校附近专供学生租用的,昨天她还觉得那里挺方便的,今天从柔斯玛丽家回来,一下子感觉这里怎么那么简陋了呢?地毯是陈旧肮脏的,家具是最基本最简易的,连房间的门窗都是不修边幅的。而柔斯玛丽的房子看外面不咋的,进门后却感到那么舒适豪华。她正这样想着走近门去,刚掏出钥匙就听见门内一派嘈杂,推门进去一看,屋里挤满了人,熙熙攘攘的,各国学生都有,好似进入了学生俱乐部。

"哎呀海伦姐你总算回来啦!这里变成联合国秘书处了你知道吗?"叶敢峰冲着她喊道。陈卫红听了更是摸不着头脑,眨巴着眼睛不知道说什么好。

杨麒麟过来告诉她,昨天留学生出游回来,他们是吃了面条去看电影了，韩伟强开着另一辆车赶路，要赶到打工的餐馆去洗碗。不承想心急火燎地开错了道，与另一辆车子相撞出了车祸，对方向他索赔3 000美元，否则就要去法院告他。韩伟强家里本来就清贫，在这里拼命打工挣学费生活费，还想着要寄点钱回农村老家养父母亲。这下傻了眼，赔不出钱被告状就无法保持学生签证要被遣返回国，那就前功尽弃了。幸好蔡卓娅到学校的学生活动中心去贴了个条子，简单陈述了事情，请同学们捐款帮忙。因为这里离学校近，就留了这个地址，这不，许多同学都来了。

叶敢峰和杨麒麟忙着收钱登记名册，陈卫红赶紧过去帮忙，茱莉亚和蔡卓娅先后走了进来。

茱莉亚面带笑容，对着叶敢峰说："罗杰学长，你猜猜我募捐到多少？"叶敢峰正在登记捐款同学的名字学号，指着杨麒麟说："你告诉杨麒麟，让他帮你登记。"陈卫红过去轻轻拍打了一下叶敢峰说："起来，你这个机灵鬼是傻了吗？人家叫的是你！"说着，坐到他的位置上，接过他手上的笔写起来。茱莉亚把收到的钱和支票交给叶敢峰，得意地问他："成绩怎么样？不比你差吧？"

蔡卓娅也来交钱，她是去美国同学那边筹款的，说是大家都很热心，多多少少都捐了一点。只是美国人习惯寅吃卯粮用信用卡消费的，真正有现金的不多，都是五元十元的零票，加起来倒也有几百元了。

等到人群逐渐消散，最后剩下五个人了。陈卫红去自己房里取出支票本说："我不需要缴学费，负担比你们轻，我应该多捐一点。"说着就写出了一张50元的支票交给叶敢峰。叶敢峰打趣她说："海伦姐，幸好我陪你去银行开了支票户头，这下派用场了吧？这可能是你这辈子开出的第一张支票吧？"陈卫红点头称是："对呀，以前在国内还从来没有开过支票呢！这倒真是有纪念意义的！"

蔡卓娅、杨麒麟和叶敢峰正要回各自住所，又有人来敲门了，进来的是一位台湾男生。他诚恳地对着茱莉亚说："你刚才过来的时候我还在图书馆，我现在捐还来得及吗？"说着就拿出了一张100美元的大钞。

五个人都愣了一下,没有人接钱。蔡卓娅年龄最大,她对着这位男生说:"请问义士尊姓大名?是哪个系的?我们登记一下。"那位男生说:"同学言重了,茱莉亚认识我的,我是台北来的杜家浩。"

等杜家浩离去,五个人似乎都没有倦意了,大家坐下来轻轻议论。蔡卓娅说:"这次捐款数台湾同学最多。现在我们大陆出来的人数还少,而且都是勤工俭学要自己挣学费的,手头都紧。台湾留学生多,而且很多是家里出钱供他们读书,或者是自己先工作几年攒了学费来的,一般不需要在美国打工。他们这次的表现真的让我很感动。"

杨麒麟说:"你别看台湾同学平时好像很小气,一起吃顿饭都是AA制,每人几毛几分都算得清清楚楚的。这次倒是让人刮目相看了。"

茱莉亚听着没作声,只是看着叶敢峰。

叶敢峰说得直截了当。他说:"美国同学都是'脱底棺材'①,有多少钱用多少钱的。大陆来的学生本来就没钱,学费生活费都是紧巴巴的。还是台湾同学保持了我们中华民族的优良传统,平时一滴水,用时太平洋,把钱存在最需要的时候用。"

陈卫红若有所悟地说:"这次茱莉亚立了大功了,要不是她出面去台湾同学会宣传,恐怕这个消息不会传得这么快,动员的面不会这么大。真要好好谢谢茱莉亚!蔡卓娅把捐款的司令部设在这里,大概也是有想法的吧?"

蔡卓娅掠过一丝笑意,轻轻点了点头说:"我是看叶敢峰的活动能量大呀!他老往这里跑,肯定能带动一大批台湾同学的。"

叶敢峰还有点遮遮掩掩:"蔡卓娅,看你像个老实人,怎么也这样说话呢?我是过来看我的上海老乡海伦姐的!"

陈卫红不假思索地脱口而出,呼应蔡卓娅的调侃:"我可没那么大吸引力!"

叶敢峰笑着瞪了陈卫红一眼,假嗔道:"哎呀,大学老师还会这么不接翎

---

① 这是上海方言,意为有多少钱花掉多少,一点不剩。

子的!"

陈卫红也就笑着顺应了这位上海小老乡的意思:"对对,叶敢峰对我最好了,我真该好好谢谢他!"

大家说笑了一阵也就散了,茱莉亚哼着歌回到自己房间。陈卫红还有点亢奋,今天遇到了柔斯玛丽,还有同学们见义勇为集体捐款,发生了这么多事情,她找出纸笔想给丈夫写封信叙述一切。自来美国以后,夫妻俩每周各写一信,鱼雁传书,你侬我侬,情意绵绵。但今天她急切地想听到丈夫的声音,听他对这一切事情的评议。她心里一算,现在吴大伟那里是翌日早晨,应该还没有离开家吧。当时覆盖全美的主要国际电话公司AT&T和MCI,美中通话都是收3.99美元一分钟,而陈卫红打工每小时的工资是4.65美元。她忍住心跳,下定决心,拨通了国际长途。

没想到这通电话不打还好,打通了电话,反而惹得她辗转反侧,彻夜难眠。

第6章
百万美金的诱惑

嘀铃铃铃,清脆的电话铃声响了好几下,陈卫红屏息凝气,心跳剧烈,等待着那边的动静。终于,雄浑的男声接起了电话:"喂——"熟悉的声音直捣陈卫红的心田,心吊到了嗓子口,她浑身发热发软,叫了一声:"大伟!"

"卫红,是你吗?"那边也热烈呼应。

"大伟,我有好多事要告诉你。今天我到了一个美国朋友家里,她叫柔斯玛丽,我们太投缘了,有讲不完的话,她说会努力帮助你来美国的。我们今天还给一个中国同学捐款,大家都非常热心帮助他……"

"卫红,这些你都可以写信告诉我的呀!我倒是有一件紧急的事情要说,昨天已经给你寄出信了。这次公费访问学者的名额我没有拿到,公费名额最紧张。你已经在外面了,学校说好事不能都摊给我们的啦。"

陈卫红一愣,回答说:"我不是自费的吗?你也申请自费好啦!"

"哪里有这么容易的事?还是你早点回来吧!"

"我可以打工挣出你的来回机票的。"

"你娇滴滴的,打什么工呀?够用就好,早点回来算了!"

"不是讲好了要一起出来看看的吗?"

"情况是会变化的,我的信上都讲了,你看我信吧,我要赶去上课了!"那边已经着急了。

"什么变化?"陈卫红急切地问。

"我弟弟要结婚,家里要盖房子,让我们寄钱回去支援一下。你看信吧,我上课要迟到了!"说罢,不由分说挂断了电话。

陈卫红感觉郁闷无语。怎么说呢?吴大伟潜意识里总是把老家的事情放在第一位的。陈卫红知道,吴大伟是想对自己好一点,是真的宠爱自己的。但他又是长子,家里确实不宽裕,弟弟结婚,哥哥要出手相助也是应该的。

唉!她思来想去,百思不得其解啊!

一夜睡不踏实,到早晨才浅浅地眯了一会儿。陈卫红起床后,就看到在她们起居室里做早餐的叶敢峰。

"海伦姐,我今天来尝试做上海小笼包,茱莉亚一直不服气,说他们台湾小吃更好吃,早饭更丰富,我就来露两手,让她知道上海城隍庙小吃名不虚传!"

陈卫红朝他身后看去,果然看到正在照葫芦画瓢捏着小汤包的彭金凤,旁边的小锅里放着一个碗,正在隔水蒸着做好的汤包。

"嘿嘿,没有笼屉,将就一下……"叶敢峰看陈卫红眼神向后瞟,忙不迭解释道。

陈卫红笑笑,也站到彭金凤身边开始包起来,一边说道:"你是来嘉奖一下茱莉亚的吧?今天怎么不急着去打工啦?"

"海伦姐,我是来与你们商量一下,想停学一个学期。我现在每天打四五份工。半夜到印刷厂去印报纸,印好报纸送报纸,顺带送牛奶。每周二周日广告多,厚厚一叠报纸特别重,碰到下雨下雪的天,真是想哭啊!送好报纸牛奶赶快去上课,中午在学校餐厅打工免费吃顿好饭。下午再见缝插针上课,之后到中国餐馆做服务生,帮顾客点菜端菜擦桌子扫地,顾客集中进来时,搞得人头昏眼花的。到晚上九十点钟收工回家,人都软掉了。有时候还要强撑着做功课。我每天只睡两三个小时,有时根本不睡觉,只打个瞌睡。我本来觉得自己年纪轻身体没问题,现在也觉得撑不住了。我想下学期停一个学期,集中时间打工挣学费,等挣够学费再继续读书。不是说布什总统有个4月11日讲话,在他讲话当日和之前,以合法身份来到美国的中国学生学者,都可以在这里合法居住,合法工作的。"

"是听说有这个讲话的。小叶,原来只知道你能拼,没想到你竟然这么拼,连命都不要了,真要超过'水浒'中的拼命三郎了!"

茱莉亚显得很无助:"我劝了他多少次都不听,现在让海伦姐说说你吧!"

陈卫红突然一激灵,心想我也可以集中精力去打工,多挣点钱让吴大伟自费来美国呀。她走到叶敢峰身边,拍了一下他的背脊:"你想集中精力打工,之后再集中时间读书,这个战略战术是有道理的!我跟你一起去吧,深入美国社会生活也是一种学习啊。你知道英国作家狄更斯吗?他没有读过多少书,12岁就被迫辍学独立谋生,是苦难的生活让他真正了解社会,写出那么多举世闻名的作品的!"

"海伦姐支持我,太好了,那我们明天就一起去试试运气!"

市中心商业街,陈卫红和叶敢峰在一家一家铺面地询问。叶敢峰穿着白衬衫牛仔裤,脚蹬运动鞋,高高的个子,刚二十出头的小伙子,生机勃勃,英气逼人。陈卫红穿着长袖连衣裙,外套一件风衣,脚穿上海蓝棠牌丁字皮鞋,苗条潇洒,儒雅清丽。两人推开一家中国餐馆的大门走进去。陈卫红有点羞涩地问道:"你们这里需要服务员吗?"

老板打量着陈卫红,阴阴地问:"谁来做?是你吗?"

陈卫红点点头。

老板摇头说:"看你这种弱不禁风的样子,像个林黛玉似的,我们这里需要的是出苦力的人,你恐怕连个盘子都端不动,还做什么服务员呀?"

陈卫红想申辩几句,叶敢峰示意她不要说了,两人出门往前走,找下一家店铺。

这么年轻靓丽的两个中国男女在市中心商业街走着,跟那些老华侨,以及那些没文化、卖苦力的中国人形成了鲜明的对比。确实,中国关闭国门多年,前些年很少有人从中国大陆来到美国。在美国的中国人,要么是几十年前来做苦力的老实巴交的乡下人,要么是通过亲属移民的老华侨的家乡人,大多是来美国从事体力劳动的。像这样来美国读书的中国年轻知识分子，那时在美国极其稀罕。陈卫红和叶敢峰在商业街上找工作，几天走下来，已经很引人注目了。

对面大楼里，有几个中老年华人，看似老板模样，隔着玻璃窗注意地看着这两个年轻人，他们指指点点，评头论足，夸奖着这两个年轻人。

一位气宇轩昂的四十来岁的中年人说："很少看到这样神气的大陆人啊，他们好像是在找工作吧，我们公司正缺人，找他们上来谈谈吧。"

大家附和道："好啊，好啊，派个人去请他们上来吧！"

陈卫红和叶敢峰被人从街上引上了楼，请坐在沙发上。仆役端上茶水，他们两人在美国还从没受到如此上宾般的待遇，有点受宠若惊。

那位气宇轩昂的中年人说："你们两位是在找工作吗？我的公司正缺人，你们能做个自我介绍吗？"

叶敢峰诚实地说："我在大学读计算机专业二年级，原来我在美国的舅舅帮助我付学费，但舅舅突然过世了，我要自己工作挣钱付学费生活费。现在我每天早上送报纸，送完报纸去上课。上完课又去中国餐馆打工做服务生。我还在学校餐厅做学生工，拿最低工资，那里干活轻松，还可以免费吃饭。但这样还是挣不了多少钱。我想停学一段时间集中精力打工。"

中年人说："你的拼搏精神真叫人佩服。你有工作许可吗？"

叶敢峰回答说："还没有去申请。但是我听说布什总统在今年4月11日有一个讲话，说是在这一天之前以合法身份进入美国的中国人，都可以在美国合法工作，合法居留。我已经来美国两年了，应该可以合法工作的。"

中年人说："有这个规定吗？我让人事部门去核实一下。你读的是计算机专业对吗？你会编程设计吗？也许我们有什么项目可以让你做。小伙子，你留个电话吧，有项目我们联系你。这是我的名片，我姓王。"又转向陈卫红，"这位小姐，你的情况是什么呢？"

陈卫红见叶敢峰受到赞扬，也老老实实地说："我跟我丈夫都是在上海的大学里教书的。我是以自费访问学者的身份来美国的，现在我丈夫也想来美国,我要做点工作资助他出来。"

"哦,原来是大学老师啊,怪不得气质这么好。那你申请到了工作许可吗?"

"还没有,不过我也是4月11日以前到美国的。像我这种情况,可以申请吗?"

"我可以让我的秘书帮助你申请,能留下你的联系方式吗?"

"好啊!"陈卫红挺高兴。

中年男子的眼睛里闪发出异样兴奋的光芒。

三天后,彭金凤在寓所接到一个电话:"嗨,我是茱莉亚,请问找谁呀?"

随即转身叫道:"海伦姐,你的电话!"

陈卫红接过电话:"哦,是王董事长? 好的,我明天过来。什么,要派车子来接我? 不用不用,我自己能找到。"

彭金凤插话:"海伦姐,你路不熟不好找的,有人开车来接你不是最好了吗?"

陈卫红一想有理,转而对着电话说道:"请等一下哦。"把电话交给彭金凤:"他要问我们这里的地址,麻烦你告诉他吧。"

彭金凤接过电话:"您好,这里的地址是3615 North Norkenzie Road Apt 2,好的,您明天上午九点过来? 好的,我转达海伦姐等着您。"

彭金凤放下电话:"海伦姐,这就是你和罗杰学长去的那家公司吗? 反馈这么快啊,可惜这次美国的优惠政策只对大陆学生学者,也不知道将来我们毕业时找工作会怎么样。"

陈卫红以教师的口吻说道:"你现在是学本领的时候,我相信未来华尔街会迎接你的。"说罢两人笑作一团。

第二天早上九点,一辆劳斯莱斯豪车等在陈卫红寓所楼下,一位身着制服手戴白手套的司机彬彬有礼地邀请陈小姐上车。这是陈卫红来美国后享受待遇最高的一次,她心里有点打鼓,想着自己还没有表现出什么特殊才能呢。

王董事长在办公室等她:"陈小姐请坐。"

陈卫红坐下,拿出一叠文件:"王董好,这是我申请工作许可的有关资料,已经按您秘书要求整理好了。"

王董事长接过去,漫不经心地翻阅一下后随手放下,挥了挥手示意旁边的人走开,站起来轻轻掩上了门。

王董事长面带笑容说:"我有一个想法想跟陈小姐商量。"

陈卫红有点意外:"王董事长,请不要客气,您有什么想法就说吧。"

王董诚恳地说:"我叫王绍德,我的曾祖父几十年前被人从中国卖到美国造铁路,我们经过三四代人的努力打拼,现在总算在美国站稳了脚跟。我们有自己的产业,包括此地和美国其他地方的房地产和几家工厂,还做国际贸易。我有一双儿女。"停了一下,他又说,"只是,我太太前几个月过世了。为了这一双小儿女,也为了继承我们家的产业,我必须续弦再娶。看到你以后,我非常中意,说实话,在美国很难找到像你这样又聪明又美丽又贤惠的中国女人。我想给您丈夫一百万美金,帮助他另外成家立业。他比我年轻,挑选的范围比我广,在中国或美国都可以另外找一个。请您考虑一下我提出的条件好吗?"

陈卫红只觉得脑袋嗡的一声,似乎天旋地转:"一百万美金?不不,我是来美国做学问的,不是来美国找丈夫的!"

王董再次强调:"陈小姐,你不用急着回答我,一百万美金我相信对你丈夫有诱惑力的。"

陈卫红感到了一种冒犯:"我不是商品!王董事长,你是觉得我会看重你的财产吗?"

王董认真地说:"陈小姐,我没有恶意,我觉得这样做,对你对我、对你先生都有好处。中国人要在美国这块人生地不熟,语言又不通的地方站住脚,都要经过十几年甚至几十年的努力,而且大多数人也就是混个温饱,比大陆水准高一点的温饱,真正成功发财做官的人很少,许多人一辈子也存不下一百万美金。现在我让你先生轻轻松松有了一百万美金,他可以顺利地到美国来完成学业拿博士学位,也可以马上置产置业,买房子,买汽车,做生意,所谓的美国梦都可以实现了。你也一下子成为一个拥有亿万美金产业的家族女主人,你愿意读书深造或是管理企业都可以,我一定会对你负责到底的。如果你不采纳我的建议,你们现在两地分居的日子就很难过,更不要说在美国立足谋生了。请你回去和你先生商量一下,不要急着答复我,我可以给你们充裕的时间考虑过渡。"

陈卫红一时语塞,但还是拒绝了王董事长安排车辆送她回去,她挺直了自己的背脊,离开了王董办公室。

回到寓所,乱了方寸的陈卫红马上拨通了吴大伟的电话,想把这件离奇的事情告诉吴大伟,可是她忘记了中美的时差,电话那一头只是绵长的"嘟——"声回应着,就像绵长的叹气一般。

第二天,当吴大伟终于接到陈卫红的电话时,他的反应出乎意料地冷静。

"红红,我知道你急于要我来美国,但你也没必要编织这么美丽的童话来逗我吧?"

顿了一顿,他又说:"拜托,陈老师,你编故事也要编得合乎逻辑呀,第二次见面就说要娶你?还什么一百万美金,你在写小说吧?"

陈卫红心急火燎,吴大伟却稳如泰山。

"大伟,这是真的!我什么时候骗过你?我是觉得你要赶快到美国来,这样就能证明我俩的感情了,王董也不会再为难我了……"

"都什么年代了?红红,如果真有其事,那个什么王董你根本不必理睬他。"吴大伟像是突然想起什么,顿了顿补充道,"当然,如果你觉得这是对你更好的选择,我也没有异议……"

"大伟?你这话什么意思?你是认为我会心动?你还不了解我吗?我是要你来美国,把这件事做个了断!"

"红红，我不是这个意思，我已经和你说过了，今年我还是不去了，你回来不就了断了？"

陈卫红气极了，她没想到吴大伟这么轻描淡写地竟然愿意放弃她，她哭着摔下了电话。

电话那头的吴大伟显然没有想到妻子会有这么大的反应，他是太相信他们之间的感情了，觉得没有必要去理会第三者。他不了解陈卫红既想拿到工作机会又不愿意与王董纠缠的处境，更不知道陈卫红想去工作其实还是为了他。

一片太平洋，今夜隔开的是两个爱人的心。

过后几天吴大伟都没有接到陈卫红的电话，这件一百万美金的事情也不知到底是真是假，想咬咬牙给她打一个国际长途，却发现陈卫红第一次来电的时候虽然将美国的号码报给了自己，但当时仗着记性好没有用笔记下来，回办公室的时候又被学生来咨询问题打断了，现在对那几位数的号码硬是背不下来。

大洋彼岸，陈卫红思绪万千，一时间她咬牙切齿地恨吴大伟竟然那么随意地说出让她自主选择，而不是急切地设法赶过来挽救婚姻；一时间她又相信吴大伟对自己的感情是牢不可破的，觉得他就是不善于表达而已。

这里，王绍德展开了他的爱情攻势。

每天早晨，陈卫红打开房门，一束美丽的鲜花已经放在门口，鲜花中央插着一张小小的粉红色卡片，用含情脉脉的语句嘘寒问暖，底下署名是爱你的绍德。

天天雷打不动一个电话问候。陈卫红告诉彭金凤接电话时就说自己不在，但冷不防地也会接到一次。

王绍德还是不温不火："陈小姐好，我只是想请您出来吃顿饭。"

面对这样礼貌的邀请，陈卫红也无法发火，她只能说："王董事长，我的态度都说清楚了，我不能接受您的邀请。"

王绍德紧追不放："不不，我只是想解释一下。可能你对我有误会，我希望我们能多点时间互相了解,我也想向你介绍一下我们公司的情况,我会尽快为你办好绿卡,我们一起来管理我们的家族企业。"

陈卫红态度坚决:"这是不可能的,我已经有丈夫了,您要尊重这一点。"

王绍德说:"这不是问题啊,我可以用任何方式补偿他,你也有追求自己幸福的权利。我们可以试着相处一下嘛。"

陈卫红很无奈,这位王董似乎油盐不进,不知道这是不是商人的天性,任何事情最后都像是谈判,而且是要达成自己目标的谈判。

"王董,我今天真的没有时间与您见面,我有其他事情,再说好吗?"

王绍德倒是非常干脆地答应了:"OK!没问题!我可以按照你的时间来安排,当然我也不介意等到你把事情处理完毕再吃饭。"

陈卫红忙道:"不不不,事情要很久。"

王绍德不慌不忙地说:"非常可惜,那我改日再约陈小姐。"

陈卫红听到对方挂断的声音,松了一口气,放下了电话。

想听到的声音没有来,不想听的电话却骚扰不断,这算不算造化弄人呢?

第7章
以身相许的赌注

一连几天得不到吴大伟的消息,陈卫红内心煎熬痛苦,她每天三点一线:宿舍、教室、打工餐厅。余下时间闭门谢客,读书解闷。

而王绍德这边锲而不舍,他看到陈卫红一时难以回心转意,竟迂回曲折地从叶敢峰这边开始了攻势。

"叶先生,我们公司的全球销售布局分析软件想请你来设计,你能抽时间来我们公司一趟吗?"王董的秘书给叶敢峰打去了电话。

叶敢峰接到电话喜不自禁,连连说可以可以。

"叶先生,上次与你一起过来的那位小姐,你能请她一起过来吗?"

"我问问她吧。"叶敢峰知道这件事情的来龙去脉,觉得有点难度了。

当然啰,陈卫红是不会去的,但是叶敢峰把茱莉亚拉着陪他一起去了。到了那里,秘书就听出了茱莉亚的声音。

"你就是茱莉亚小姐吧?也在这所大学读书?是陈小姐的闺密吧?"秘书很和气地与茱莉亚聊天,并且把具体任务、时间要求等一一向叶敢峰作了交代,临别时,给了叶敢峰一个装有原始数据的公文包,还预付了一千美金定金。

一向干着苦力活,拿着最低工资的叶敢峰,这次啥事都还没做,就先拿到了一张千元支票,他喜出望外,甚至觉得有点不真实了。

"请你们与陈小姐约个时间,加上你们两位一起,我们王董想带你们领略一下美国文化的精髓,让你们年轻人开开眼界,活跃思维,想得深一些、远一些,这可是难得的机会啊。你们定了时间打电话给我。"这是秘书交给他们的另一个任务。

叶敢峰回学校后,先去计算机教室预约了使用时间。那时电脑刚刚开始民用,即使在大学生中也还没有普及,只是学校一栋大楼里有专门的计算机教室,放着十几台电脑,需要使用的学生教师必须登记预约时间。

叶敢峰排上号之后,赶快去茱莉亚住所找海伦姐。陈卫红在学校餐厅打工,晚餐后无精打采地回到宿舍,正赶上叶敢峰与茱莉亚热烈地讨论着今天的好运,策划着如何做好这个项目。

陈卫红见他们在讨论具体事情,说了声你们有正事,我不打扰了,就要走进自己房间去。

叶敢峰赶紧喊住她:"海伦姐,等会儿我带你去学校的计算机房看看,你大概还没有去过那里吧?"

"什么计算机房?那是你们理工科的实验室吧?我看不懂那些东西的。"陈卫红还是兴趣淡漠,想回房看自己的书。

"海伦姐,这个计算机原来是美国航天事业用的东西,据说在第二次世界大战时,英国科学家用计算机测算出了德国进攻的时间地点,才打了大胜仗。现在正在转向民用,不但理工科的可以用,学文科的也可以用啊。我们一起去看看吧!"茱莉亚总是站在叶敢峰一边的。

"海伦姐,这个计算机很热门的,不预约还不能使用呢,我提早去登记了,可以在晚上九点到十一点使用两个小时,赶快去吧,过了时间就被别人抢过去用了。"叶敢峰催促着。

陈卫红的好奇心萌动了,这到底是什么东西呢?跟着这帮学生去瞧瞧热闹吧。他们三人相跟着出了门,朝学校计算机房跑去。

叶敢峰把她们带到了学校的一栋技术楼,陈卫红确实没有来过。进了大楼,转了几个弯,到了一个大房间门口。进门处有厚厚的透明塑料门帘遮挡着,掀开门帘,看到这个大房间被隔成了好几个开放的空间,每个空间里安置着几张办公桌,办公桌上放着一个闪光的屏幕,办公桌下面有一个长方形的东西,叶敢峰小声告诉陈卫红,这就是计算机的主机和荧光屏。房间里拥挤着好多同学,连空气都是热烘烘的。叶敢峰向管理人员报了姓名学号,那人指着一台计算机说你可以使用那一台。

叶敢峰过去在计算机面前坐了下来,让陈卫红和茱莉亚搬了凳子坐在两边看他操作。他在荧光屏下的键盘上打出几个英文字母,荧光屏上就现出了一篇文章。他边操作边说:"你们看,我现在要修改文章了。"说着,他在键盘上敲敲打打,文章就前后次序颠倒过来了。再敲敲打打,文章的字母也就都活动起来了。陈卫红从来没有看到过这么神奇的东西,她睁大了眼睛看着,觉得简直奇妙极了。叶敢峰又说:"这个计算机可以设定程序的,你能叫它画表格,也能让它变成图标,还可以按照你的要求替你计算各种数据,好玩的花样多着呢!"他以学长的口气对着茱莉亚说,"你们上过计算机课程了吧?这个课就是要多操练。英文说practice makes perfect,意思就是多练习才能完美,用在这里最贴切了!"

陈卫红像看变魔术戏法似的看着叶敢峰操作计算机,时间过得飞快,似乎一下子两个小时就过去了。叶敢峰在计算机上设计着表格图表,还把带回来的原始数据逐一打入进去。他刚刚站起身,就有一位美国同学过来接手使用这台计算机了,整个机房里还是热气腾腾人满为患。叶敢峰又去登记了明天的使用时间后,三个人走出机房。

陈卫红对茱莉亚说:"我们打电话叫学校巡逻车来接我们回去吧,一直听说学校专门为女同学设立有这项服务,今天正好试试。"叶敢峰赶忙摆手说:"哎呀,我这个护花使者不就站在你们面前?我负责送你们回去,不要去叫那些没一点情趣的老司机了。"陈卫红问:"你怎么知道是没有情趣的老司机呢?"叶敢峰说:"学校不就是为了保护女同学才设立夜间巡逻车的吗?如果让小帅哥来开车,那不是要跟女同学打情骂俏了吗?说不定还会去树林子里约会呢,这种事稍微动一下脑子就想出来了嘛!"两个女生知道叶敢峰在胡诌,大笑起来了。

第7章 以身相许的赌注

夜深人静,暗蓝色的天空中闪着数点星星,校园大道两边的路灯白晃晃地照着,稀稀拉拉地偶然有一两个学生走过。叶敢峰伸了一下懒腰感叹了一声:"哎呀,这两个小时,比在餐厅打工还累呀,脑细胞不知死掉多少呢!"

两个女生又一起笑了起来。茱莉亚嘲笑学长道:"白天还开心得要命,说是这个钱真是来得快呀,怎么一下子就觉得累啦?"陈卫红说:"脑子是越用越灵的,脑细胞再生快得很,我还想学着消耗一下呢!"叶敢峰接口说:"你学什么呀?你指挥指挥就行啦,我们都要为你打工呢!"说完就自知失言,伸了伸舌头。

陈卫红以为他又在说玩笑话,也不追究,夜色中三个人加快了脚步往回走。到了女生住所,叶敢峰说:"我还处在亢奋状态呢,可以上去坐坐吗?"茱莉亚对他反正是有求必应的,说道:"我们有两个女生,不怕你胡闹,来就来呀。"

三个人进了客厅坐下,茱莉亚忙着去端水。叶敢峰看着陈卫红说:"海伦姐,我是来向你坦白交代请求从宽处理的。"陈卫红有点摸不着头脑,反问道:"你又有哪一出戏要唱啊?"

叶敢峰客气地笑笑,这种客套的笑容陈卫红似乎从来没有从他脸上看到过:"海伦姐,这出戏的主角是你哪!"说着就把白天去王董公司的情况叙述了一遍。

陈卫红听他这么一说,有点哭笑不得的感觉,似乎是自己的弟弟做了错事,但又不好怎么去责备他。沉吟了一刻,她说道:"那边给你的计算机项目,是你凭自己的本事做的,与我无关。"

"那你愿不愿意去听听他们介绍美国文化精髓呢?"叶敢峰和茱莉亚几乎是异口同声地问道。

"你俩去吧,你们听了回来向我传达就是了。"

"哎呀,你不去,他怎么会介绍呢?那个王董会专门接待我们两个小屁孩吗?"叶敢峰有点着急了。

"海伦姐,你就一起去嘛,让我们也跟着开开眼界啊!"茱莉亚有点恳求的意思。

"海伦姐,这里是美国啊,不要怕,不可能有人会霸王硬上弓的!再说,还有我们两个给你做保镖呢!"叶敢峰的男子汉气概又出来了。

陈卫红见状,觉得拗不过他们两人,心想去看看又能怎么样呢?正好说说清楚,让那个王董断了这个念想。于是说道:"看你们两个的意思,好像我不去不行似的,那么就找个周末去一次吧。"

"得令!"叶敢峰欢快地叫了起来。

星期六早上九点,一辆路虎车停在陈卫红寓所门外,秘书打了电话上去,邀请两位女士下楼,而叶敢峰已经早早地等候在车子旁边,与诚心诚意过来迎接陈卫红的王绍德聊了起来。

陈卫红故意素颜便服出门,她不施脂粉,穿一条深蓝牛仔裤,一件白底上有小蓝圆点的涤纶长袖衬衫,外套一件米色夹克衫,脚蹬一双白色运动鞋。谁知她刚一露脸,王绍德心里便暗暗喝彩,称羡不已。他是中等偏矮个头,长得结实圆墩,潜意识里就怕女生穿上高跟鞋把自己压低了。而且华人在美国即使是富裕家庭也都很低调,崇尚勤劳发家俭朴持家。跟涂脂抹粉的茱莉亚相比,陈卫红反而更显高雅清丽。

王绍德恭恭敬敬把陈卫红迎上车,陈卫红招呼茱莉亚坐到自己身边来,而叶敢峰推着她坐到最后一排去,这样王绍德就势坐到陈卫红身旁了。陈卫红回头瞪了叶敢峰一眼,车子就吱的一下蹿了出去。

已是深秋时分,天空碧蓝碧蓝的,万里无云,大路两边高高的花旗松树枝叶越发干燥,被秋风吹得哗啦啦作响。车内一派严肃的氛围,大家都装作看着窗外景色,无人说话。在陈卫红矜持的威严神态下,王绍德几次想开口最后都欲言又止。这种情状时,总是女生还比较勇敢,茱莉亚有点调皮地问道:"我们这是要去哪里呀?"

坐在司机旁边副驾驶位置上的秘书回过头来对着众人说道:"王董想带大家去看看他的大学学长菲尔·奈特创办的耐克公司。"

"耐克公司？"叶敢峰和茱莉亚同声问道。

这下王绍德找到了话题，开始介绍起了菲尔·奈特其人其事。他说奈特是他的偶像和榜样，奈特喜爱运动，他长跑时觉得运动鞋不合脚不舒服，遂以500美元起家，逐步创办起了一个全球知名的运动鞋公司。作为一个天才的企业家、富有远见的战略师，奈特在一个个看似疯狂的主意中，规划了公司从设计、技术到营销的整体思路。奈特曾当选为"运动界最具影响力的人"，不仅因为他缔造了一个年销售额高达上百亿美元的头号体育用品公司，更因为他带领耐克公司广泛地影响了人们的运动理念和健康生活方式，而穿着耐克的产品也成了身份和地位的象征。

就这样一路聊着来到了耐克公司总部。秘书与门卫说了几句话，车子就开了进去。这里被称为"耐克校园"（Nike Campus），这是奈特亲手打造的世外桃源，感觉这里就像大学校园一样：有慢跑小径、湖泊和足球场。校园中的办公大楼都以杰出运动员命名，例如迈克尔·乔丹大楼、波·杰克逊运动中心等等。王绍德带着大家走进大楼里面，只见墙上张贴着一张张的老海报，都是与耐克及运动有关的内容，令人想起大学男生宿舍的墙壁。

就在这样轻松的氛围中，秘书把大家引领到公司内部的咖啡馆里，请大家喝着咖啡吃着奶油蛋糕随便聊天。

叶敢峰先放松了下来，他也试图调节一下气氛，开着玩笑说："那天说得那么一本正经的，什么美国文化精髓，搞得我还专门去查了字典，不过这又是文化又是精髓的，本身就不是一个概念，字典上也说不清楚呀。"

茱莉亚也跟着说："我也去图书馆查了一下，那里很多资料说美国文化的精髓是契约精神，还说美国的文化在很大程度上是对英国文化的传承，特别是法律。美国的法律是普通法、惯例法，整个建立在无数的先前案例之上。比如美国的教育体制不允许本科生读法律，必须在读完一个本科专业之后才能参加法学院考试，进入法学院学习多年，获得法学博士学位，然后才能去考律师执照。这个过程太长了，搞得我本来觉得做律师挺神气想读法律的，知道这些后都不敢去读了。"

陈卫红毕竟年轻，身上还有很浓的学生味，听着这种学院式的讨论，情不自禁地也掺和了进来："我看到的资料说，美国文化的五大象征是自由女神像、芭比娃娃、美国哥特式、野牛镍币和山姆大叔。"

叶敢峰紧跟一句说："我的美国偶像是海明威，他身上既有硬汉精神，又有幽默感，他在自己的墓志铭上还说：恕我不能起来迎接你啦！"

王绍德和秘书笑眯眯地听着这三个年轻人讨论，两人会心地对了一下眼神，秘书悄悄地走到陈卫红身边，附着她的耳朵说了什么，陈卫红站起了身。王绍德也赶紧走过去，引着陈卫红走出了咖啡厅。这边秘书做着手势让叶敢峰和茱莉亚继续留在那里喝咖啡聊天。

王绍德舒了一口气，终于有机会与陈卫红单独相处说话了。经过这一路上的聊天，陈卫红对王董也改变了看法，觉得他还是位有文化教养的人。不过，看着眼前的那个矮墩结实的人那么普普通通，想到第一次见面时自己怎么会感觉他气宇轩昂，自己也不觉好笑起来。

王绍德见陈卫红露出了一排洁白的牙齿有了笑模样，胆子也大了起来。他笑着对陈卫红说："我的提议你考虑得怎么样啦？我觉得我们还是有许多共同语言，可以一起生活的。"

陈卫红回答道："其实我的态度早就明朗了，我尊重你是一位成功的企业家，但是我已经是有夫之妇，我们的婚姻基础很牢固，生活很幸福，我不会改弦更张的。"

王绍德带有挑战意味地说："我看你的丈夫对你不怎么样，你要他来美国陪你他不肯来，到现在还无动于衷！"

一句话戳到了陈卫红的痛点，但是她对吴大伟还是很了解很有信心的。她争辩道："现在他还在给学生上课走不开，等放了寒假他就会过来的。"

王绍德说："你看过一部英国电影《百万英镑》吧？两位富豪打赌，看一张百万英镑的支票怎样改变了一个年轻人的命运。你丈夫有了百万美元也会见异思迁的，我们也学电影里那样打个赌好啦，我敢说你的丈夫一定会同意我的提议的！"

陈卫红看过那个格里高利·派克主演的电影，觉得有点意思，而且她相信吴大伟绝不可能因为一百万美金而动摇对自己的爱情。她嘴硬地回答："赌就赌啦，就赌这一百万美金吧，他肯定不会要的！"

王绍德见陈卫红进了他的圈套，得意地说："怎么是赌一百万美金呢？要是这样的话，我们每人先要拿一百万美金出来呀！我们赌的是你，如果吴大伟愿意接受一百万美金，那就是他放弃了与你的婚约，你就要跟我结婚做我的夫人。如果他不接受我的提议，那我就服了你们，放弃我的一切要求提议，你敢吗？"

陈卫红一下子傻了眼，怎么是拿自己的终身大事做赌注呢？但如果不敢的话，不就是自己心虚了吗？她愣了一愣，回过神来，有点色厉内荏地回答说："赌就赌吧，你不会赢的！"

王绍德自以为胜券在握，回到咖啡厅里，对着几个年轻人兴奋地说："今天不错呀，你们都学到不少东西了吧？走，我请你们吃龙虾去！"

第8章
心急火燎赴美追妻

吴大伟直到收到美国王绍德秘书寄来的快递邮包时,才猛然醒悟此事当真。怀着忐忑不安的心情,他耷拉着脑袋敲开了自己研究生导师老教授的家门。

"大伟来啦!"师娘亲热地迎他进屋。

老教授踱出书房。吴大伟与陈卫红都是他的得意门生,教授夫妇对他俩的事儿一清二楚。

"老师!"吴大伟轻轻叫了一声。老教授说过,他这辈子最喜欢的称谓就是老师,因此,真正亲近的学生从不喊他教授的。

"怎么啦?"老头子心里明白出了哪档子事儿,但还是引导着吴大伟诉说了一通,让他顺顺气儿,也理一理思路。

"哦,你是要提前去美国啦。"老头子揣着明白装糊涂。"反正办手续总是要耗时间的,还是回老家去一趟吧,跟山里的爸妈说一声,百善孝为先嘛!"

吴大伟似乎一下子开了脑洞,他拍拍后脑勺哦了一声:"对对,是得回江西老家一趟,去年过年都没回去呐!"

师娘留他吃了便饭再走,他也不客气。边吃饭,老两口边向他吹风,要他不必太心急慌忙;去美国,还是要眼观六路,耳听八方,多动脑筋,多学点东西。

申领护照的两周里,吴大伟回了趟老家。之后他心急慌忙地照着秘书指点的流程去美领馆签证,王绍德以一百万美金银行证明为他作经济担保,请他来美国商议要事,并已附上机票。怀着说不清的迷茫疑虑,吴大伟匆匆抵达美国。

有人举着写着吴大伟名字的牌子到机场接机,并把他引到一辆豪华车前。对于这辆车,仅仅草草一瞥,方正车头上屹立的盾牌徽章就显出不凡的味道,后座宽敞的空间,色泽柔和的座椅,连气味都不同于在国内寻常所遇。他正襟危坐,收拾衣摆时不经意碰到座椅上的皮革,顺滑柔软,无意识地心中嘀咕了一句:"这就是豪车啊。"

开车的是个白人,中等身材,讲话口音有些含糊,他听了好几遍才听明白过来。车子是王董事长的,白人司机是为王董打工的,王董事长安排他过来迎接吴大伟。吴大伟回想起几周前第一次接到这位王董电话时的情景。

那天他刚带着课题组几个同学在学术论坛上分享了最新成果,反响热烈。大伙儿回来正在办公室里兴奋地讨论庆功的事情,电话铃就响了。

"吴老师,找您的电话。"靠近电话的学生高声招手示意。

吴大伟穿过办公室,动作利索地接起电话:"喂?我是吴大伟。"电话那头传来一个带有浓厚粤语口音的声音,一个陌生男人的电话:"嗯,我是王绍德……是这样的……嗯……呃……是吗?"

倚在一边的学生发现吴大伟的脸色越变越难看,连忙挥手示意其他同学安静。

"……嗯……我知道了,我会来的。"吴大伟说着,慢慢挂断了电话。

"吴老师?"学生小心翼翼地唤了一声。

吴大伟神色阴郁,眉头紧锁,先摇了摇头,但很快又点了一下头,嘴里跳出一句前后不着边的话来:"我要尽快去美国!"

略一思索,他脑海中涌出了自己的导师。严师如父,他早已养成了事事向师父汇报、请教的习惯。顺着熟悉的校园小道,他走进了教师宿舍。

……

豪车快速驶过开阔的高速公路后,放慢了速度平稳地行驶在城市街头,鳞次栉比的高楼大厦如多米诺骨牌般向后快速退去,各种颜色的汽车列阵列排,在红绿灯的调节下繁忙而有序地运动着。他瞪大眼睛看着窗外,两边炫目的彩灯和琳琅的装饰,让他不自觉地想起小说《了不起的盖茨比》中的桥段来,不经意地叹气,这就是美国啊。

车子终于停靠在一家富丽堂皇的餐厅门口,刚停稳,便有着正装的侍应生拉开车门,笑脸迎人。吴大伟顺着对方的手势下车,颇有些不自在地整了整衣领。

"吴先生!"一位西装革履的华裔男子笑着走到吴大伟面前,浓眉大眼,身材结实,梳得一丝不苟的鬓角有几丝白发。

吴大伟条件反射地握住对方伸过来的手:"王先生?"

王董点了点头:"终于见到你了,经常听你妻子提起你来。请这边走吧。"

听到对方提起了陈卫红,吴大伟警惕起来,暗中挺了挺腰板,随对方进了餐厅,在靠窗的僻静方桌落座。

身着妥帖马甲的侍应生立刻送上了两份菜单,礼貌询问两位想吃点什么。

王董没先动菜单,而是抬起头对吴大伟解释:"贸然把吴先生请来美国,确实是我唐突了,但事关重大必须得当面商谈才说得清楚。这家餐厅的意大利菜是此地最有名的,谨以此表达我的歉意和诚意,请吴先生随便点用。"

吴大伟翻开菜单,看看纸上的花体英文菜名,又瞟了眼旁边标的价格,暗自心惊,他随手梳理了一下黑黑的浓发镇定自己,抬头淡淡说道:"还是王先生点吧。"

王董看了看吴大伟,笑道:"那我唐突了。"他没有看菜单,而是先问了侍应生今天有否从地中海空运过来的新鲜海货,最后才说了几个菜名和特别的配料。侍应生都一一记下,最后询问是否需要佐餐的红酒,吴大伟连忙摆手说:"不用了,谢谢。"

王董顺着他的话,点了两杯软饮,说话的同时从口袋里拿出几张美元夹到菜单里面,再将其递到侍应生手里。吴大伟边看边皱眉:点个菜还要付钱?

王董回头对吴大伟解释道:"今天新到了龙虾,这里的主厨做焗烤龙虾是一绝,吴先生一定要尝一尝,贵夫人也很喜欢这道菜。"

听对方再次提到陈卫红,吴大伟反射地又把腰挺了挺,双眼直视对方,正色道:"王先生不如开门见山吧。"未待对方反应,吴大伟接着说道,"你电话里面说的那件事,卫红同意了?"

王董也敛衣正坐:"她说要听你的态度。吴先生你同意吗?"

吴大伟胸口觉得有些发闷,深呼吸了一口气才抬起头看向对方,一字一顿道:"我要见她。"

"不,吴先生别慌,今天我只是想先跟你谈谈我的条件。"

"你电话里面说得还不够清楚吗?"吴大伟冷笑了一下。

王董尴尬微哂:"那我们先吃饭吧,吃了再谈也可以的。"

吴大伟摆了摆手,又说了一遍:"我要见卫红,在见到她之前我根本吃不下。"

他的心中像憋着一股气,尤其在他看到对方阔绰的出手,美式的做派,胸有成竹的自信,这股气如热气球般不断膨胀,不断炙烤着他的理智和自认为的修养。他必须马上离开这个人,他必须尽快见到卫红,越快越好。

王董皱了皱眉头,露出一个失望的表情,最后只能摊了摊手应了一声"好吧"。

第一次见面不欢而散,王董礼貌地把他送到餐厅门口,跟司机吩咐了几句,便转身回去继续享受自己的龙虾大餐。虽神色不佳,但脚步依然镇定而轻快。

吴大伟把车窗摇下来,胸口的那股气在冷风中冻凝成一团,横亘在怀,一阵一阵地抽搐。他试着深深吐了两口气,但毫无作用,反而愈加五味杂陈。脑中一片混乱,一会儿想起跟陈卫红初恋时候的事情,一会儿又想到学校刚完结的课题,一会儿又想到昨天岳父母到机场送别时的叮嘱,一会儿又想起更为久远的乡下父母亲为生活劳作的场景……

"到了。"最后被一句洋腔洋调唤回思绪时,吴大伟才恍然发现自己右手因握拳太久而满手冷汗,掌心惨白。

那天的陈卫红跟往常一样起床看书,因为下午有个重要的研讨会,中午也没有去学生食堂上班,而是专心在家准备讲义和讲稿。吴大伟到的时候,她正在厨房煮面,匆匆忙忙来开门的时候,身上还裹着围裙,一只手上还拿着改了好几遍的讲稿。

吴大伟冷不防地出现在门口,好像一出恶俗美国浪漫电影的桥段,抑或不切实际的梦境。陈卫红"啊"了一声,呆在了门口,手中的讲稿轻飘飘地落在了地上。

"卫红。"门口这个长着吴大伟样子的男人开口了,连声音都跟他一模一样。

"你你,你是……大伟?"陈卫红还是不敢确定。

吴大伟俯身捡起地上的讲稿,低头不看陈卫红的眼睛"嗯"了一声,声音也如讲稿一般轻飘飘地落下。

陈卫红眼睛湿润了,连忙把人让进门来,一下子拥进怀里,又推着他到客厅沙发上坐下:"你刚到美国吗?我煮了面,你吃一点吧?"

吴大伟顺从地任她拉扯,慢慢摇了摇头:"不了,我不饿。"

"好吧。"陈卫红转身回厨房把火关掉,将面盛出来倒在碗里时,听到身后有人阴阴地问:"你喜欢吃龙虾吗?"

陈卫红回头,看到吴大伟靠着厨房的门,神色怪异。"还可以啊,挺好吃的。"她利落地收拾完汤汁,虽然吴大伟说了不吃,但她还是分了两碗面出来。"你怎么突然来了?也不提前告诉我一下!"

吴大伟又问了一个怪问题:"那焗烤龙虾你喜欢吃吗?"

陈卫红随口答了一句"喜欢",便转回身去专心端面,没看到吴大伟一下子黑到底的脸色。

她小心翼翼地端起一碗面往外走,边走边跟吴大伟说笑:"平时怎么叫你都不来的！是不是要卖我了你才来？说把我卖了多少钱？"

"你把我当什么人了！"吴大伟拍桌子勃然大怒。

陈卫红被他吓得差点失手打翻面碗，匆匆把碗搁在桌上，她连忙冲回厨房，打开水龙头用凉水冲洗被烫伤的手，回头说话语气也硬了很多："你干什么？"

"跟我回去！"吴大伟上前拉陈卫红的手，被她用力甩了开去。

"干什么呀！我在这里工作得好好的。你来美国到底是干什么的？"

"把你带回去！"

"疯了吧！我不回去，来的时候我就这样打算了，在美国真正学到点东西再回去。美国的机会更多，也能学得更快。"

"你是铁了心不回去了吧？那你是准备嫁给那个姓王的了？"

"我可没说，就看你怎么想了？你是要我还是要一百万美元？在这里我看到了自己的价值！"

"如果我不留在这里呢？你是不是就准备嫁了？"

"我嫁不嫁不用你管！你给我把手松开！"

吴大伟又拉住了陈卫红，陈卫红用力挣脱，两人陷入无意识的争斗之中，都如困兽一般面露痛苦和狰狞，口吐恶语，眼含热泪。

叶敢峰和彭金凤刚出电梯，就听到房间里面传来男女争吵的声音。叶敢峰怀里抱着一堆文件，示意彭金凤先跑去开门。两人进门时，已经看到陈卫红和一个陌生男子分坐沙发两头，满脸通红，喘着粗气。看那男子面容，联系刚才依稀听到的两人争吵内容，他立马猜想到了这男子的身份，进门尴尬一笑："是大伟哥吧。"

彭金凤不停地跟他交换眼神，事发突然，两人也束手无策。

陈卫红倏然从沙发上站起来，冲回房间，房门被重重关上。叶敢峰看了一眼房间门，看了一眼吴大伟，最后看向彭金凤。彭金凤用下巴指了指沙发的方向。叶敢峰皱了皱眉头，最后还是挪到沙发边，靠坐在扶手上，讪笑道："大伟哥是今天刚到的吧，吃饭了吗？"

吴大伟看了一眼叶敢峰，礼貌地点了点头，没有开口回应。

这时房间门又被推开，吴大伟一下子从沙发上站了起来。看到陈卫红换了件衣服，一手拿着包，走到客厅里把讲稿塞进包里，转身就往外走。

"卫红！"吴大伟忍不住叫住对方。

"我不想跟你吵，我下午有个系里教授的研讨会要去听！"陈卫红头也没有回地说完这些话，便出门离开了。

吴大伟呆愣在客厅，望着她离开的门口。

许久，气氛尴尬的客厅里才出现一个更加尴尬的惊叹。

"哇！海伦姐煮了面呀！我正好饿了。"

最后叶敢峰一个人吃掉了那两碗冷掉的清汤面。

不过叶敢峰是真的饿了，两碗面吸溜吸溜几口就没了。当他吃完面，洗了碗，刷了锅，再回到客厅时，看到吴大伟还坐在沙发上，身子歪到了一边，凑近发现他是睡了过去。也是，坐了十几个小时的飞机，落地之后又吵又闹的，这神经一松下来，人也跟着疲软了，坐着都能睡着。

叶敢峰敲了敲彭金凤的房门，问她要了个毯子给吴大伟盖上。两人又僵在客厅，面面相觑。

叶敢峰是带了任务来与彭金凤一起工作的，他们要在一起整理资料，核对数据，最后再打进电脑去。

吴大伟睡醒时，叶敢峰已经兀自工作了一阵，正念念有词，计算着什么。他入戏太深，没有留意吴大伟已经走到他身边，礼节性地问道："你在做功课啊？"

全神贯注的叶敢峰被他吓了一跳，回头看了一眼对方，尴尬一笑："准备Coding，编程。"

吴大伟点了点头，但并不十分理解对方说的这个单词，无论是英文还是中文。

"你醒啦，我没吵到你吧？"叶敢峰起身来到沙发边，"还没正式介绍，我叫叶敢峰,叫我罗杰或者小峰都行,跟卫红姐是老乡,都是上海人。茱莉亚的中文名叫彭金凤,是台湾过来的,现在跟卫红姐同住这儿,我们是同学,她现在上课去了。"

"我是吴大伟,陈卫红是我妻子,卫红信里多次提到你们,谢谢你们照顾她了。"吴大伟点了点头,勉强挤出个微笑。

"出门在外,相互照应啦。"

"你是学计算机的吗?"吴大伟指了指摊满桌子的画着数字和符号的纸页,对于"编程"这个词汇有些好奇。

"我主修经济的,今年辅修了计算机。"

"经济和计算机……这跨得有点远啊,学校允许吗?"

"哈哈哈,美国这边大学都是自由选课的,只要满足基本条件并且完成课程的话,交够学费就能修。"

"哦,这样啊。怎么会想学计算机呢?"

"好赚钱啊。"

"呃……"吴大伟惊讶于对方的直率。

"大伟哥,你别误会。我觉得计算机技术现在还是萌芽,刚刚在发展,机会多,空白多。你听说过Silicon Valley,美国硅谷[①]吧。"

吴大伟先摇了摇头,很快点了点头:"听过一些,不多。"

"硅谷之前就是大学生创业的地方,最早是无线电,主要都是美国军工做的。然后靠着这边的大学和大学生资源又新发展起半导体产业来。半

[①] 硅谷(Silicon Valley),位于美国加利福尼亚州北部的大都会区旧金山湾区南面,是高科技企业云集的圣塔克拉拉谷(Santa Clara Valley)的别称。硅谷最早是研究和生产以硅为基础的半导体芯片的地方,因此得名。硅谷的主要区位特点是附近拥有一些具有雄厚科研力量的美国顶尖大学作为依托,主要包括斯坦福大学(Stanford University)和加州大学伯克利分校(UC Berkeley),还包括加州大学系统的其他几所大学和圣塔克拉拉大学。结构上,硅谷以高新科技公司群为基础,同时拥有谷歌、脸书(Facebook)、惠普、英特尔、苹果公司、思科、英伟达、甲骨文、特斯拉、雅虎等大公司,融科学、技术、生产为一体。

导体,你知道的吧,就是计算机的Hardware硬件,就是主机里面的配件什么的。"叶敢峰边说边做手势,"我在斯坦福大学的朋友都说硅谷接下来是Software软件的天下了,就是依靠这些代码编辑和运营的计算机内置系统,掌握了这些就是掌握了未来,前景无限啊。"

吴大伟被他一系列的专业名词听得直皱眉:"那你现在是在做那个代码,还是软件?"

叶敢峰摆了摆手:"不是,只是用斯坦福大学那个朋友教我的方法,正在做王董公司一个小项目,编一段自动筛选数据的代码框架。这可比去餐馆端盘子赚得多多了。"

吴大伟"哦"了一声,心中有些不以为然,心想这个王董,连卫红周围的人都在拉拢,而这个学生为了赚钱如此三心二意,不务正业。

叶敢峰见对方兴趣全无的样子,摸了摸鼻子,又兀自忙着自己的算法研究。

吴大伟在沙发上坐了会儿,中间去厨房倒了杯水喝,局促地在客厅待了一会,又看了一会儿叶敢峰,问道:"卫红回来过吗?"

叶敢峰摇了摇头,低头看了眼手表:"对,是有点晚了,海伦姐还没下课?"

"你知道她在哪里上课吗?"

叶敢峰又摇了摇头:"她房里可能有课表吧。"

吴大伟转身进了陈卫红的房间,房间门没锁,进门口很容易就看到书桌上方的墙上贴的时间表,上边手写了时间和教室。"还是老习惯呀。"吴大伟看着红色蓝色不同颜色笔标记的课程表,露出温柔的表情。

吴大伟撕了张草稿纸,把教室地址抄下来,转身准备出门。

叶敢峰后知后觉地从书堆前面起身:"啊,要出去吗?"

"对。"吴大伟应了一声。

"是去找海伦姐吗?要我带路吗?"叶敢峰跟到门口。

"没事,你回去忙吧。在学校待那么久,找起教室来我也是专业的了。"吴大伟挥了挥手,离开了。

第9章
假作真时真亦假

美国大学不同于中国大学，不设围墙更没有常见的校门之类。吴大伟在校园内转了半天，方才想起来这个差异，只能自嘲一句，"不识庐山真面目，只缘身在此山中"。

幸而在几个学生指引下，他终于找到了研讨会的教室。大阶梯教室门口竖了一块黑板，白色粉笔潦草地写着今日研讨会的议题和出席教授。吴大伟走过，匆匆扫了一眼，又退回来两步，重新看了一眼那个黑板上的教授名字，忍不住叹息。这些名字以前只在书本上见过的，如今开门进去就能在教室里面见到活生生的人，听到最新的思考，分享最前沿的论述。他忍不住又叹了口气，难怪卫红对美国大学如此心驰神往，以至现在乐不思蜀。

就他在门口恍神的这个工夫，教室内爆发一阵热烈掌声，继而门从里面被推开，三三两两的学生抱着书或提着包鱼跃而出，年轻的面孔上一脸热诚，口中还津津有味地讨论着刚才研讨的课题。退到一边，看着学生们一群一群地走过，吴大伟心想，中外学生好学的神态都是一样的。等了一会儿没有见陈卫红出来，他便穿过人群，进到教室里面。进门就看到讲台边的陈卫红，纤细苗条的身影，一边整理书包，一边还在跟一位灰发教授讨论什么。那教授圆圆的脸庞，小胡子一丝不苟，神态谦和。

吴大伟远远站在教室后面，一直等到陈卫红跟那教授道别，才凑上前去。陈卫红转身见到来接自己下课的吴大伟，先是惊喜，继而想起之前两人的不愉快，脸色很快转为阴郁，把书包往身后一背，视而不见，绕过吴大伟，头也不回地走了。

吴大伟被尴尬地留在原地，喉间塞着一句问候的话。

虽然已经入夜，天气转冷，但校园路上依然可见裸露着胳膊或大腿的男男女女，紧身T恤，喇叭牛仔裤，青春特有的无所畏惧的气息。陈卫红突然想起来第一次穿这种牛仔裤，裤子是海外亲戚送的礼物，还是进口好货，面料摸在手上都有一种不寻常的触感，远非广东产的仿造品可比。那应该也是一个和今晚一样的秋夜，她特意穿了去赴约。而吴大伟还是穿着那套蓝色的工装外套，双手学电视明星那样插在兜里，这双手在见到她的时候会显得格外局促，一会儿插兜，一会儿比画，一会儿抱拳。可惜他的表情没有如此灵活，在平地呆愣了许久之后双颊绯红，双耳发烫，嘴巴最是木讷，只会说"好看"二字。

想到这里，陈卫红扑哧笑了出来，那时候他还挺可爱的，现在怎么变得尽给自己添堵了呢！她回头偷看了一眼跟在身后的吴大伟，亦步亦趋，小心翼翼的样子，似乎跟记忆中那个羞涩的青年重合起来，心里已经软下来三分。但毕竟碍于面子，对方没正式道歉之前，陈卫红也找不到台阶向对方示好。

心里别扭，连带着脚下的步子都快了一些，她匆匆穿过草坪，离开了校园区域。吴大伟也紧紧跟上，跟着她停在一处十字路口前。

"Dear（亲爱的）。"一位白人老太太突然拉住了陈卫红，然后悄声提醒身后有个疑似变态的男子跟踪她，如果需要的话自己可以陪她走一段路。

陈卫红听后，回头看向吴大伟，哭笑不得。

吴大伟看了看陈卫红，又看了看满脸警惕的老太太，马上明白对方误会了什么，连忙上前摆着手解释自己和陈卫红的关系，为了表明真相，他特别贴着陈卫红站，还抓住了她的手。陈卫红原来想推开他，但转念一想免得节外生枝，只好让他抓着手顺从地跟着他走了。

老太太半信半疑地点了点头。这时红灯跳绿灯，吴大伟赶紧拉着陈卫红向前走了。

两人走出老远,快到公寓楼下时,陈卫红一把甩开吴大伟的手,瞪了他一眼:"我还没有原谅你呢!"

吴大伟也觉得有点委屈,想辩解几句,但陈卫红转身跑上楼去了。

回到公寓,叶敢峰还在书桌前奋战,彭金凤在自己房间里面做功课,见两人一前一后回来,特别是陈卫红一回来就直接进了自己房间,便知事情不太顺利。叶敢峰投了一个同情的眼神给吴大伟。彭金凤则扯了扯嘴角,对吴大伟露出一个安慰的笑容。

这时房间门突然又被陈卫红拉开,她抱着一个枕头一床薄被出来,一股脑儿丢在沙发上,指着沙发,对吴大伟说了一句:"今晚你睡这儿。"

依然不等吴大伟说话,陈卫红转身推着彭金凤到房里,把门关上,拉着对方的手,柔声道:"实在不好意思,我也不知道他今天来,只能暂时先让他住一晚了,你不会介意吧?"

彭金凤连忙摇头。

陈卫红舒了一口气:"那就太好了,改天我做好吃的给你。"

彭金凤嘻嘻一笑:"其实我也正想告诉海伦姐,罗杰学长最近在赶做那个项目,可能要在我们这里多待点时间……"

陈卫红愣了一下,瞬即莞尔。

两人相视一笑,心照不宣。

吴大伟睡了很长很长的一觉,也许是时差,抑或旅途劳顿,等他从沙发上清醒过来时,已经是次日下午了。睁开眼睛,看着刷白的天花板和身下裹着碎花布的沙发,发了一会儿呆,大脑才反应过来自己现在是在西半球的美国。起身感觉到颈椎和腰椎有些酸痛,毕竟沙发逼仄,睡起来缩手缩脚,难免不太舒服。然后他看到客厅空空,一边桌上还是堆着一卷乱纸,听到有人语声,从厨房那边传来。他站起来,回头四望,在去卫生间的路上,那人语声更加清晰地从房间里面泄出来,他好似听到了自己的名字,以为是错觉,便停下脚步多听了几句。

"……大伟哥这趟来的路费不也是他出的?"

"啊?哦,也是,难怪海伦姐不知情呢。"

"那位王董我们上次见了,一副老谋深算、胜券在握的样子。"

"有钱有资本的人都这样吧,他在美国很久了。"

"嗯,好几代了。你说……海伦姐如果真嫁给他,绿卡不就是分分钟的事情?"

"哎哟,这种不靠谱的事情,你可别乱说话!"

"我就开个玩笑。不过他真的有钱,对我们也挺大方的。"

"嗯,确实……"

吴大伟没有再听下去,只是默默走开,一个人进了卫生间,悄悄合上了门。

> 与我在一起吧,做我的爱人,
> 我们将品尝一切的欢欣,
> 凡河谷、平原、森林所能献奉,
> 或高山大川所能馈赠。
>
> 我们将坐在岩石上,
> 看着牧童们放羊
> 小河在我们身边流过,
> 鸟儿唱起了甜歌。
> 我将为你铺玫瑰为床,
> 一千个花束将做你的衣裳,
> 花冠任你戴,长裙任你拖曳,
> 裙上绣满了爱神木的绿叶。
> ……

陈卫红从书里抽出写有这段诗句的纸片,这是文艺复兴时期英国诗人马洛的《牧童情歌》,在刚刚的欧洲人文主义与哲学研讨会上,演讲者引用了这段诗歌,勾起了她的回忆,她第一次听到这段诗文时的情景。

也是一个明亮的月夜,月光大片大片地洒下,校园内的西式小楼在夜色中熠熠发光,草坪上已有露水,坐上去潮潮的,但她并不介意。那个穿蓝色工装外套的男孩坐在她的身边,手上拿着一笺信纸,上面字迹分明,书写的英文漂亮规整,跟他的声音一样,强自镇定之下尾音颤抖。他指着当空皓月,又用中文念了一遍这首诗歌,似乎没有念英文原文时那么紧张。她抓住他伸出的手,念起莎士比亚剧本里面朱丽叶的一段台词:

"啊!不要指着月亮起誓,它是变化无常的,每个月都有盈亏圆缺;你要是指着它起誓,也许你的爱情也会像它一样无常。"

当时他们班级正在排练《罗密欧与朱丽叶》,吴大伟也记起了罗密欧的台词,接口道:"那么我指着什么起誓呢?"

陈卫红饰演朱丽叶:"不用起誓吧,要是你愿意的话,就凭着你优美的自身起誓,那是我所崇拜的偶像,我一定会相信你的。"

吴大伟饰演罗密欧:"要是我的出自深心的爱情——"

陈卫红演朱丽叶:"这一朵爱的蓓蕾,靠着夏天的暖风的吹拂,也许会在我们下次相见的时候,开出鲜艳的花来……"

吴大伟演罗密欧:"幸福的,幸福的夜啊!我怕我只是在晚上做了一个梦,这样美满的事是真的吗……"

当年的情景还历历在目,她低头苦笑,将那纸片塞回书内,背上包,离开了教室。

才走出一段路,便被一个人拦了下来,那人有些面熟,依稀就是王绍德的司机,他开门见山道:"陈小姐,王先生有请。"

她忍不住翻了翻白眼,心想这个人真的有些霸道,如兽中野狼,一旦盯上便不达目的,誓不罢休。

想回绝的话刚到嘴边,又吞了回去。也是够了,这件事情还是需要有个了断,她之前一直采用消极逃避的方式,反而让事情越来越糟糕,现在大伟都在美国了,应该跟王绍德更明确地说清楚,早点做个了断。想到这里,她对着司机点了点头,跟着他上了街边的一辆豪车。

但她没想到的是,来接她下课的吴大伟就在街对面,亲眼看着她上了王董的豪车,看着那昂贵的方正车屁股一溜烟消失在远方,仅留下一腔空虚。

吴大伟看着车辆消失的方向,久久,看得他眼眶发酸,眼泪打滚,一缕苦笑,一声短叹。

"吴大伟已经来美国了,他不会要你的一百万美金的。"

陈卫红将这句话重重甩到王董面前,语调铿锵决绝,仿佛能击碎他那张贵重的办公桌。

"他到底要不要,得让他自己表态,我会安排一次机会,让你亲眼看看他的回应,怎么样?"王绍德仍不死心。

"好呀,就明天吧!我想他会让你失望的。"

说完,她看了一眼对方骤变僵硬的表情,转身离开了办公室,干脆利落,心情舒畅。

仿佛完成了一件艰难大事,连回家路上的公交车都似乎快捷了很多。下车路过超市,又正遇鱼鲜打折,咬了咬牙买了条鱼回去,想晚上好好做个饭,像之前那样,与大伟坐在一起和和美美的。

彭金凤自告奋勇帮陈卫红打下手,昨晚通宵编程的叶敢峰躺在沙发上补觉,吴大伟出门未归。陈卫红熟练地把鱼处理干净,下锅,上料,装盘。时光好像倒转到最祥和的上海,不,这是新的开始了,在美国和大伟新的开始。

三菜一汤,红绿杂陈,四副碗筷,三人围坐。

"大伟哥怎么还没回来?"彭金凤边分筷子边问。

"他出门时说去拜访之前认识的教授了。"面对一桌好菜,叶敢峰一扫困倦。

"哦。"陈卫红应了一声,然后笑得更开心了,"那位教授我知道的,大伟一直与他保持联系的。"

叶敢峰和彭金凤闻言，也跟着高兴："太好了。如果大伟哥能留下来的话。"

陈卫红笑着坐下，又突然站起来，"我切了小葱忘记了！大伟喜欢放点小葱吃的。"说着跑回厨房，手捧着小葱出来，仔细撒在汤上。

吴大伟终于回来，表情阴晴不明，见到几人也只是简单道了声好。陈卫红没有注意，只是看着他进门，想唤他过来坐，但又碍于面子，整个人僵在了原地。

彭金凤最先反应过来，连忙高声道："哈哈哈，大伟哥你可回来啦！海伦姐做了好菜欢迎你呢！"

叶敢峰也招着手："坐坐坐。"

陈卫红看吴大伟在自己旁边的位子上坐定，这才慢慢坐下，把盛了饭的碗放到他的面前。

吴大伟看了一眼陈卫红，没有说话。

彭金凤继续努力调节气氛："今天海伦姐心情超好的，特别做了红烧鱼款待大伟哥，我们平时都吃不到的呢！"

吴大伟扯了扯嘴角，不冷不热地嘲讽一句："心情确实好。"

陈卫红听了这话，皱起了眉头。

叶敢峰举起筷子："吃饭！吃饭！我们开动吧！"

彭金凤跟着举起筷子。陈卫红看吴大伟先动了筷子，自己才开始吃饭。

"对了，大伟哥，今天见教授怎么样呀？"叶敢峰随口问道。

"嗯，还行。"吴大伟也随口答应着。

"读博士应该问题不大吧？"叶敢峰小心翼翼地提起话题，"我们都挺希望你留下来的。"

吴大伟笑得有几分苦涩："有必要留下来吗？"

陈卫红紧张地攥紧了筷子，回头看着吴大伟。吴大伟也回头看了一眼陈卫红，非常快非常轻掠过的一眼，眼神好像要逃避什么一样从她的脸上一下飘过,轻声自嘲道:"能吃上龙虾的,为什么要委屈吃鱼呢?"

"好好说话!"陈卫红拿手肘捅了一下吴大伟。

"鱼超好吃的啦!我最喜欢吃鱼了!"彭金凤尴尬地笑了两声,"海伦姐你做菜就是好吃!"

吴大伟低头扒饭,不再开口。

陈卫红也闷闷不语,好心情尽毁。

叶敢峰和彭金凤更是不敢再开口,只快快吃完了饭菜,自觉地开始收拾碗筷。两人挤在水斗边洗碗,一个洗碗,一个擦干。

"……你准备什么时候回上海呀?"

"我想等拿到学士学位了就回去。"

"你回去了还回来吧?"

"当然啰,我是要接着读硕士博士的。"

"哦。没考虑接家里的女朋友来美国呀?"彭金凤故意模糊概念刺激他。

"这……这……"叶敢峰突然有点不好意思起来,"这都八字还没一撇呢,怎么就变成家里的了?"

"你呢,最好早点打算。"彭金凤把最后一个碗塞给他,"别像海伦姐和大伟哥现在这样。"

"我们不一样!"叶敢峰立马回应道,像是为了证明什么似的又重复了一遍这句话,"我们不一样。"

彭金凤不知道这个"我们"到底是指谁和谁,还没来得及追问,客厅内激烈的争吵声转移了他们的注意力。两人连忙跑出来一看,吴大伟和陈卫红隔着沙发对峙,一人面赤,一人泪流。

"……你跟着那个王先生留在美国,不用跟着我受苦当然是好的。"

"吴大伟!我在你的心里就是这样的女人吗?!为了钱就什么都可以的女人?!"

"我已经不知道你是什么样的人了。"

"你……你……你是不是想离婚?!"

"离婚"二字如千吨炸弹一般，从出口的一瞬间落在空气中，平地炸裂开去，将人心炸成烂泥，炸成粉屑。又如一把利刃，直直插入两人胸口，顿时血肉模糊，一片狼藉。

旁观的彭金凤和叶敢峰也被震动，呆愣在原地不知所措。

陈卫红被自己盛怒之下脱口而出的两字所惊吓，所不安，所恐惧，双手下意识地捂住嘴巴，但挡不住急促的呼吸和湿热的眼眶。

吴大伟却笑了，她说出来了，这两个字她终于还是说出来了，恐怕已经在她心中千回百转多次，终于说出来了。他吸了吸鼻子，努力控制自己奔腾的情绪，假意轻松地说出："好啊……"

"啊！！！"在对方那个"好"还未落地的时候，陈卫红突然发出一声惊叫，然后双手捂住脸庞，转身逃回了自己房间。

她不听！这一切都是假的！不可能的！

离婚？

怎么可能？

次日，陈卫红起得非常早，很早就出了门去系里。她还没有准备好面对吴大伟，特别是随时可能再次说出"离婚"两个字的吴大伟。

虽然早早便到了，却完全无法把心思集中到研究材料上。她坐在书桌前，看着那一叠叠讲义上扭曲的曲线，满眼看到的都是"divorce（离婚）"或者"separated（分居）"，越看越是烦躁，干脆合拢书去，一头栽倒，伏案放弃。

"海伦！"

陈卫红抬头，喊她名字的是共用一个办公室的英籍学者，一位个性温和的中年女子，此时手上捧着一大束红玫瑰，笑容可掬。

她强打起精神，挤出微笑跟对方问好，同时还夸了一下对方手上的花。对方很快露出一个意味不明的笑容，说自己手上这束花是送给她的，是刚有人特意送过来的。

花？谁会突然送花呢？

虽然觉得有些奇怪，但她还是先把花收下了，并礼貌地谢了谢对方。对方笑了笑便走开忙自己的事情去了。

陈卫红将花放在桌上，这才在玫瑰花簇拥中间看到了一张卡片，抽出一看，白底黑色写了一句粗陋的情话，落款赫然是王董的名字。

一把无明怒火被点燃，将她仅存的那点耐心和礼仪燃烧殆尽，现在只觉得厌弃和恶心。她抓起那束花，狠狠丢进垃圾桶，转身冲出了教研室。

第10章
鸳梦重温情更浓

活到他这个年纪和阅历的人，认为这个世界上所有东西都有其既定的规则，比方说人饿不怕丑，鸡饿赶不走，人穷志短，有钱能使鬼推磨；每个人都有窘迫之时，对于大部分人而言不过食饭要紧，银钱要紧。但是……

他皱起了眉头，不解地看着坐在桌对面的那个年轻人。十分钟前，助理通报"吴先生来访"，他还信心满满，一切都在计划当中，就连吴先生进门时沮丧的表情也跟他之前设想的一模一样。

"我会和卫红离婚，如果这是她的选择。"吴大伟开门见山，虽然略显突兀，但所言总还在他预料之中。

王董咧嘴，露出一个微笑，点着头打开抽屉，拿出他的支票本来。

"我不要钱！"吴大伟蹦出一句，语气比上一句肯定许多。

王董愣了一下，但还是把支票本摊开放在桌上，放在吴大伟能看到的地方："吴先生，一百万美金可不是个小数目，它可以改变你的人生啊。"

吴大伟挺直脊背，拿出他大山里带出来的野性大吼一声："我不是来美国卖老婆的！"

王董一惊，放下签支票的钢笔，困惑地看着对方，这并不在他的预想之内："不要钱？白白地送给我？"

这过于市侩的用词激怒了吴大伟，他竭力控制住自己的情绪，大声说道："美国难道只相信Money Talks（金钱万能）？这根本就不是钱的事情！

婚姻自由，你我之间，卫红选择谁，谁能真的带给她幸福……我接受她的选择。"

王董越听越糊涂："你们之间难道真的一点感情都没了？在我看来她还很记挂着你。"

吴大伟苦笑："我对她的感情也很深，所以她如果选择你的话，我尊重她的选择。也许你比我更适合她。"

"这是什么道理？如果不是我请你来，你就不过来看望她，也不打个电话来，就算通电话也生怕国际话费太贵。你还说你对她的感情深？"

吴大伟避开对方的眼神："我承认，是我对她关心不够，是我没办法给她幸福，没办法给她最好……我对她的感情都在心里。"

王董终于看明白了，口气转变如教育后生仔："不好放在心里啦，如果你爱她必须用行动表现出来。比如这次，我追求她，你应该和我竞争，而不应该拱手相让。"

吴大伟摆了摆手："你不明白，喜欢谁不是我们决定的，而是她的选择。"

王董又皱起了眉头，看着桌前这个让人看不明白的年轻人，想起了与陈卫红的对赌，不禁恍惚。

在他走神的时候，吴大伟已经起身，礼貌地鞠了个躬："请原谅，我不能参加你们的婚礼！毕竟那种场合我无法忍受。希望你能善待卫红。"吴大伟顿了一下，毅然决然地转过身，"告辞了！"

这时，办公室的侧门打开，陈卫红昂然走了出来。

吴大伟已经扭开了办公室的门，看到侧门来人，表情滑稽地愣在原地。

王董站起身来，从硕大的办公桌后绕出来，走到陈卫红身边："陈小姐，他放弃你了……"

"不，你输了，他放弃了一百万美金！"陈卫红带着胜利者的笑容。

"你都听到了……"吴大伟看了看卫红，心中更是难以言喻地苦涩，表面上却还要假装潇洒，"也好，祝你们幸福……"说着要走。

"大伟！"

"吴先生！"

两人同时喊住了他。

吴大伟停了一下，慢慢回头看了陈卫红一眼，眼神灰暗，嘴角苦笑。

陈卫红向前几步一把拉住了他："吴大伟！谁说我选他了？你能不能自信一点！"

像是被雷电击中，吴大伟猛地一晃，但依然不敢转身。

"什么叫更适合我的，你知道我需要什么吗？"陈卫红的眼眶一下子红了，讲话声音都跟着颤抖起来。

吴大伟终于转过身来："他能给你财富，给你美国绿卡，能让你……"

陈卫红又气又急，一拳打在他的胸前："我需要的是你在我身边呀！"然后一头栽在对方的怀里，哭了出来。

吴大伟始料不及，本能地环住陈卫红纤细的身子，右手安抚般地拍着她的后背。得到对方回应的她哭得更加厉害，把这些天的委屈、不安和愤懑都哭了出来。那眼泪似直接流进了吴大伟的心里，将他的心泡得又软又痛，那刺痛让他清醒过来，之前自己一直在逃避着，退缩着，自卑着，却因此伤害了自己最爱的人。喉间有些发涩，心情却舒畅了许多，只能搂紧了怀里的人，轻声说着："我在！我在！"

许久，陈卫红终于平复了一些情绪。"大伟，"陈卫红拉着吴大伟的手说，"你能留下来吗？为了我……"

吴大伟点了点头："王董说得对，我应该用行动表示的。我要和你一起留在美国。"

王董苦涩地笑了笑："两位，我今天才看到你们之间的感情是这么的要好，我之前恐怕都是误会了，对不住啦。"又对着陈卫红说，"我尊重你的选择。"

婉拒了王董派车相送的好意，两人手牵着手离开了办公楼，找到公共汽车站，一起坐公车回家。车子很空，两人都已恢复了常态，开始互相调侃，打情骂俏。

陈卫红装出要为一件伟大的事业而献身："大伟，你怎么不考虑王董的建议呢？我觉得这是改变你命运的一个机会。如果你同意，即使是赴汤蹈火我也会去的。历史上不是有王昭君出塞，大唐公主和蕃吗？有时候，为了大事大局，只好牺牲自己的爱情和婚姻。"

吴大伟故意两手捂着耳朵："你这不是在骂我无能无耻吗？我看你倒是可以想一想，你有机会马上进入美国的上流社会，成为阔太太。如果跟着我，还要吃很多年的苦，未来又是不确定的，也许我能混出个人样来，也许我什么都不是。现在你可以重新选择你的丈夫和未来。"

陈卫红带着感情说："我早就选择好了，为什么到美国来要重新选择呢？"

吴大伟又露出了他的学究气："你没听说吗？美国的离婚率本来就高，新移民进入美国，离婚率更高。有数据说中国人来美国后的离婚率有70%呢！中国男人来得多，女人来得少，中国女人在美国更吃香啊，你们可以选择中国人，也可以选择土生土长的美国人，更快地融入美国社会。"

陈卫红拿出大学生辩论的姿态说道："我从来看不起靠婚姻来改变自己社会地位的女人。婚姻带有政治目的，经济目的，这是做买卖，不是爱情。恩格斯说过，没有爱情的婚姻是最残酷的。娜拉为什么要出走？安娜·卡列尼娜为什么要卧轨自杀？她们都是上流社会的女人，生活优裕，吃穿不愁，还不是因为婚姻里没有爱情啊！"

吴大伟忍不住拥抱陈卫红："我太太真是奇女子啊！这样的太太不要说一百万美金不换，就是一千万美金也不换，拿全世界来我也不换！"

陈卫红也动情地抱住丈夫亲吻："大伟，我们结婚时不就说过，除了死亡，什么也不能把我们分开吗？我才不稀罕做什么阔太太呢。还是做吴太太，做你这个无产者的太太自由幸福啊！"

美国的驾驶员看惯了年轻人疯疯癫癫的，也没有当回事。下车后两人十指紧扣，又一阵阵大笑，连蹦带跳地跑回家去。

正是大白天，公寓里静悄悄的，学生们不是去上课就是在打工，两人蹑手蹑脚地开门进去,一看房间里空无一人。吴大伟脱下外衣一甩,大叫了一声:"陈卫红,你还是我的老婆吧!"说着就向她猛扑过去,一个公主抱把她整个人捧起来往床上放。陈卫红知道他又冲动了,小声说:"急什么呀,让我洗个澡吧,一天风尘仆仆的,身上都有味了!"吴大伟不管不顾地吻着她,一边急切地说:"这就是我老婆的味道,我最喜欢!"

两人三下五除二地卸下衣衫。似乎已许久未在一起了,两个人都有点迫不及待。吴大伟冲动中还包含着委屈:"呀,阮肇到天台,春至人间花弄色,将柳腰款摆,花心轻拆,露滴牡丹开。①"两个人颠鸾倒凤,搞得昏天黑地,似乎全世界都不存在了,只有眼前怀里的这个心上人。

忽然听到一片脚步声嬉笑声:同学们放学陆续回来了。陈卫红猛然想起今晚自己还有一个两小时的学生餐厅打工班次,那是一个萝卜一个坑不能随便缺席的。她一骨碌坐起来,对着吴大伟说:"哎呀,我还要赶去打工,你睡吧,我带晚饭给你吃!"不等吴大伟回答,她抓起衣服往头上套,胡乱蹬上鞋子就冲出去了。冲到半路上她才发现,自己连胸罩都忘记戴上了,回去再穿就会迟到。她咬咬牙,想着反正有外衣挡着,就混两个小时吧。用手抓着梳理了一下散乱的头发,她签到进了餐厅,围上了围裙开始工作。

她正在给一溜沙拉排档添菜,搭档的美国男生笑嘻嘻地看着她说:"海伦,你怎么也成嬉皮士啦?"陈卫红不解地看着他问:"怎么啦?"那男生贼兮兮地看着她的胸口说了一句顺口溜:"Over the should the ball hold."(穿过肩膀握住双球,指胸罩。)陈卫红低头看了一下,未戴胸罩的乳房蓬松着,即使穿了外衣还是能看出来。她知道美国同学直爽爱开玩笑,也是这个男生曾经问过她:"海伦,你这辈子准备结几次婚?"她当时听了一愣,觉得匪夷所思。这些小弟弟啊,陈卫红只好笑着拍了一下他的肩膀,假装呵斥道:"多管闲事,快去干活!"

---

① 引自王实甫《西厢记》,传说刘晨和阮肇上天台采药,遇见两位美丽的仙女,两两结为夫妻,相处非常愉快。

吴大伟留下来了！

喜悦欢呼之后，两人不得不为现实奔波操劳。

首当其冲的是住宿问题。陈卫红跟彭金凤促膝长谈，请她接受吴大伟暂住一段时间，待他们筹够了钱再搬出去。彭金凤也是个通情达理之人，考虑了一下最后还是答应了对方。不过前提是要能接受叶敢峰因为与她合作做软件编程的缘故，有时也需借宿他们的客厅沙发。小小的房子里面一下子挤下四个成年人，当即显得有些拥挤，却有一番特别的同舟共济的情谊。

吴大伟之前联系的那位哲学教授愿意给他一个读博的名额，但因错过了正常的奖学金申请周期，这学期他只能自费读博，待第二年时再申请相关减免和奖学金项目。为了支付这笔巨额学费，陈卫红花掉了她来美国打工的所有积蓄，还向叶敢峰借了一小笔钱。没想到辛苦半年，一夜打回原形了。每每想到，吴大伟都忍不住叹气。

为了生计，陈卫红在柔斯玛丽的指点下，又找了一份养老院护士助理的工作，那要考一个简单的执照叫CNA[①]，但只要英语过关，按照常理答题，比如，老年人皮肤干燥怎么办？答案是多吃蔬菜水果，常用油脂涂抹皮肤。陈卫红一边答题一边笑了出来，这么简单的内容还一本正经地要参加州政府考试。柔斯玛丽说得一点没错，美国欠缺大量护士，这种岗位是永远需要人的。但护士执照比较难考，需要先读书掌握一定的医药护理专业知识。美国护士有大学毕业的，硕士毕业的，地位不比医生低。现在卫红急着要工作，那就先从CNA干起好啦。

吴大伟那边，教授让他申请了自己的助教工作，每月可以领取一定的薪酬，另外他也找了一家果蔬商店做杂工，晚上的时候过去帮忙搬运、理货或者上货，做些体力活。如是几个月，一双习惯翻书写字的手上旧伤添新伤，

---

① CNA是Certified Nursing Assistant的缩写，指注册护士助理。

用力的虎口都是茧子。不过吴大伟都忍了过去，为的就是月底老板工资结算的时候。他看着商店老板一张一张、一块一块、一分一毫地清点着现金，反复确认了三遍，才把这薄薄的一叠钱放到自己手中。

"你点点。"老板如是说。

钱到手，他便马上塞进口袋里面，仿佛烫手一般，嘴上还要假装不在意地说着："不用。"转身要走，右手不自觉地又拍了拍装钱的口袋，对老板道了一声别。

唉……

无声叹息，消散在大街上五光十色的霓虹灯里。

拖着疲惫的步子回到家里，还没进门，先闻到了阵阵菜香，精神振作了一些。

开门首先见到的是厨房客厅到处蹿的叶敢峰，他打了声招呼："小峰来啦。"

"大伟哥可回来啦！"叶敢峰欢呼着把他迎进来。

"怎么了？这么高兴？"吴大伟走到客厅，一看那满桌的大鱼大肉，不禁狐疑道："今天什么日子啊？"

"我的好日子！"

叶敢峰挤眉弄眼的样子把他逗笑了，原来心里的那点阴霾也被驱散无余。

彭金凤闻声从厨房里面跑出来，脸上也带着兴奋的红晕："罗杰学长说要庆祝一下，买了好多好菜回来。"

"卫红在里面吧？"吴大伟说着向厨房走，"我去给她打下手。"

彭金凤和叶敢峰留在客厅继续说笑。

吴大伟进了厨房。陈卫红回头瞟了他一眼，手上炒菜的动作不停，嘴上说道："快！拿个盘子。"

多年夫妻的默契，吴大伟快手快脚地从橱柜里取出盘子，放到锅边。陈卫红正好起锅，将一盘香喷喷的红烧肉盛入盘子。

在上海时，家里买菜做饭是吴大伟的任务，陈卫红是被宠爱的小公主，在娘家是老爸烧饭，出嫁后是老公烧饭。到了美国后环境逼迫她学会了炒菜，吴大伟欣喜地说，资本主义让老婆变勤快能干啦。

"好嘞。"陈卫红放下锅和铲，拍了拍手，"等汤再煮一下下，我们就可以开饭了。"

乘着空隙，吴大伟拉住陈卫红的手，将钱塞到对方手里。陈卫红笑着亲了吴大伟一下，将钱藏入内层口袋。

"等一下。"吴大伟拉着她的手，仔细一看，右手手腕外侧有块红红的水泡，好似烫伤，"手怎么了？"

"没事，没事，今天在餐厅没留神被烫了一下。"陈卫红边往回伸手边笑着打哈哈，"不疼的。"

"……是不是太累了才走神？"吴大伟又把她的手抓了回来含在嘴里。

"没有的事！"陈卫红用力收了回来，假装看煲汤的情况，"红烧肉要凉了，还不快点拿出去。"

虽然心疼，但一时也不知该如何的吴大伟只能默默端着红烧肉出去了。

神神秘秘的叶敢峰一直到饭菜上桌，众人坐定之后，才不紧不慢地从口袋里面抽出一张支票，特制泛黄纸面上大大地印着银行印记。吴大伟瞪大眼睛看着可兑换金额处，打印机留下的黑色痕迹，那个数字被轻松折算成他几个月的工钱。

"我今天拿到的结算支票。"叶敢峰晃了晃那张魅力独具的纸片。

"哇哦！"彭金凤惊叹一声，从他手上接过支票，翻来覆去地看，"太厉害了吧！就是我们做的那个项目吗？"

"对！"叶敢峰年轻的脸上尽是兴奋之情，"因为是第一次合作，所以结算来得比较慢。我有了经验，今后接的项目会更多，收入也会更高！"

"那真是太好了！"陈卫红也替他感到开心，起身给叶敢峰把酒倒满，"的确要好好庆祝一下！干杯！"

四人碰杯,欢呼一片。

吴大伟将杯中啤酒一饮而尽,冰凉液体滑入食道,气体汹涌出喉咙。他顿了一下,才问道:"这个项目是你之前说的软件编程什么的吗?"

"对呀。"对方一关心,叶敢峰立马热心地开始他对硅谷和软件发展的演讲,听得在座三人又是点头又是皱眉。

"……大伟哥,这个是社会发展的趋势呀,Internet互联网就是这种趋势的推动工具和实现环境。人和人的链接不再受地域和时间的限制,我人在美国,只需要一串代码,我的东西就可以传播到全世界,向全世界广播。换个角度讲,我也可以获得全世界的资讯和知识。整个世界就融合在一起了,在互联网上全部都自由交流,自由融合,这不是很妙?"

"四海之内皆兄弟了。"吴大伟不禁慨叹了一句。

"对!"叶敢峰说到兴奋之处,拍了下大腿,又举起了杯子,"为四海之内的兄弟干杯!"

吴大伟也笑着举杯:"为互联网内的兄弟干杯!"

两人相视一笑,再碰杯,再次欢呼。

第11章
纷繁多样的世界

吴大伟有了学籍，很快申请到了大学专为带家室的学生准备的家属公寓，他们搬出与茱莉亚合租的地方，单独住了过去。这个公寓群离学校不远，还带着一个小花园，花园里有跷跷板、滑梯梯、小骑车等儿童玩具，让有孩子的学生也方便读书。公寓里设施齐全，而且房租水电费都极其便宜。两个人除了部分时间打工维持最简朴的生活，其他时间都埋头读书，想着知识就是力量，知识能改变命运，努力获取美国大学正式学位。

吴大伟读的是哲学博士，因为中美两国课程设置的差异，需要补上一些硕士课程的学分。陈卫红是访问学者，但她也选修了一些有学分的课程，以便积累到一定学分之后拿到学位。夫妻俩拿出大学同窗的劲头来比赛着读书打工，吴大伟来美国三四个月了，两个人还没有一起去逛过街进过Shopping Center（购物中心），连超市都是难得去的。他们常常光顾的，是美国救济穷人的食品发放点，每星期有一天，在一个固定的地点，可以领取到免费的食物，一般都是超市快过期的牛奶、面包、蔬菜、水果，还有一些罐头食品，堆在街面人行道上，需要的人都可以随便取用。这些东西样子都不好看了，蔬菜焉焉的，水果干瘪的，但还没有腐烂，拿回家洗洗削削还都能凑合着吃。吴大伟就主要靠这些食品果腹，他还说，比起老家来，这里的物质丰富多了。

这段时间里，外界纷纷扰扰的。先是海湾战争风波，开战那天上课时，讲课的女教师在课堂上哭了起来,说是她的弟弟就在海军服役,说政府干了蠢事,年轻小伙子要上前线当炮灰了。第二天,市政府门口集合了很多人示威抗议战争。过了几天,电视报道美军有十个战士牺牲了,好多人又聚在一起点灯哭泣。幸而不到一个半月,战争结束了,大家又回归正常生活轨道。

但时不时地,总有点什么新鲜事情发生。一次上课时,吴大伟正听得入神,突然窗子被推开,一个帅气的男生捧着一束鲜花呼唤着一个女生的名字从窗子里跳了进来,他把鲜花和一封信送到一个女同学手里,又从窗口跳出去了,课堂上一阵哗笑,教授也不以为忤,反而说起了他上课的各种奇遇,说是一次上课时有几个学生头戴状似电视机天线的帽子在教室里摇头晃脑想分散他的注意力;还有一次一个学生在课堂上满教室乱转跳起舞来,他都不受干扰照常上课。吴大伟也是大学教师,心想美国学生真会别出心裁,听得只有摇头傻笑。

到了第二个学期,果真就如同学们说的那样,只要教授看中了你,他就会设法帮你找到读书的钱,吴大伟拿到了奖学金。这样,两个人的经济压力减少了些,就有了更多的时间关注外面的世界。

这天是大学城建城一百二十年的纪念日,也是暑假的最后一个周末,夫妻俩骑着自行车去市中心瞧热闹。只见围绕着市中心的几条街上都挤满了人,中心广场上搭起了无数敞篷摊位,有展示这个城市历史沿革的,有表演器乐和杂耍的,也有许多出卖手工艺品以及自制食品、饮料的摊子,还有让你在本市本州地图上标出自己最喜欢的河流、山脉的游戏等。分布在广场各处的竞技娱乐组合洋溢着欢声笑语,有餐厅男女服务员端着载物的盘子赛跑,一路上故意洋相百出。更有令人忍俊不禁的秘书甩打字机比赛,男女秘书们似乎恨透了这架折磨他们的打字机,一个个铆足了劲头比拼着谁能把打字机甩得更高更远,好像是掷铅球比赛似的,把打字机甩得遍体鳞伤,扎满了胶带,引得大家哈哈大笑。广场另一头的人们跳起了欢快的舞蹈,陈卫红拉着吴大伟也卷进人群里跳了一阵。

接着,长长的游行队伍鱼贯而入,迤逦前行。他俩去询问了一下,得知这个游行是松散的,你只要去注册登记就可以加入。两个人站在街边饶有兴趣地注视着走过来的人群,大部队是轻松活泼有趣快乐的,比如有红色头发(Red hair)俱乐部队伍,有自诩为丑女皇后(Slug queens)大队的,也有银行、学校、剧社、电台、电视台的员工队伍,还有表达自己政治、社会观点的,同意或反对什么提案的队伍。最吸引陈卫红眼球的,是一支同性恋长队,女同性恋者(Lesbian)好几百人组成了方队,她们都显得柔弱无助的样子,边走边低声唱着凄美的歌曲,好像是在央求人们不要去干预她们的私生活。男同性恋者(Gay)则让人感觉粗鲁野蛮得多,他们扮演着各种戏剧场面,甚至有的赤膊穿了黑色的皮背心,紧身黑长裤,一手握皮鞭,另一手牵着一根铁链,铁链的另一端锁着一人,前者边走边假装抽打着被锁住的人,令陈卫红和吴大伟面面相觑。

以后几天陈卫红试探性地询问在大学餐厅工作的几位女工,对同性恋者是什么看法,她们只是耸耸肩膀,摊开手说道:"这是人家关起门来做的事情,去管它做什么?"陈卫红伸了伸舌头,随着她们一起笑了。

新学期除了本系课程,陈卫红还注册了一门电脑课,想学一点基本知识,掌握这个新颖工具。她还是按照从小到大的惯例,上课时喜欢坐在第一排,以听明白老师的每一句话,看清楚老师的表情动作,这样课堂上就理解掌握了要领,课后节省不少时间。几次测验小考,她都能得A。以后发回考卷时,教师总是笑着逗她说:"What else can be?(除了A,还可能是别的吗?)"听了让人喜不自禁。陈卫红想,美国教师真会鼓励学生啊。她告诉吴大伟,说今后我们教书时也要学学美国教师。吴大伟则说了自己的经历,说是他的教师上课时喜欢东拉西扯,说什么与丈母娘住在一起等于自杀之类。在黑板上出难题让同学解答,他以为没有人能做对,所以口出狂言说谁能答对,他立即买豪华游轮票请他到阿拉斯加旅游。没想到吴大伟走上讲台在黑板上三下两下写出了正确答案,把那位教师镇住了,买游船票的话也只当是个玩笑不作数了。

陈卫红拿到了助理护士执照后,随即就申请到了在护理院(Nursing

Home)的工作。那边比学校餐厅的收入要高一些,而且作为一位文科大学教师,她很愿意有这么一个机会接触到更多的各个阶层的美国人。美国人把护理院称作自己最后的归宿,大多数美国人到了耄耋之年生活不能自理时,都选择进护理院终老,而不愿意连累子女照顾。

带着好奇求知的眼光,陈卫红在护理院的工作开始了。除了测量体温和血压外,其他的任务似乎并没有多少技术含量,主要是协助老人的饮食起居,对生活不能自理的,要喂饭喂水,帮助翻身,定时换尿片。陈卫红每周去三次,算是勤工俭学的一部分。她看到住院的老人有不同的待遇,按照付费标准的不同,或者说是工作年代时缴纳税金的多少而形成的退休金差异,有三人住一间的,两人住一间的,单人间的。有的老人有子女探视,有的长期无亲友来访,一位老太太告诉陈卫红:"儿子知道我在这里,我却不知道他现在哪里。"听起来挺心酸的。但老人们大多很乐观,爱开个玩笑,搞点小幽默。陈卫红帮助一位老先生清洗假牙,老人故意严肃地说:"你必须承诺一定还给我,我才能让你去洗。"说完嫣然一笑。护理院要求,凡是能起床行动的,一定要梳洗干净着装整洁到餐厅一起用餐,既是重视老人的尊严,也是给他们一个社交场合的交流机会。

在这里,陈卫红还交到了几位朋友,一位男护助叫斯蒂文的,一位女护助叫蜜雪儿的,他们都是三十来岁,做这份工作已多年。刚接手时,陈卫红动作不快,他们就会主动过来帮忙,还偷偷告诉她,哪位责任护士比较凶不讲道理,碰到她值班时一定不要理她,自己做好事情就是了;哪位责任护士和蔼可亲,有问题可以向她请教。与他们接触多了,陈卫红看到了他们的生活方式:护理院每两周发一次工资,他们拿到工资后开始很阔绰,上餐馆吃好的,看电影看演出,票价再贵也舍得。然后在下次发薪日前几天,他们就会叫着:"I have no gas, no money(我没有汽油了,没有钱了)!"甚至都没有钱买食物,半饥半饱地混日子,好不容易挨到发工资的日子,又马上去报复性地消费。陈卫红曾试探性地与他们讨论,能否存点钱在急需时用,他们只是一笑置之,依然我行我素。

柔斯玛丽自从那次把陈卫红接到家里来促膝谈心之后,一直希望陈卫红搬过去与她做伴同住。得知吴大伟来美的消息后,她甚至建议他们两口子都可以住过去,并说要把自己住的主卧房让给他们,还都是免费的。大伟和卫红商量下来,觉得这样太麻烦柔斯玛丽了,不好意思,也不方便,婉谢了她的好意。但柔斯玛丽还是处处关心他们,常常邀请他们到自己家里来放松一下,还欢迎他们带着同学朋友一起去玩。

那还是吴大伟第一次到柔斯玛丽家拜访的时候,小夫妻俩哼着"树上的鸟儿成双对,绿水青山带笑颜"的黄梅戏小调,坐着公共汽车到了她家附近的车站。柔斯玛丽早已迫不及待地等候在那里,一见他们下车就笑脸相迎,说着"欢迎回家",给他俩每人一个大大的拥抱。三个人牵着手走回家里。而当柔斯玛丽与陈卫红坐在沙发上东家长西家短地聊着家常时,吴大伟早就瞥见屋子旁停着的车子边上有一根水管躺在地上,趁着她俩谈兴正浓,他悄悄地踱出家门,轻轻地把车子洗干净了,又弯到后院去看柔斯玛丽种着的西红柿、黄瓜,蹲在地上拔草松土。等到两个女人站起身来准备做饭时,才发现吴大伟一个人在地里干活。柔斯玛丽大笑说:"He is such a manly man!(他好有男子汉气概啊!)"陈卫红也有点喜出望外,原来她还担心丈夫坐不住,让他带了一本书过来看的,没想到他竟能自己找到男人该做的事情。

此后的周末,小夫妻俩常常是在柔斯玛丽家度过的,柔斯玛丽还邀请他们带着同学朋友一起来玩,叶敢峰、彭金凤、杨麒麟、蔡卓娅他们都来玩过,大家都很喜欢这位仁慈宽厚的老太太。柔斯玛丽对于陈卫红带来的客人,总是青睐有加。陈卫红发现,如果只有自己去看柔斯玛丽时,她一般是穿着家常衣衫,也就是把她当自家人了;而如果带着朋友去她家时,柔斯玛丽总是换上登样的连衣裙,还擦上口红以示隆重,认真地以主人身份招待着这批国际学生。

圣诞节将临,这是美国最隆重的一个节日。家家户户都竖起了圣诞树,树上挂起了花花绿绿光亮耀眼的各种饰品。许多人家门口搭起了形形色色的彩灯,各家各户还有竞赛比拼的架势。商场里的硕大灯饰造型更是富丽堂皇,有比真人更放大的圣诞老人驾驭着多头驯鹿套起的雪橇,也有高达数丈的圣诞树上挂满琳琅满目令人垂涎欲滴的各色礼品,一家更比一家出彩,以吸引更多的顾客光顾。大多数美国人只是把圣诞节看成一个欢乐假日,是一年忙到头对自己的一种犒劳,对其宗教含义不甚了了。只有笃信基督的信徒们才将其看作一种宗教仪式,柔斯玛丽就是这样一位虔诚的信徒。

不好意思违拗柔斯玛丽的诚意邀请,陈卫红跟着她去了几次教堂,她所在的那个浸礼会教堂里布置了两棵圣诞树,一棵在大门口,一棵在教堂里面。听柔斯玛丽介绍,里面的那棵圣诞树是心愿树,树枝上挂着的一张张彩色纸条,上面写着附近的穷孩子们希冀得到的圣诞礼物。柔斯玛丽默默地从心愿树上取下几张折叠的信纸,仔细阅读并做好笔记,然后她开着车子到商场里到处寻访,按照孩子们的心愿买齐那些礼物,再回到家里用花花纸和彩色缎带把这些礼物包扎得漂漂亮亮的,又悄悄地放到那棵圣诞树下,从不留下自己姓名,只是对陈卫红说:"上帝会知道的,他知道一切真相。"

圣诞日前一天的平安夜,柔斯玛丽是与教会的姐妹一起过的。第二天圣诞节一清早,柔斯玛丽就来了电话,问陈卫红会带几位同学去她家,大家希望几点钟晚餐。陈卫红告诉她,会有蔡卓娅王义尧这对博士情侣,加上一位台湾过来的博士生赵浩乾一起过来,其他同学都已经有安排了。柔斯玛丽似乎觉得还没有达到她十位客人的心理预期,但来的都是 Doctoral candidate(博士候选生),又让她颇感兴奋,于是乐乐乎乎地忙碌起来了。

下午,陈卫红、吴大伟、蔡卓娅坐着王义尧开的车子,赵浩乾自己另外开了一辆汽车,来到柔斯玛丽家。家里暖气开得很高,柔斯玛丽穿着一套讲究的素色连衣裙,领口穿绕的丝带打起一个松松的蝴蝶结,腰间也有丝带缠绕着。她还擦了口红化了淡妆以示隆重,笑容满面地站在门口迎接他们。大家坐下来喝着咖啡吃着巧克力糖果聊天。

王义尧长得很端正,中等个子,站起来似乎与蔡卓娅差不多高,两人互视的眼光柔和默契,说起话来语气腔调都很相似。柔斯玛丽开始与他俩寒暄，问王义尧现在读到博士几年级了，王义尧礼貌地回答说他来了三年，已经读完了有关课程，正在撰写博士论文。柔斯玛丽转过来问蔡卓娅的近况，蔡卓娅说自己开始步上正规学习轨道，这里的导师费心地为自己争取到了奖学金和助教位置，解除了后顾之忧，现在可以集中更多的时间精力读书了。柔斯玛丽由衷地说，真为你俩高兴啊！

陈卫红和吴大伟在讨论另一个话题，他们问赵浩乾："听说你在这里写写稿子就可以应付学费维持生活了，那要写多少才行啊？"

赵浩乾是第一次来柔斯玛丽家，他在E大读博士学位，还兼台湾一个报系的专栏记者，柔斯玛丽听到对他的介绍也很感兴趣，专心过来听他说话。

赵浩乾笑着说："就是第一时间把美国和世界发生的大事写成稿子传回台湾，比如今年的海湾战争，一月十五日，美国给伊拉克总统萨达姆·侯赛因发了最后通牒，要他立即投降，否则就严惩不贷。一月十六日美东部时间下午七点，以美国为首的多国联盟向伊拉克宣战，空军出击，海湾战争正式开打。我都写了稿子，每篇文章拿到400美金稿费。还有之前的德国柏林墙倒塌，东西柏林合璧，东德爆出庞大的秘密警察组织叫作"史塔西"①的等等，我只要一得到信息就写稿，也费不了多少时间，这些稿费就能支付美国的学费了。其实对台湾报系来说还是省时省钱的做法。要是他们自己专门派人常驻美国，那要花费好几倍的费用呢。"

大家都听得入神，赵浩乾又说："一个副产品是我在台湾的知名度大大提高了，现在台湾好几所大学都邀请我毕业以后去当他们的新闻系主任呢。"

"You are so lucky（你真幸运啊）！"蔡卓娅忍不住说道。

没想到柔斯玛丽竟说："其实，Lucky（幸运）、Chance（机会），都不是基督教徒使用的语言。只是美国政府不允许在公立学校里进行宗教教育，不能去解释清楚这些道理。美国信基督教的人数大约在25%吧，你们这些外国

---

① 史塔西（Stasi），即德语"国家安全"（Staatssicherheit）的缩写，其座右铭为"党的剑与盾"。

学生不知道这些事情也是情理之中的。"

柔斯玛丽走到电视机旁打开电视说:"我们要开始圣诞晚餐了吧?你们看一会儿电视,晚餐马上就好。"陈卫红和蔡卓娅都起身帮助她摆放餐具,柔斯玛丽看了看她烤箱上设置的计时钟,她正在烤制一大块蜜汁火腿,马上就熟透了。

"哇!"几位男士一起大声叫嚷了起来。

"怎么啦?怎么啦?"女人们从厨房走出来一起拥到电视机旁,电视新闻正在播放戈尔巴乔夫的辞职讲话。

"哦,我要赶回去写稿了!"赵浩乾想提前离席。

"你回去也要吃饭的,还是吃了饭再走吧!"大伙儿一起挽留他,"也许后面还有更劲爆的消息呢!"

果然,就在开宴之后不久,电视上又显现了克里姆林宫上空绘有镰刀锤子图案的苏联国旗降下,升起了白蓝红三色的俄罗斯国旗,象征着苏联正式解体。

"这下我真要回去写点什么了。"面对着一大桌美味佳肴,赵浩乾还是一个人开着车子先走了。

第12章
时代大潮的裹挟

叶敢峰突然接到一个电话,把他的一切计划都改变了。

原来,他的祖父病危,心心念念要在临终前见上他一面,父亲要他立即回国。他匆匆地申请了一个 Pre-approved visa(回程签证),买了机票就登上了回上海的飞机。

虽然刚从十几个小时的廉航飞机上下来,双脚浮肿走起路来仿佛踩着棉花一般,身体疲乏如此,面对来接机的家人,叶敢峰还是强打起精神来。

爷爷没有等到他回来就过世了。叶敢峰是长子长孙,与爷爷相处的时间比别的孙辈长,感情也更深。听到噩耗,他悲伤不已。从机场回家的路上,母亲将这几天爷爷丧礼的安排和规矩告诉他:道场是要做七天的,晚上守夜自然也免不了的。叶敢峰听得心烦,直接问道:"爷爷走之前说什么了吗?"

叶母愣了一下,叶父接话道:"他走的时候,在医院躺了一晚上没合上眼睛,一直在等你,嘴里念着峰,峰……他清醒的时候说过,叫小峰一定把书读好,学到真本事。"

叶敢峰听了万分感慨,心里苦涩,微微点了点头。

道场就在家里做,这是上海的石库门房子,走进弄堂,就见自家黑门外摆放着两排花圈,进门穿过天井,木头地板的客厅改成了灵堂,灵台正对大门,上面挂着老人的黑白遗像。叶敢峰见到爷爷的照片,眼眶一下子湿润了,腿一软就跪了下来,对着遗像连连磕头,忍不住啜泣起来。

下午时分,家里来了三位吊唁的客人,叶敢峰回头一看,连忙迎了上去。来人正是青梅竹马的女友潘肖梅一家。

许久不见,潘肖梅见了他也很激动,双颊泛红,但身在灵堂,只能躲在父母身后,偷偷张望叶敢峰。

叶敢峰看潘肖梅,还是那么白皙动人,尤其是她的腰身特别纤细,之前常常让自己的眼睛无法移动。

潘家三人取了香烛,先祭拜过世的老人,再受其家人的还礼,然后被亲昵地请到后面的小房间内坐坐,喝杯茶水,吃些点心。

叶敢峰则和潘肖梅并肩走出家门,走到屋外面的过道里,面对面讲着话。

"你还好吧?"叶敢峰拉着她的手。

潘肖梅似笑非笑地摇了摇头:"我啊,我不太好。"

"啊?"叶敢峰吃了一惊。

潘肖梅快快地收回手:"你什么时候娶我?"

"啊!"叶敢峰应了一声,没想到对方一上来就问这个,抓了抓后脑一下子答不出来。

"你在美国那么久,应该有点家底了吧?车子啦,房子啦,应该都有了吧?"潘肖梅掰着手指道。

"这……"叶敢峰面露难色,最后只能如实相告,"没有。"

换潘肖梅吃了一惊:"没有?房子没有,车子总是要有的吧。"

叶敢峰叹了口气,将自己在美国打多份工挣学费的事情一一告诉对方,当然没忘记说计算机还有软件发展的未来前景之类。听得潘肖梅直皱眉,赶紧打断:"你别说这些我听不懂的了,烦人。"

叶敢峰温和一笑:"行,那我不说了。会有的,再等等。"

潘肖梅如被踩到尾巴的猫,突然开始大发脾气:"等!等!等!一直让我等,自己没什么出息,还让我这么等着,等着我嫁过去跟你吃苦呀!"

听了对方的话,叶敢峰心里有些发寒,却依然惦念过去情谊,赔笑着想搂住她的肩膀,哄着对方道:"别生气啦。"

潘肖梅侧身躲开了他的手,"哼"了一声,也不管叶敢峰的心情便转头快快走回了屋子里面。小房间内父母们也正在闲聊,双方脸色竟然也都不是太好看。潘家父母看女儿进来面露愠色,明白过来,马上站起来告辞。叶家父母也没有挽留的意思,只是礼貌地送他们到了门口。

"怎么了?"叶敢峰回头问道。

叶父挥了挥手。

叶敢峰就没再继续追问,但心里已大概知道七七八八。

晚上守夜时,叶父叶母以为房间内的叶敢峰已经睡着了,便小声地讨论起白天潘家的事情。

"……说什么没房子没钱的话,就要给他们女儿介绍别的人了!这样的事情,这样的父母有哦?"

"你小点声!万一小峰受不了怎么办……"

"我心里有数的。毕竟他们从小是同学,小峰跟小梅也算青梅竹马了。"

"我是一直觉得这家人不太靠谱的,但想着让小峰自己决定,谁会晓得呢……"

叶敢峰从沙发上坐起来,打开虚掩的房间,喊了一声"爸妈"。

叶父叶母吓了一跳,连忙噤声。

"我听到了。"叶敢峰如是说。

"小峰,你别往心里去呀。"叶母担心地站起身来劝说道。

"姆妈,没事的。"叶敢峰扶叶母重新坐下,自己也在对面的空椅上坐了下来,"也好的,让他们给小梅介绍新的对象好了。"

"小峰!"叶父激动地打断了他的话。

"爸,你别激动,当心身体。"叶敢峰面色平静,语气平和,带着一丝不易察觉的嘲讽,"小梅找个更好的、有钱的男人,总是比跟着我吃苦要强。"

"你要想好了,这不是开玩笑的。"

叶敢峰很快点了一下头,动作利索,不拖泥带水。

"你……是不是美国有人了?"叶母敏感地察觉到了什么。

这个问题倒是把叶敢峰问住了，脑海中突然浮现出一个女孩的样子，个子不高，明亮的眼睛，一张圆脸上常常挂着阳光般和煦的笑容。他晃了晃头，挥散了那个身影。抬头正对上父母探究的眼睛，一时语塞，敷衍道："是，也不是……"

叶父一皱眉："什么是也不是的？有就是有，没有就是……"

叶敢峰清楚地答道："爸妈，我要找的女孩子是愿意跟我一起吃苦打拼的，不是等着我赚钱请她来享福的。"

叶父叶母有点恍然大悟地点着头。

叶敢峰转头望向窗外，深夜的上海老弄堂，路灯昏昏，人心昭昭，潘肖梅的样子，慢慢在他的脑海中变得异样，不再动人，而是冷酷、遥远……

潘肖梅一家前几年搬到了浦东，叶敢峰坐上跨江的轮渡，抬眼就看到一大片建筑工地，一座高塔正在搭建，架构已然拔地而起，这就是正在动工的东方明珠吧。再转头四顾放眼望去，整个浦东到处都在盖新楼，只听见机器轰鸣，马达声声，一派热气腾腾。

曾几何时，上海人的口头禅是"宁要浦西一张床，不要浦东一间房"，浦东长期以来是郊区农村，是乡下人住的地方。但现在，浦东是新区，是要弯道超车追赶世界先进水平的前沿阵地，浦东现在是上海人、中国人和全世界最看好的地方之一啦！

他到潘家的时候，发现他们的脸色都不是太好看，潘肖梅更是冷冷淡淡，可能是听到叶敢峰的现状，让她出国享福的幻想落空了吧。他胸有成竹，按着出门前想好的话术，一口气说下来，又把从美国带回来的保健品、化妆品交给了潘肖梅。潘肖梅斜眼看了一下，只轻轻哼了一声："到美国反而变乡下人了，连名牌都不知道！"他看着仿佛不认识的曾经的旧爱，轻轻说了一句："是的，我没有时间逛商店的。"

一时有点尴尬，还是潘母说："去读你的书吧，以后不要再来了。"

叶敢峰如释重负，轻舒了一口气："好的，再见！"转身就走。

切断了这层关系的叶敢峰感觉一身轻松,接下来的时间里,他约见了一些老同学,听到了许多振奋人心的好消息。

归心似箭。十几个小时的红眼航班都没有消磨光他的精神头,下飞机时依然精神抖擞。出了机场,还是他最先看到前来接机的彭金凤,还有杨麒麟和韩伟强,他拖着箱子就往那边跑,边跑边喊着"茱莉亚"!他们三人冲了上来,热情拥抱了他。

"Welcome back!(欢迎回来!)"

还是那辆银色二手福特车,载满欢声笑语的四个人。韩伟强开车,杨麒麟坐副驾,叶敢峰和彭金凤坐在后排。一路上大家都在向叶敢峰打听国内的近况。

叶敢峰卖了个关子:"变化实在太大了,一言难尽啊!"

"那么说说你自己的事情吧,你女朋友还在等着你吗?"韩伟强直愣愣地问道,却无意中帮彭金凤问出了那个最敏感的问题。

叶敢峰不屑地挥了挥手,"别提什么女朋友了,我在国内没有女朋友!"他说着话的同时,无意识地瞥了一眼邻座的彭金凤。

彭金凤也正好在看他,四目相视,心照不宣的两人,同时红了脸。

叶敢峰为掩饰尴尬,干咳了两声,岔开话题道:"其实我出来后,觉得美国最舒服的是一天到晚有热水用,在外面打工再累,回来洗个热水澡就好了,国内就没有这个条件。以前在上海,冬天冷得要命,到处都找不到一个可以取暖的地方,夏天又热得要命,寻不到一个地方躲得过热浪。在美国一年四季有中央空调,美国学生大冷天也穿T恤短裤,出门套一件滑雪衫,进门一脱又是T恤短裤了。我问美国同学为什么冬天还穿短裤,他们说,'脱起来快!'"

四人一起大笑起来。

彭金凤笑着看着叶敢峰,眼睛里面多了一些别的东西。

"伙计们,这样吧,我们明天晚上一起去海伦姐那里Potluck(百味餐),到时候我把国内的见闻详细向大家报告,好不好?"临别时,叶敢峰提了个建议。

"太好啦,恐怕国内来的人都想听呢,只怕海伦姐家里挤不过来了!"杨麒麟说道。

"没关系,反正各人把自己吃的喝的带上就行啦!"叶敢峰早就想好了。

"Potluck"是美国人喜欢的聚会聚餐方式,参加聚餐的每人带几样食物或饮料过来,主人家里负责做一道汤或主菜,这样既能愉快聚餐,主人家又不至于太辛苦。

第二天晚上,吴大伟和陈卫红的学生家属公寓里来了七八个大陆同学,有蔡卓娅、韩伟强、杨麒麟加上他们的同学,来的人都自觉带了一份吃的东西,有的人带比萨蛋糕,有的人带油炸的培根薯条什么的,还有人从中餐馆里带来了宫保鸡丁、蛋炒饭。吴大伟下厨煲了个玉米排骨汤,陈卫红做了她最拿手的油爆虾,临时搬到小客厅的餐桌上摆得满满当当,周围围坐的一圈人也挤得满满当当。

叶敢峰是当仁不让的主讲:"我这次回去得正是时候,邓小平刚刚做了南巡讲话,他说改革开放什么都是对的,只有一个缺点,就是开始时没有把上海浦东也作为特区。现在浦东是国家级新区了,将来上海会变得比香港还要繁荣。邓老还告诫上海市的领导说,这是你们上海的最后一次机遇,这个机遇你们不能放过了!"

叶敢峰的口气俨然是参加过最高当局会议的。杨麒麟打趣他:"你这次回去大概也是邓老打电话叫你去的吧?"

叶敢峰有招接招:"哈哈,就差一点要打电话给我,正好我就回去了!"又故作神秘地说,"我这次回去还听到一点跟大家最有关系的事情!"

叶敢峰特意沉默了几秒钟。

大家异口同声地问道:"什么事情啊?"

见收到了此处无声胜有声的效果,叶敢峰改用上海话说道:"对阿拉留学生的政策,从要求阿拉回国服务,改成为国服务。"因为"回国"和"为国",在上海话发音是一样的。他又转用普通话解释了一下:"现在不要求留学生一定要回国,你在哪里都能为国家服务。"

大家议论纷纷,天南海北地神聊,都对今后的时间规划有了新的想法,大家说着笑着,中间会不约而同地沉默几秒钟。但很快就会有心思灵活的人跳出来捡起一个新的话题,大家热切地聊着,一直逗留到深更半夜还不想散去。

叶敢峰从国内回来后像打了鸡血似的劲头猛增,他彻底改了专业,全心全意改学计算机IT,并从加州硅谷的同学处一个连着一个地接项目做。茱莉亚紧跟其后也转学计算机,她现在有了双倍的动力,一是对事业发展前景的展望,二是对自己的恋爱婚姻选择充满信心。两个人齐心合力,"男女搭配,干活不累",虽然常常是没日没夜地读书工作连轴转,但收入也是成倍剧增,两人面带桃花,喜笑颜开,时不时地要到吴大伟和陈卫红处炫耀一番。

陈卫红与吴大伟按部就班循序渐进,一心想着早日读出博士学位,在美国或回中国都是走遍天下都不怕的。确实,现在的日子有点清苦,但两个人双宿双飞,夫妻恩爱苦也甜哪。

陈卫红脚上的这双鞋,从国内穿到国外,从年初穿到年末,鞋底掉了几次,又用胶水粘回去几次,到今天鞋子彻底报废,没法再上脚了。她叹了口气,只能从床底拖出一双夏天穿的镂空鞋子套上。

"还没到春天,你穿这种鞋子会冷的!"吴大伟关切地说。

"没事的,多穿两双袜子就好了呀。"她笑着打哈哈。

袜子穿得太厚,特别是鞋头的部分显得有些挤脚,她闲下来的时候就偷偷放松放松脚趾,想着鞋子撑一撑就大了,也没有想到要买双新鞋。

傍晚接她下课的吴大伟突然提议说去商场买鞋时,她又惊又喜:"真的吗?可是……"

"昨天我刚发了工资,走吧。"吴大伟拍了拍她的肩膀,搂着她往前走。

走走停停,陈卫红路上犹豫了几次,几次想往回走,但都被吴大伟拉住了,"没事!应该买的!"他坚持说,说给陈卫红听,好似也说给自己听。

等到了商场,看到橱窗里琳琅满目、五光十色,陈卫红的注意力一下子便被吸引了过去,眼睛忙碌地从这一双移动到那一双,她看到那鞋子上亮闪闪的碎钻,看到那鳄鱼皮花纹的细脚高跟鞋,看到那圆头的小羊皮鞋,那粉色的蝴蝶结,那泛着光泽的金属鞋扣,那散发着淡淡牛皮味的鞋底……"我已经快一年没有到商场转悠了……"

"什么?"

陈卫红回头一笑:"没什么。"她拿起一双舒服的平底鞋,看了一眼价格又放了回去。

吴大伟过去又拿起这双鞋:"我觉得这双好看,你试试。"

鞋子被快手快脚的店员接过来,一个年轻的白人女孩,声音甜美,礼貌地询问陈卫红的鞋码。陈卫红看了看吴大伟,回头报了个数字。店员女孩面露难色,因为她的尺码偏小,可供选择的式样不多。吴大伟插话说,就在这个尺码的鞋样中挑选嘛,让店员拿出几双来试试。

店员动作很快,一个褐色鞋盒很快送到了他们面前,店员取出鞋子跪在地上给陈卫红穿上。她的脚板薄脚型细,穿着这双时尚的尖头皮鞋显得十分秀气。她站起来,踩着试鞋垫在镜子前面左看右看,前看后看。最后翻过来瞥了一眼鞋底贴着的价格,她还是脱下鞋子,还给了店员女孩。

"穿着不合适。"她又看了一眼这双鞋,重复了一句,"不合适。"

吴大伟不响。

陈卫红拍了一下吴大伟:"真的大了,还是再看看吧!"

吴大伟依然不响。

陈卫红讪讪一笑,转头继续看鞋。

店员女孩放回鞋子,向陈卫红建议看看童鞋,可能会更适合她。

"童鞋能行吗?"吴大伟皱眉。

陈卫红跟着店员女孩去看童鞋,结果发现款式差不多,价格却便宜了大半。"太好啦!"她立马挑了一双设计简单的运动鞋,让店员看看有没有合适的鞋码。然后上脚一试,大小合适,价格也合适。又听店员说今天买的话会有折扣,她立马推着吴大伟去结账买单了。

两人从商场出来,沿着海湾的步行道往家走。陈卫红脚上穿着新鞋,吹着咸咸的海风,高兴地哼着不成调的曲子。吴大伟一路沉默,看看海,看看陈卫红,看看路灯。

自己深爱的女人,因为经济拮据甚至舍不得买双新鞋。作为一个有担当的男人,吴大伟被深深刺伤了。

"……卫红,如果我赚不到一百万美元了呢?"吴大伟突然开口,说了个没头没脑的事情。

"嗯?"风有点大,但陈卫红还是听明白了,"我们努力过了,什么结果都不后悔!"

吴大伟停下脚步,一本正经地看着陈卫红道:"我想换个专业。"

"什么?"陈卫红怀疑自己听错了,往他那里凑了凑。

"我说,我想换个专业,读计算机,IT。"

陈卫红并没有考虑很久,她握住了丈夫的手:"好!我们一起!"

第13章
患难真情两相依

夜已经深了，浓重的黑幕像泼不开的墨汁一般黏稠，星星也躲进云层，进入了梦乡，街灯善解人意地收敛了光芒，尽心尽力只照射身下的道路，不去惊醒夜的困意。只有陈卫红和吴大伟的房间里还亮着一百五十瓦的大灯，两个人在灯下悬梁刺股，秉烛夜读，时而念念有词，时而奋笔疾书。

这是两个人决定改学计算机IT专业之后的常态。在美国，容易找工作的专业都没有奖学金，而提供奖学金的专业往往是毕业后很难找到工作的。美国的公立大学，学费分为内州学费和外州学费两类。所谓内州学费，就是父母在本州缴纳税金的学生可以享受到的比较优惠低廉的学费；而外州学费，就是没有在本州缴纳税金家庭学生的学费，那要比本州学费贵上三到四倍。陈卫红与吴大伟都属于外国学生，肯定是要缴纳外州学费的。吴大伟以前读那个象牙塔里的哲学专业尚有奖学金，现在改读实用的计算机就没有奖学金了。而陈卫红从不需要学费的访问学者改成需要缴纳学费的学生，两个人加起来的学费是一笔极大的负担。

为了应付学费，他们不得不全职打工；而为了更好的职业生涯，他们又必须刻苦读书。他们是Full time worker, full time student（全职工作，全职读书），一天要当两天用。何况他们大学读的都是文科，对于计算机这门专业完全没有基础，要读出硕士学位来，首先要补齐一些本科的基础学分。好在两人都是聪明的学生，吴大伟的数学基础扎实，只是因为老家出过欧阳修、杨万里这些名垂青史的大文人，才促使他没有考理工科而学了文科。陈卫红竟然急中生智，打电话给爸妈，要他们把自己高中读过的数学几何物理书籍快速邮寄过来。

一星期之后，一个书籍邮包到了陈卫红家中，同时，一封家书也已抵达。

红红吾儿如晤：

接到你的电话，知道你和大伟已经改学计算机专业了，爸爸妈妈一贯尊重你的自主选择，从你开始上学念书时就是这样，因为，兴趣是最好的老师，只有你自己有兴趣，愿意学，才能学得快学得好。这次你自己决定要改专业，一定有你的理由，我们一如既往地支持你。你们目前身处世界上科技最发达的地域，能够最先感知时代的新潮流，计算机是前沿科技，相信你们能够很快掌握这个先进工具的。

我们一向认为，大学教育的重点并不只是教会学生某门专业技能，而是让学生掌握学习最新知识的方式方法。受过高等教育的人，学习接受新事物的能力应该比一般人更强。知识总是不断更新的，所以，只有不断学习才能跟上时代，你们能够意识到这一点，并付诸行动，我们感觉很欣慰。

你俩在学校里一直是优秀生，也就是说，你们有快速学习新知识的本领。相信你们能够适应这种专业的转换，并很快掌握这门新技能的。

寄上你中学时期的数理化教科书，重温一下这些知识，能够帮助你对接目前的计算机专业课程。你妈妈告诉你一个秘密，其实美国高中的数理化教学进度要比中国慢很多，你在高中时学到的有些东西，也许美国要到大学阶段才学，知道这些，也许能增加你学好新专业的信心吧。

美国的学费是一笔不小的开支，你们要自己勤工俭学不容易。近百年来，除了清政府官派的庚子赔款留学生外，大多数中国留学生都是走这条路的。目前国内的工资还太低，我们无法在经济上给予你们更多资助。好在你们目前还没有孩子,正好抓紧时间多学一点。等有了孩子,那时候再回过头来想想现在的时光,那才真叫自由自在哪,要珍惜这段时光。

在寻找你高中教科书时,看到你在书里夹着的一张卡片,附在信里带给你。

祝心想事成!

大伟一并不另。

爸妈

家信都是由陈启帆执笔的,他一会儿以爸爸名义说话,一会儿又代表爸妈两人说话,陈卫红反正也习惯了。她抖落一下信纸,里面果然掉出一张小卡片来,上面是自己高中时代的笔迹:"在人生的道路上,最难走的那一段路,才是最珍贵、最有价值的和最值得回忆的。"记得是在准备高考时,从哪本书上看到,觉得不错记下来的吧。她盯着那张卡片沉思了一会儿,自己不禁微微笑了一下。

之后两个人就恶补起基础知识,先把高中课本复习了一遍,温故而知新,果然不少东西也正是这里大学的教学内容。他俩除了打工睡觉,其余时间都是捧着书本或者去机房操作,几个星期下来算是摸着点门道了。这两个人简直有点走火入魔般地迷上了新学科,就连叶敢峰都有点怕见到他们了,因为见了面一定是被抓住无休止地提问。

这天是几位中国同学好不容易约在一起的聚餐放松时间,陈卫红和吴大伟除了带来食物,各人都捧着书本来打算向叶敢峰求教。

"你俩有没有太夸张啊?"叶敢峰埋怨道,"海伦姐,今天我们是来聚餐的啊!"

大家看着叶敢峰,都笑了起来,角落里彭金凤的视线一直集中在他身上,但不似别人大笑,只是嘴角一直上扬着,似乎有绳索在向上牵引。

"小峰,这算什么,你海伦姐有更夸张的呢!"吴大伟现在也和这群年轻人混熟了，长时间以同学身份相处，让他身上那种少年老成的气息减弱了很多，虽然他年长几岁，又做了几年教师，但平日里也慢慢放开，会随意和他们开开玩笑。

陈卫红听吴大伟这么一说立马甩头过去："不许说！"

叶敢峰他们几个一听，更起劲了："说说说，大伟哥我们保护你！"又伸手做出拦住陈卫红之状。

吴大伟也配合着他们，假装艰难地说道："卫红她那天穿着家里拖鞋去了餐厅，一路上她就在看书自己没发现，我也没留意，她出来的时候我还寻思，今天这一套怪特别的。而你海伦姐就穿着拖鞋工作了一晚上，等到同事注意到了问她怎么回事，才发现是出门时忘了换鞋。回来还和我说，难怪今天站了那么久没觉得累，就是因为鞋软！"

"吴大伟！"陈卫红假装恼怒，"你又不是没有糗事，你得意什么！"

"听听听！"围观的叶敢峰他们不嫌事情大。

"有个人被扣工资是因为浪费了水吧？浪费水的原因是在洗碗的时候睡着了吧？你们说哦，他就左手盘子右手喷水枪，靠在墙上睡着了！水是哗啦啦流，他自己胸前都被喷湿了，最后还是老板看到拍了拍他把他拍醒的呢。"

"意外意外！"吴大伟不好意思挠挠头。

"大伟哥，我就知道站着睡觉的马和象，你厉害了！"叶敢峰凑过来竖了一个大拇指。

其实，两个人经历的磨难远远不止于此，正如吴大伟在陈卫红的日记本上题写的那样："笔端沧桑惟自知，本内真情两相依。"

陈卫红样子小巧，还能混在学生餐厅打打工，吃点好东西。也许因为压力太大吧，这几天陈卫红的牙床都肿起来了，接着，那颗补过的左边下牙又痛起来，她尽量忍着，虽然花了一百多美金买过一个学生医疗保险，当时还是咬着牙跺着脚买下来的，总觉得这个钱是浪费了，但蔡卓娅和杨麒麟都劝她还是应该买，就当买一个安心。只是这个保险并不包括牙医，美国牙医是最贵的,如果保险要加上牙医,那就要多好几倍的钱呢。陈卫红心想无论如何都要忍住,不能去看牙医。

偏偏这天她是有课的,陈卫红最不愿意缺课,只好忍着牙痛去了教室。而这颗牙齿偏偏又不争气,痛得脸要抽筋,人忍不住发抖,头脑也昏昏沉沉的,似乎有点发烧。她一边往痛牙处嘶啦嘶啦地抽着冷气,一边哆哆嗦嗦地写着听课笔记。好不容易下了课,她赶紧回家,翻出药箱找了止痛片吃下,躺到床上想睡一会儿好忘记疼痛,但痛得怎么也睡不着,止痛片也没能止住牙齿痛。

吴大伟从图书馆回来,看到妻子痛得缩成一团,脸都扭曲了,说实在不行,只能去找牙医了。陈卫红连连摇头,说随便去一趟牙医就是几百美金啊,再忍一下吧,明天再说。

吴大伟翻箱倒柜找出所有国内带出来的药品,一个个地看着说明书,希望能找到治牙痛的药。他在一包牛黄解毒丸上看到写着可以去火消炎解毒,抱着试试看的心态,让陈卫红以双倍剂量服下。当天晚上,陈卫红多次起夜拉肚子,直拉得筋疲力尽,倒头就睡着了。第二天醒来,牙床红肿竟然消退了,牙齿也不痛了。夫妻俩抱在一起,陈卫红喜极而泣,没想到国内带出来的中成药救了自己!牙齿痛不是病,痛起来要人命啊,这次是真真切切感受到了!

陈卫红瘦了一圈,吴大伟看着心疼,买来新鲜牛奶和蛋糕让陈卫红吃,而陈卫红却一定要吴大伟吃下去,说自己还有学生餐厅的美食等着哪。两个人都推着让对方吃,用大汤匙舀着蛋糕往对方的嘴里塞,最后拗不过,两个人各吃了一半,搂在一起又想哭又想笑。

比较起来,身子过于劳累造成的还只是体力的透支,而最令他们伤心的,是国内亲友的误解。

两个人在美国一心只读圣贤书,这个圣贤,就是最新的科学技术。他们只是维持最简单的基本生活,几乎是忘记了娱乐享受,玉堂富贵。但国内的亲友并不知情,只觉得他们是变了心不肯帮忙。

吴大伟家里隔三岔五地来一封信,信都是弟弟妹妹代父母写的,信中寒暄几句日常生活,最后的落脚点都是盼望他们能寄钱回家。

大伟亲仔,卫红媳妇:

你们最近一切都好吧?你们又读书又工作,收入一定很好吧。听说美国要比这里富裕多了,一天的工资可以抵上我们好几个月的收入,你们随便从牙缝里省一点寄回家,就可以大大地帮衬到家里了。弟弟读完中学就回来帮助爸妈做事,现在已经到了成家的年纪。家里想盖房子,隔壁几家都在盖,盖房的花费一直在涨,还是早点盖起来更省钱。你们现在还没有生小孩吧?那么应该能存点钱起来的,盼你们能尽量多帮助家里,帮助弟妹,多寄点钱回来。

我们现在身体都还壮实,就是想趁着自己还能做得动,给你弟弟盖好房子,让他能早点讨个老婆回家,我们也好早点抱上孙子。当然也希望你们能早点生出儿子来。

自家人,我们说的都是实话,不打野话的。

爸妈

收到这样的信,吴大伟真是百感交集,不知所措。如果陈卫红不在家,他就偷偷地把信藏起来不让她看到,自己更拼命地打工,拼命地省钱。晚上去餐厅上班可以吃顿饱饭,中午他就买个面包,在沙滤喷水池边接点水充个饥。偶尔被美国同学看到,拍拍他的背说:"这样吃太干了,咽不下的,你应该买牛奶和三明治呀。"他只能回答说:"我喜欢这样吃。"人家也就耸耸肩走掉了。这样省下一百两百美金的寄回老家。

国内大学的同事也会来信,有的说是要出国留学,向他们借钱;甚至还有人说想尝试炒炒股票,向他们借十万美金起步。看到这样的信,他们只会摇头苦笑,不知道怎么回信好。

有一次他们收到了自己恩师的来信,说想要送自己的孩子出国留学,请他们资助一下。

因为是自己的老师,他们就将这几年如何苦读的情况一五一十地做了详细汇报,并告知实情说目前维持两个人的学费尚且勉强,须待毕业后找到工作才有能力帮助老师,请见谅。没想到老师动气了,写信来责备他们忘恩负义,一阔脸就变,还说不愿意帮忙也不必编故事。他俩看着信只能叹气掉眼泪。

他们就这样"忍辱负重"地咬着牙读书,眼看着还有一个学期就可以毕业拿到计算机硕士学位了。

好消息不断传来,叶敢峰是最早转专业的,有关的信息最多,他说自己胡乱投了几份简历出去,不料个个都回复了,还要他马上过去上班呢。现在电脑公司要人简直要疯了,只要会玩电脑,人家根本不管你什么学历,高中生也要啊,待遇也不错。所以,Silicon Valley(硅谷),就在向我们招手啦。

陈卫红和吴大伟也尝试投递了几份求职信,非常详细地写明了自己是转行学的电脑,还没有拿到学位。出乎意料的是也都收到了回信。吴大伟的邮箱塞得满满的,都是各家公司的回复。

陈卫红说:"哎呀,那么多公司都回信了,快看!"

吴大伟在迅速地按动鼠标。

两个人聚精会神地读着复信,交换着兴奋的眼神。时不时地,他们会发出一声尖叫,笑起来,但看到旁边安静专注地看着电脑的其他同学,他们互相做一个嘘声的手势,又盯着电脑看起来。终于,两人看完了所有的电子邮件,高兴地站起来走了。同样的路程同样的两个人牵手走着,却和几天前的感觉完全不同。

"看来学电脑真是学对了,真没想到就业形势会这样好,每家公司都回信了,家家都希望我们马上就去,工资也高,还给公司原始股,一旦公司上市就是不得了的钱啊!我真想马上就去,我们在学校待的时间已经太长了!"吴大伟还沉浸在刚刚那么多回复的惊喜中。

陈卫红点点头,接口道:"那么多电脑公司跳出来,我听茱莉亚说,现在是随便办一个'道特克姆'公司(.com 即电脑公司),一上市至少几千万美元,多的几亿美元,人们都发疯样地办起了电脑公司。"

吴大伟突然想到什么似的忽然站住了:"卫红,我们可以马上就去工作啦,两个人有十几万美金一年呢,买房、买车都不成问题啊!"

"大伟,我看还是头脑冷静一下。"陈卫红拉了拉停留在原地的吴大伟,"还有半年就可以拿到硕士学位了,再坚持一下吧,拿到学位肯定不一样,不相信,我们再换几家公司投投简历,写上电脑硕士,看看人家会给你什么待遇,我想一定会好多了。"

吴大伟说:"唉,说实在话,这最后半年还是不容易熬啊,要继续上计算机的课程,还有一篇毕业论文,为缴学费打工时间还是不能少,那真是要脱一层皮啊。"

陈卫红的纤手摸了摸吴大伟的脸颊:"看你都瘦成什么样了,还是少打一点工吧,我们再合计一下少花点钱就是了。"

吴大伟握住陈卫红的手,拿到嘴边亲了一下:"卫红啊,没事,我挺得住,更何况,这个做服务生的工作也真是不错的,天天有那么多现金小费拿回家,不做还有点舍不得呢。"

陈卫红佯装生气把手抽了回来:"你啊你啊!你这个人就是农民意识,看到钱总不想放手,其实有时候是鱼与熊掌不可兼得的,时间就那么多,你只能放弃不重要的事情。在美国最难的就是选择,美国人自己也在自嘲,说连进个商店买东西,营业员还要问你:'Paper or plastic(用纸袋还是塑料袋装东西)?'天天都面临选择,我们现在就选择多读书少打工,熬过这最后半年就好了。"

"老婆大人请放心,我保证打工读书两不误。哈哈,想到我们马上就摆脱蓝领做小白领了,回归知识分子队伍,开心啊!"吴大伟抱住身前的陈卫红,喃喃说道,"我们会在美国立住脚跟的,放心吧!"

陈卫红眼睛一红,反手也抱住了眼前的男人。

风静静吹过,记下了男人与女人的誓言。

日子又回到了往常的节奏，但因为两个人知道自己的选择没有错，奔波时更有盼头了。为了节约时间，考出驾照的吴大伟下了决心，花了800美元，从回台湾的杜成会手中买下了一辆二手车。

吴大伟坐在驾驶座上："卫红，我们终于有了一辆自己的汽车了，以后就不用大冷天的还骑着自行车接送你，既安全又节省时间啊。"

"怎么？接我接烦啦？"陈卫红正在将一个红色的幸运绳绑上后视镜。

吴大伟说："接你一辈子都不会烦的，我以后天天来接你！你不愿意了我也来接你！红红，这辆二手车一定是暂时的，等以后，我们一定换一辆最新最漂亮的汽车！"

陈卫红听到这话不禁扬起嘴角的弧度，手上却没有停止："大伟，那你驾驶座旁边的位置永远是属于我的！"

"不好。"

陈卫红听了回答停下了手中的动作，疑惑地看向吴大伟。

吴大伟笑道："红红，我要你坐在后排。"

"为什么？你前排要留给哪个女人啊？"

吴大伟轻拍了陈卫红肩膀一下："女人就会乱想！有研究数据表明，驾驶员的后座是最安全的！因为人在遇到危险的时候本能会避开自己，比如左边来车就会往右躲，这样右边的人就很容易受伤，我希望我挡在你前面，而不是让你受伤。"

陈卫红微微一笑，转过头说道："大伟，你最近学的是什么专业？嘴巴上是一套一套，越来越会哄我了？"

吴大伟说："我是认真的，要是有一颗子弹射过来，我肯定会为你挡住的。"

陈卫红扑哧一声笑了出来，又接连着说呸呸呸："你这个人，好话也不会好说，不许说这种晦气话！"

第14章
愿有情人成眷属

清晨,彭金凤从海浪声中醒来,看到窗外洒满阳光的海滩和参差的树林,零星有几只海鸟高高低低飞过。房间外面传来姐姐的声音,早午餐已经准备妥当了。虽在台湾也早有Brunch(早午餐)的说法,但她还是到了美国之后才开始习惯这种慵懒的生活方式。

前年姐姐和姐夫搬离了喧闹的城区,住到了另一边更靠近大海的郊区。这一切当然也归功于姐夫转行做IT后不菲的收入。吃饭时,她看到了在家办公的姐夫,红头发红胡子,一位印度帅哥,笑起来还有些羞涩。而为大家倒咖啡的姐姐,依然是她记忆里柔中带刚的样子,上扬的语调和嘴角的浅笑,充满了幸福女人独特的信号。

如果婚姻有一个理想的样子,那她希望可以像姐姐这样,至少……不能像她的阿妈那样。从她有记忆起,阿妈好像就从未笑过,不是在叹气就是在埋怨,埋怨她们的父亲,埋怨自己的母亲,埋怨这段无望的婚姻。直到姐姐订婚的前一夜,姐姐和阿妈大吵了一架。阿妈企图阻挠这场跨国婚恋,姐姐则直接顶撞:"老妈,你当年自己不去力争,嫁了个不称心的男人,现在还指望我像你一样?"

当年提亲时,原本谈的是阿妈的良缘,但被她的邻家闺密先一步抢了男人。灰心丧气之下,阿妈草草嫁了个陌生人,一辈子只会唉声叹气。姐姐就不一样了,她认识姐夫的时候,两个人都还在读大学,姐夫到台湾短期语言进修,姐姐在一次中外学生交流的联谊活动上认识了他,一场游戏做下来,两个人对上了眼,之后就开始约会,很快进入热恋。她现在还记得,那时每天晚上姐姐回来都喜欢跟她分享两人恋爱的经历和细节,那是灵与肉快速融合的一段时光。姐姐一直很清楚自己想要什么,而且知道怎么一步步得到自己想要的东西。所以她如愿跟姐夫结婚了,所以她如愿搬出了那个阴郁的台湾小镇,所以她如愿来到了美国。所以彭金凤也追随着姐姐,来到了美国。

阿妈总教导她女孩子要矜持,要等着男孩子来追求。而姐姐则告诉她,要想找到心仪的男人,女孩子一定要主动,尤其在读大学的时候,看到好男生就主动出击,因为,好男人总是抢手的,你不去追别人就上了!

"……不要像阿妈一样。"开车送彭金凤去机场的路上,姐姐特意叮嘱了一句。

彭金凤点了点头:"我知道。"

彭金凤到机场,老远就看到等在出口处的杨麒麟和韩伟强,她小跑步迎上前去:"不好意思,我来晚了,路上有点堵。"

"刚好飞机晚点了,小峰还没到。"

"呼……"她舒了一口气,跟两人闲聊开别的事情来。

出来了,出来了,她的心不听指挥地怦怦乱跳,看到那个她日思夜想的身影,她的脸颊竟一下子红了起来。幸好大家注意的焦点都在远道归来的叶敢峰身上,没有留意她的异常。

心口吊在嗓子眼上,不知道她暗恋的那个人在上海的动静。对呀,姐姐说得对,好男人都是抢手的,自己能抢到他吗?

幸好,忐忑的时间不太长,直爽的韩伟强帮她问出了心中的疑虑,当听到叶敢峰说家里没有女朋友的时候,她开心得忍不住笑出来了。

与叶敢峰并排而坐,两个人相视而笑,她悄悄地抓住了叶敢峰的手,他没有挣脱,两个人的手紧紧地扣在了一起。

一帮人把叶敢峰送到住所,说让他倒倒时差吧,明天再聊,也就都散了。

叶敢峰使个眼色,茱莉亚跟那两人一起走了出去,过一会儿独自回来了。

叶敢峰正在把带回来的家乡特产逐一从箱子里取出来,门没有上锁,茱莉亚静静地走了进来,默默地帮着叶敢峰整理。

"你的床单这么久没有睡了,我帮你拿到洗衣房去洗一下。"茱莉亚站起来去帮他重新铺床。

"茱莉亚,"叶敢峰一反平时活泼的常态,说话有点语塞,"你对我这么好,我心里都明白。只是,只是……"

茱莉亚放下床单,走到叶敢峰身边,等着听他的下文。

叶敢峰鼓起了勇气,说话利索起来:"我有个邻居又是同学,原来约好了要在一起,但是她变了,变得我都不认识她了。我觉得跟她很陌生,而跟你很熟悉,彼此很了解。你也很了解我吧?"

"对,我很了解你,我觉得你热情、善良、聪明、幽默,跟你在一起很开心!"

"哎呀,为什么你看到我的都是优点呢?人家看到我的都是缺点,我是个穷光蛋,啥也给不了你呀!"叶敢峰的活泼劲又回来了。

"我跟你是平等的,为什么要你给我什么呢?你只要把人给我就好了!"茱莉亚也调皮起来。

"我就一百来斤肉,你也吃不了几顿的,全给你好了!"叶敢峰顺势往她怀里一倒。

茱莉亚张开双臂抱住他,两个人紧紧地拥在一起。叶敢峰把脸贴在她的脸上,又伸出舌头去撬开了她的嘴巴,两个人的舌头缠绕,相濡以沫,唇齿相依,卿卿我我,舍不得分开了。

阳光明媚,天格外地蓝,朵朵白云点缀其上。一座带小花园的住宅里,蔡卓娅进进出出,忙忙碌碌地张罗布置一顿自助餐。刚刚,王义尧正式被授予博士学位,许多同学都去参加了这个仪式以示祝贺。仪式结束后,蔡卓娅以女友的身份,邀请大家到她借住的美国房东家里聚餐庆祝。前一天她开着王义尧的车子,两人一起去超市采购了一番。王义尧已经拿到了东部一家大学的聘书,要到那里去任教了。

小花园里摆出了几张连在一起的桌子,上面铺着一块大桌布,蔡卓娅把她昨夜今晨亲手做的各式中西菜肴用大盘子装着,一个个从厨房里端出来,有烤鸡、油爆大虾、酥炸鱼块、麻婆豆腐、凉拌茄子、蚂蚁上树(粉丝肉末)等十来个菜,加上面包黄油可乐和一次性餐具等等,把桌子都摆满了。他们的美国女同学格蕾丝还特地烤了一大盘牛排带来,为聚餐锦上添花。

王义尧难得穿上正规的西装系着领带,黑底镶着耀眼黄红彩边的宽大博士服套在外面,神采奕奕,颇有学者风范。蔡卓娅一袭时尚素色连衣裙,也是为这个仪式新添的衣装。有七八位美国本土同学,和陈卫红、吴大伟、叶敢峰、彭金凤、杨麒麟、韩伟强等一批经常来往的中国同学都来了,大家也都身着正装,观摩这个庄重的仪式场面,想象着自己也有这样的时刻。

蔡卓娅和王义尧热情地招呼大家随意吃喝。之后各人端着纸盘装上自己所爱的食物,散布在花园各处聊天谈笑。

"美国学生都视为畏途的博士论文,王义尧花了两年就完成了。博士论文就是一部著作一本书啊,你不能照抄别人的论点,一定要有自己的崭新见解才能获得通过的。比他高两级的美国女生格蕾丝,写了三四年了,到现在还理不出一个头绪来。"蔡卓娅与陈卫红站在一处树荫下边吃边聊,说起王义尧,她总是带着爱慕和敬仰。

"我们虽然在国内只见过一次面,但我来美国读书,王义尧帮我把什么都安排好了。他帮我租好了房子,落实了导师,把他自己用过的对我有用的书都送给我了。"蔡卓娅继续说着。

"你俩不在一起那么多年,有没有和别人谈过恋爱呀?"陈卫红忍不住问了出来。

"我在大学读书时谈过一个,毕业后就分手了,之后再没有看到合适的。王义尧一直埋头读书,来美国也是单身。我俩久别重逢,感觉既熟悉又陌生,陌生的是多年未见,外貌都稍有变化,从青涩的学生变得成熟稳重;熟悉的是两个人还是那么心有灵犀,永远绝对信任,永远知道对方在想些什么,在什么事情上会有怎样的反响。我们一见面还是像老熟人一样,无话不谈,两人之间也从不客气,我帮他收拾住所清洗衣物,他送我东西,我都老老实实收下,这次他要去东部教书,把他的汽车也留下来给我了。"蔡卓娅动情地娓娓道来。

这边王义尧向她们走了过来,他先礼貌地跟陈卫红打了招呼,又对着蔡卓娅说:"你快去那边看看吧,那几个美国同学要先走了。还有格蕾丝说,你们吃不完的牛排她要带回去了。"

蔡卓娅对着王义尧笑道:"美国同学就是实诚,她带来给你们吃,你们不吃完她就带走!"又伸手拍拍王义尧的肚子问,"你吃了多少?吃饱了吗?"

陈卫红也笑了起来:"那我赶快去吃几块牛排吧,我还没尝过呢!"

他们三人就一起走到餐桌旁人多的地方去了。

同学们吃饱了渐渐散去,王义尧与蔡卓娅在收拾清理饭局。王义尧看着蔡卓娅,冷不丁地说道:"要不我俩去登记一下,办个手续?"

蔡卓娅一愣,手里端的菜盘哐当一声跌落下来。她呆呆地看着王义尧,有点不相信自己的耳朵。她自以为早已摸透心思的男人,这次让她摸不透了。

没有多想,她凭直觉回答道:"你还有两三天就要走了,哪里来得及?为什么不早说呢?"

王义尧还是看着她认真地说:"我是想等拿到博士学位再说的。"

"那么就等我也拿到博士学位再说吧!"不知蔡卓娅说的是玩笑话,还是真心话。

终于,王义尧明天就要登机去东部了,这天傍晚,两个人把车子开到那条他教她开车的,只有来回各一个车道的老旧公路上,这条路修筑年代已久,一般人都取道临近的高速公路,只有附近的居民还会使用这条旧路,来往车辆很少。道路两边是丘陵地带,远处,高低起伏的小山岗迤逦蜿蜒,近旁,高高的树林枝叶婆娑,在夕阳的映照下,绿荫覆盖的山峦半阴半阳,墨绿、翠绿层层叠叠,大自然的辽远开阔直刺胸襟,让人心旷神怡,思绪联翩。

他们把车子停靠在路边,携手在山麓漫步。两位哲学博士遐思古今中外,纵论上下五千年,口若悬河,滔滔不绝,都想把自己近期的所学所虑向对方倾诉。

"我还是佩服萨特[①],他不仅是法国现代哲学的领军人物,也是存在主义文学的思想核心,而且成为后现代主义文学各个流派的思想基础。我喜欢他说的,上帝死了,人在这个世界上是自由的,人的行动选择是自由的,既没有先天模式,没有上帝的指导,也不能凭借别人的判断,人是自己行动的唯一指令者。当然,人应该为自己的行为负责任。"王义尧似乎还沉醉在他的博士论文中。

"我更喜欢波伏娃[②],喜欢她写的《第二性》,她说:如果女人专心于学习、运动、职业训练,或某种社会政治活动,就不会整天想着男人,对自己的感情或对性冲突的关注,也会小得多。然后,在把自我实现为一个独立的个人方面,她仍会面临比年轻男人更多的困惑,人们常常惊讶地发现,女人一旦找到了丈夫,便能多么轻易地放弃音乐、学习和她的职业。在她的计划中,她明显涉及自己的地方实在是太少了,以致实现计划也不会给她带来多少利益。一切都在联合起来抑制她的个人野心,巨大的社会压力仍在强迫她通过婚姻谋求社会地位和合法庇护。当然,她也不想靠自己的努力,去创造她在世界的地位,或者即使想,也是胆怯的。只要社会上还没有完全实现经济平等,只要社会习俗还在批准女人以妻子或主妇的身份从某些男人的特权那里获益,那么,她不劳而获的梦想就会存在下去,就会阻碍她取得自己的成就。"蔡卓娅回应道。

"好厉害,你几乎在背诵她的原文呢!"王义尧赞赏道,"我也欣赏波伏娃,确实,女性要谋求独立,就要有自己独立的人格、独立的思想、独立的经

---

① 萨特,全名让·保尔·萨特(1905—1980),法国著名哲学家,文学家,存在主义哲学思想的创始人。
② 波伏娃,全名西蒙娜·德·波伏娃(1908—1986),法国著名作家,哲学家,女权主义者,萨特的终身伴侣。

济地位。"

"我还读了房龙写的《宽容》,这本书以前在国内读过,现在再读,又有了新的体会,正如孔夫子说的:温故而知新哪!"蔡卓娅又开辟了一个新的话题。

"这个房龙体重200英磅,出生在荷兰,21岁以后到美国德国求学,获得博士学位,他做过教师、编辑、记者,在各种岗位上历练人生,他一支生花妙笔,可以把严肃的历史撰写得生动有趣。他的成名作是《人类的故事》、《宽容》(又名《人类的解放》)。哦,你说看了之后有新的认识,说来听听呀!"王义尧俨然是学长的姿态。

"是的,房龙的文章真的是字字珠玑,我觉得到处都是经典警句,都值得背诵。我以前看《宽容》,看到的是西方的文化史、思想史、文明史,房龙总结了罗马帝国的兴衰,认为它兴隆的时期,是因为统治者执行了宽容的政策,那些被罗马征服的部族享有很大的自由度,信或不信什么,都各随己见。'罗马的和平之所以成功,是仰仗于普遍实践了这样的一个原则——自己活,也让别人活,在任何情况下,他们都不能干涉自己邻人的生活,尤其是宗教。'当时的提比略皇帝曾经在一个重大的场合发表意见说:'如果神灵认为自己确实蒙受冤屈,他们会自己解决的。'即别人不相信基督教或歪曲了基督教,上帝自己会处理。所以,罗马又有一句众人皆知的名言:恺撒的归恺撒,上帝的归上帝,说得多么好啊!当时人的智慧宽容甚至超过现代人呢,你说是吗?"

"是啊!他们的表达方式又那么睿智幽默,真的是佩服他们啊!"王义尧点头称是,"那你新的认识呢?"

"我最近又读了一遍,看到这样的一句话:'在宜人的外壳下面一直藏有并继续藏有原始法则的严酷真理:人的第一职责是生存。'房龙描写了在各个不同的历史时期世界上最聪明能干的年轻人的选择,比如,'野心勃勃、不指望靠手工劳动过活的欧洲青年人仍想挤入政府部门供职,在不同的帝国和皇家陆军、海军中当官……他们的官职带来了巨大的社会威望,只要聪明、勤奋、诚实,就可以赢得美满的生活和受人尊敬的晚年',又譬如'数世纪以来一直从事国家公职的年轻人发现,晋升之路除了一条之外都阻死了,这条路就是教会生涯。西班牙的基督主教可以操纵地方长官的权力,……要是当了基督教财务大臣,……尤其可以大发横财。'他又写道:'为信念宁愿饿肚皮的人相对是少数,大动乱后没过几年,我们便发现大多数政府官员和军官都并非不情愿地跑起生意来,而十多年前他们是绝不会问津此事的。由于他们多数人的家庭世代从事行政工作,指挥别人是轻车熟路,因此在新的生涯中总能进展得顺利些,比所期望的更为幸福和富足。'也就是说,在不同的历史背景下最最聪明能干的年轻人所做的选择,都是为了自己和家人更好地生存,在政府当官最有利可图时当官,在做神职人员最有好处时就做牧师、教士等神职,在做生意最能合法赚钱时就做生意,不管他们口头上说的是为百姓谋利益,为上帝普度苍生,或是别的什么时髦动听的字眼。你说对吗?想通了这一点,我就完全揭穿了或者说是理解了那些伪君子,不会再相信他们了。"蔡卓娅完全沉浸在她的新观察中,犹如打开闸门的洪水,飞流直下,一泻千里。

"你的眼光越来越犀利了,真是一针见血痛快淋漓啊。"王义尧称赞道。

两个充满书生意气的傻瓜就这样直抒胸臆共度时光,感觉可以在信任的亲人面前随心所欲直言不讳太幸福了。天色渐渐暗了下来,吹过来的风有点凉了,蔡卓娅紧了紧衣衫,向他靠拢,王义尧伸手搂住了她。两个身体的靠近,似乎让他们警觉到今日过来所为何事。

"义尧。"蔡卓娅在王义尧的怀里柔声唤道。

"嗯。"这声温柔的呼唤点燃了王义尧心里的激情,他低头亲吻她。

两个人紧紧相拥相吻,又自然地躺倒在草地上,边吻边滚动起来。一会儿他压在她的身上,一会儿她又压倒了他,俯卧在他壮实的软软的身体上面,好舒服哟!

她用手掌托起了头仔细瞧着他,忍不住用手指轻轻抚摸着他的脸颊,他的眼睛、鼻子、嘴唇,边触摸边说道:"你好美啊。"

王义尧轻声说："除了母亲，还没有人这样抚摸过我的脸，也没有人称赞过我好美，你可是第一人哟。"

蔡卓娅吻着他，掉下了眼泪："义尧，对不起，我不能跟你去东部，我还不能履行一个妻子的义务。我放不下这里，这里的教授导师对我太好了，我要是不认真把这个博士读出来，我于心不安，对不起他们的。"

王义尧反身压住了她，吻着她安慰道："我理解你，也支持你。我的心永远在你这里，任何时候你只要一召唤，我马上飞过来！"

两个人并排躺在草地上，抬眼望着暗蓝的星空，心儿自由地飞驰，享受着静谧甜蜜的二人世界。

第15章
光明已在前方

王义尧去东部大学履职任教了,蔡卓娅给陈卫红打来电话:"卫红,我的心好像被掏空了,好难受!"

陈卫红很能理解恋人两地分居的痛楚,但这是他们自己的选择,也许这就是蔡卓娅为了达成目标付出的一种代价吧!该怎么安慰她好呢?"卓娅,这种痛只能让时间来稀释,好在很快就放暑假,你俩很快就可以见面了!"

到这个暑假,陈卫红和吴大伟也都可以硕士毕业了。

这天,在开车送陈卫红上班的路上吴大伟又叮嘱了一路:"红红,不要累着自己,你就管好自己几张桌子的客人,不要再去帮别人了,我们把这最后的几个月挺过去,拿到学位就去硅谷上班了。"

陈卫红说:"不是我要帮,现在就数我在那个饭店做的时间最长了,别的服务生一直换来换去的,做不长,新手没有经验,我又不能看着不管。你放心好了,我会自我调节的。你自己开车要小心,昨晚赶作业都没有睡几个小时,今天早点结束算了。"

吴大伟说:"我知道,有时候真想有张床好好睡一觉!"

陈卫红说:"大伟,你开车一定不能打瞌睡啊,这可不是闹着玩的事,要出人命的!你累了就收工,过来接了我一起早点回家。"

吴大伟说:"好的,我们今天就早点回去。"

吴大伟把车开到一家中国餐馆门口停下,让陈卫红下车,看着她进了餐馆门,吴大伟又开车匆匆赶去自己打工的餐馆。

这天上班时，陈卫红心神不宁，工作时一直不在状态，甚至差点失手跌落一个盘子，连老板都询问了几次是否有什么情况，陈卫红只是摇摇头。她似乎有一种不祥的预感，眼皮直跳，心几乎蹦到嗓子眼上。果然，一阵急促的电话铃声刺进了耳膜。

"海伦姐，我要和你说一件事情，你一定不能着急。"是彭金凤的声音。

"茱莉亚，快说，什么事？"陈卫红拿住电话的手不自觉地颤抖，脸色发白，嘴唇抿紧不敢喘气，生怕漏听了一个字。

"大伟哥出了车祸，正在医院抢救，姐，你快过来吧！"听到出了车祸，陈卫红几乎晕厥，后面的字就都没听清楚，直到话筒里又传来叶敢峰的声音："卫红姐，卫红姐！韩伟强正在往你那里赶，马上就过来接你！"才把她拉回现实。

她深吸了一口气，稳住心神："敢峰，你们已经在医院了？医生说什么啦？有生命危险吗？"

"卫红姐，医生刚刚出来说过，情况已经控制住了。你不用着急，我们在医院等你！"

陈卫红放下电话，立即向老板匆匆说明情况，除下围兜换下服务生的衣服，拿了自己的手提包守在大门口。韩伟强的车子很快就到了，载着她往医院方向疾驰。路上韩伟强告诉她，救护人员在吴大伟的随身衣袋里找到一个小本子，本子上有叶敢峰的电话。叶敢峰接到电话马上又告知了几位中国同学，现在大家都往医院赶去。陈卫红在心里默默祈祷，一定不能让大伟离开自己，离开这么好的同学们。

一到医院，韩伟强去停车，她冲向问询处问明了手术室的方向，之后她就一直向前跑着，感觉跑得更快一点就能更早看到吴大伟。她穿过了人群，闻到了消毒水的味道，看到了白色的、绿色的、红色的幻影，一直跑到手术室门口才将失了焦的眼神重新聚拢，幻了听的听觉重新恢复。

"海伦姐！海伦姐！"彭金凤抱住了跑到手术室门口不断喘气的陈卫红，陈卫红一抬头，看到彭金凤满脸泪水，心中一惊：为何她哭成这样？难道大伟不行了？她慌忙抬头看向手术室,手术灯还是红色的,心里慢慢镇定了些：哦,还在抢救,还有希望。

叶敢峰看陈卫红惊魂未定,安慰她说："卫红姐,你放心,刚刚我们问过了警察也问过了医生,大伟哥不会有事情的。"陈卫红木木地点点头,眼神却没有离开手术灯。"据警察说是在高速上两车相撞,对方是反方向车道超车,大伟哥这边不知道什么原因没有避让,直直撞上了,两车都有刹车痕迹,所以车速降下来一些,只不过不知道为什么大伟哥的车是左边撞上去的,所以才会伤势比较严重。"

"左边？"陈卫红的眼神终于离开了手术灯,看向叶敢峰,满脸疑惑,求证似的重复了一遍。

"是,左边。"叶敢峰看陈卫红有了反应连忙又说了一遍。

陈卫红眼眶里迅速集结了大量泪水,自己不在车上啊："傻瓜。"

吴大伟的手术经历了6个小时,叶敢峰、彭金凤、蔡卓娅、杨麒麟和韩伟强陪着陈卫红都在外面守了6个小时,没有吃饭也没有休息。大家都盯着那个红色的手术灯,等到灯灭的那一刻,大家才松了一口气。病床推出来了,吴大伟紧闭着眼睛。

"大伟！大伟？"陈卫红疾步走到病床旁边,抓起大伟的手,但是吴大伟没有任何反应,她慌忙看向医生。

"病人家属请跟我来。"陈卫红茫然地站起想跟着医生走,但忘了自己正握着吴大伟的手,于是又被向后带倒了一下,差点撞上病床,是彭金凤和蔡卓娅扶住了她。

"海伦姐,我陪你去医生那边,大伟哥护士会把他带到病房的,我们同学轮流守护,你放心。"叶敢峰过来低声对陈卫红说道。

陈卫红这才反应过来似的放开了吴大伟的手,她点头向大家致谢,跟着医生走去。

"吴太太,您丈夫的生命已经保住了,手术也很成功。但是他的脑袋受到了巨大的撞击,现在脑子里形成了一团血块,这团血块我们无法取出,造成了他的昏迷,什么时候醒来还无法预估,醒来后的状况现在也不确定。"

"医生,有大约的时间吗?"

"也许他三天后会醒过来,也许要三个月才能醒来,也许,他永远醒不来了。"

"医生!拜托你!一定要把我丈夫救醒!"陈卫红着急地抓住了医生的手。

医生拍了拍她的手安慰道:"会的,我们都会尽力的。下一步的治疗方案正在研究。"

"谢谢医生!有什么需要我们做的,我们一定配合,只要大伟能够平平安安醒来。"

医生点点头。

陈卫红起身想去吴大伟病房,却在起身那一刻直接晕倒了。

"红红!红红!"陈卫红听着耳边似乎有人在叫自己,她拼命地想睁开眼睛,却怎么都睁不开。感觉一切都是模模糊糊的,看不清四周的景,也看不清自己身边是否有人。

"大伟?大伟!"陈卫红有些害怕,她拼命地揉着自己的眼睛,直到一双结实的大手握住了她的纤手:"红红,我在这里!"抬头看去,就看到吴大伟笑嘻嘻的脸:"不要怕,我们一起走出去。"

她想起来了,这是一个定向比赛,她看不清楚是因为刚刚被一种不知名的植物打到了眼睛,眼睛被植物的汁水溅到了,于是自己在短时间内都看不清周围,大概还有一个副作用叫作短暂失忆吧。

"我们走出这片黑暗树林就好了,你看,前面已经看到亮光了,红红,你还好吗?"走在前面的吴大伟又折返到陈卫红身边,递给她一根粗树枝当作拐杖。

"啊,没事。"陈卫红一边接过拐杖,一边答道,脚下也不自觉地加快了,想跟上吴大伟的步伐。

"红红,我去前面看看有没有路,你自己慢慢走,我一会儿回来找你。"走了一段还没有找到出口时,吴大伟提出这样的建议。

"不要,我们一起走,不要你一个人去!"陈卫红一听吴大伟要先走,忙不迭地否认,被吴大伟牵住的手反握住了他。

两个人并肩继续向前走着,一路上遇到很多岔路口,他们都按照比赛前给的提示选择了道路,但也确实没有底,不知道选择得对不对。

"大伟,我们不会在这儿迷路吧?"

"大伟,你说我们为什么要参加这样的比赛呢?"

"大伟,我真的好累啊!"

"大伟……"

一路上都是陈卫红更多话,她也不知道心里的忐忑究竟是什么,但似乎不停地说话就能得到吴大伟的回应,有了回应之后她才稍稍心安。

但体力终究是跟不上了,吴大伟要陈卫红原地休息,自己则以这个地点为圆心探探四周的情况。

"红红,我五分钟就回来,回来你也休息好了,我们再一起接着走。"

"好,你要快点回来。"

吴大伟转身走向前方,陈卫红的心又突突突地跳了起来。

"不,大伟,你不要去了。"吴大伟没有回头。

"大伟,你回来!"陈卫红慌忙起身朝着大伟追去,但却根本看不到吴大伟的影子了。

"大伟!回来!"吴大伟还是没有回应。

"大伟!大伟!!谁叫你一个人走的?"陈卫红喊了起来,她已经看不清吴大伟到底在哪里了,她不知道发生了什么,但绝对不想自己一个人待在这里,害怕与难过让她哭了出来。

"大伟……大伟……"

"海伦姐!海伦姐!你醒醒!"彭金凤在喊。

"卫红,陈卫红,快醒醒吧!"蔡卓娅抱着她轻轻摇动着她的身躯。

"怎么了？"刚从病房外面踏进门的叶敢峰问道。

"不知道，她一直喊着大伟，大伟，还不断在哭，可能做噩梦了，醒不过来。"彭金凤快速地说了一下情况，又转头过去轻喊道，"姐，没事没事，你醒过来就好了。"

"检查报告出来了，你们看吧。"彭金凤和蔡卓娅听着叶敢峰的语气怪怪的，探头去看了一下报告结论，心里一惊，"那现在怎么办？告诉她吗？"

"告诉我什么？大伟怎么样了？"彭金凤没料到病床上的陈卫红已经被她们唤醒且听到了他们说的话，挣扎着要坐起来，脸上还留着刚刚梦里哭泣的泪痕。

"海伦姐，你放心，大伟哥现在在病房里躺着呢，有一帮男同学在那里守着他，没事。只是……"彭金凤话说到一半，抬头看了一眼叶敢峰，后者轻轻点点头。

"只是什么？我去看看大伟，我要去看看他。"陈卫红想下地去吴大伟的病房。

"姐，医生让你静养几天，不能下床。大伟哥真的没事，但你……"

"我？我怎么了，我就是今天没吃早饭所以晕倒的，没事了。"

"不是，姐，刚刚罗杰把你的检测报告拿回来了，你……怀孕了。"

怀孕？！

陈卫红愣住了，手不自禁地环绕上了自己的肚子摸了摸，又伸出手向蔡卓娅要了报告，医生的结论栏上清楚写道：怀孕。

不行，这个孩子不能要，现在不是时候。陈卫红的第一反应。

"我不能要这个孩子，大伟还没有脱离危险，我要照顾他，不能要孩子。"陈卫红抓住蔡卓娅的手强调道，"我要和医生说，把这个孩子拿掉。"

"陈卫红，你可要考虑清楚啊！"

陈卫红看了看检测单，又看了看面前的蔡卓娅和彭金凤，似乎像暗下了什么决心似的。

"我想去看看大伟。"陈卫红说道。

"卫红，医生说了你现在还不合适下床，需要静养。"蔡卓娅忙阻止，但是陈卫红还是挣扎着要下床。

叶敢峰拍了拍彭金凤的肩膀，又拉了拉蔡卓娅的衣襟："让她去吧。"

"卫红姐，我去给你借个轮椅，你等我一下。"叶敢峰按住正在下床的陈卫红，"大伟哥需要你，你现在要保护好自己。"

陈卫红不再一意孤行地要下床了，安静地等着叶敢峰推来了轮椅，他们三人把她推到了吴大伟的床前。

吴大伟还未醒来，安静地躺在床上，神色自然放松，就像睡熟了一般，就连平时习惯性皱眉而有的抬头纹也消散了开来，与额头彻底地融入。

"我和他待一会儿吧。"

叶敢峰和彭金凤、蔡卓娅对视了一眼，悄悄退出了房间。

陈卫红笨拙地想把轮椅再靠近床边一点，她一点点向那边靠近，却因为从来没用过，弄错了方向，让自己往后退了一步。她轻呼一声"啊"便看向了床上，床上的人儿并没有听见，也不知道这边发生了什么，依旧安睡在床上。

陈卫红收回自己目光，又反方向划了一下，大概是因为太用力的缘故，一下子上前一大步，撞上了床沿，发出一声"砰"的闷响，但陈卫红的手却本能似的放在了肚子上面。最后，还是靠着床沿，陈卫红终于移动到自己想要的位置。

近看的吴大伟和远看完全不一样，远距离将他脸色的惨败、嘴唇的干涩都遮去了，脸上那些伤口也掩盖了，但一靠近就将这些都收于眼底。陈卫红抚平吴大伟的额头，在蹙眉处停留了三秒。

"我一直说你皱眉像个小老头，想帮你用熨斗烫平这些皱纹，但我不嫌弃你这些皱纹，你可以现在皱个眉，我会夸你好看的。"

床上的人没有动静。

"你一直觉得自己不像农村出来的，不像农民的儿子，你说你脸上没有你爸那种历经沧桑的感觉，你可以照照镜子，现在有了呃，爸妈看到肯定会心疼吧。"

床上的人没有动静。

"大伟,我一直让你多喝水,你看,你不听话嘴巴都起皮了吧,但医生说现在不能给你多喂水,所以只能用棉签蘸水给你稍微解解渴,你以后要听话啊!"

床上的人仍旧没有动静。

"大伟啊,当初我们怎么在一起的呢?其实在第一天新生自我介绍的时候我就注意到你了,你和我从小到大接触的男生都不一样,你的笑容特别真挚,那时候我就想认识你了。"

"可是那时候你没有注意到我吧,也算是机缘巧合让我们那次偶遇了。之后我们合作搞课题研究,我总能感受到我们之间的默契,有时候我说不清,而你总是能很好地归纳总结我的看法、观点,甚至能实现我的想法。虽然你不怎么说,但我知道每次我提出一个新的想法时,你花了多少时间去准备、整理和完善它。就像对待我们俩的孩子一样。"

"大伟,我们现在真的有自己的孩子了。"陈卫红顿了顿,手轻轻抚上肚子。

"我们在石头上刻字你还记得吗,当时的爱真是直接,想着要'海枯石烂不变心',就在校园里找了块圆石刻上了字。记得你刻得手指上都起了血泡长成了老茧。这块石头我一直藏在身边,那可比金项链钻石戒指更珍贵呢!"

"大伟,我和你说了这么多,你怎么不给我回答呢?"

"你说了要陪我一辈子的。"

"你不可以赖皮,我们马上就可以过上好日子了,你醒过来好吗?"

"我一个人有点害怕,我接到电话的时候就很害怕,可是我想啊,你能依靠的只有我,我要坚强一点,于是我就撑着到医院、到你手术结束,我都没有怎么哭呢,是不是还挺厉害的?"

"眼睛红是因为它自己想流泪吧,真的不是我想哭。"

"医生说你现在遇到一点小问题,一定会没事的。"

陈卫红拿起吴大伟的手贴向了自己的脸,大伟的手暖暖的,自己的脸反而因为泪水而冰冰凉凉,手再拿离的时候已经沾了一片泪痕。

"大伟,我等你醒来,我会每天都来看你。"

"我们以后再有孩子好不好?"

当医生来查房的时候,陈卫红已经哭累了,趴在床的边沿睡着了,睫毛上还沾着没有蒸发的泪珠。

这天,陈卫红又来到病房陪伴吴大伟,蔡卓娅、韩伟强、杨麒麟、叶敢峰和彭金凤一帮中国留学生带着鲜花一起过来了。他们很有仪式感地一字排开,彭金凤送上鲜花,蔡卓娅双手捧着一个信封,郑重其事地交给陈卫红说:"这是同学们的一点心意。"

"心意?"陈卫红一时没反应过来,等打开后才知道里面是大家给吴大伟捐的款,立马又递回去还给了蔡卓娅,"这段时间都亏了大家,你们已经出力了,不能再让你们出钱了。"

彭金凤见状去蔡卓娅手中把信封拿了过来,往陈卫红怀里塞:"姐,钱没多少,可能也没法支撑很久,我们能帮一点是一点,你不要嫌少就好。"

"不不不,不是,我不能拿了。"

韩伟强过来诚恳地说:"吴大伟碰到这样的情况,也是天有不测风云,我们谁都可能会碰到的。你们那时候是怎么帮我的?同学们听到这件事都愿意帮助,其中有好多是美国同学捐的款呢!"

蔡卓娅又来补充说:"好多同学放下钱就走了,也没有留名字,你不收,叫我们退还给谁呀?"

叶敢峰又来调侃了:"海伦姐,幸好你们买了学生保险,这点钱也就起个补充作用吧。你真的不收,那我们就去买酒喝提前庆祝大伟哥苏醒康复啦,中国不是叫作冲喜吗?"说着,就做出要来抢这个信封的样子。

彭金凤一抬手打了下去,正打在叶敢峰伸出来的手臂上。叶敢峰装模作样地叫痛:"姐,你看,她现在就欺负我了!"

陈卫红被他们逗笑了,对这帮小同学、小甜心,她真的是没有办法。

第16章
留胎,还是流产

  吴大伟的治疗似乎有了成效,医生说他脑袋里遗留的血块已经开始缩小,对外界刺激也有了反应,现在陈卫红对他讲话时他的眼珠会动,甚至有时候还会流泪,医生说这些都是好的反应。只是,伴随着日子一天天过去,陈卫红怀孕的反应却越来越大,加上又要打工又要照顾吴大伟,自己营养也没有跟上,肚子似乎明显了,脸却消瘦了。

  柔斯玛丽一直与陈卫红和吴大伟一帮留学生保持着联系,这段时期见他们都没有过来做客,就打电话来邀请。没想到陈卫红接到电话就哭了起来,柔斯玛丽一听知道出了事情,也不再细问,只说:"红,你冷静一下,我马上过来看你!"

  柔斯玛丽与陈卫红,似有一种母女般的柔情链接。两人一见如故,几次促膝长谈,竟至于无话不谈。初识时两人都是独居,都需要一位善解人意的聆听者、陪伴人,加上两人的生活圈子迥然不同,商讨议论都可以直抒胸臆,无所顾忌。而异国文化的差异,又增加了两人对话的神秘感和吸引力。这次吴大伟出事,陈卫红几次想找柔斯玛丽倾诉,但想到不要增加她的麻烦,几次都忍住了。这次柔斯玛丽主动打来电话,似乎一下子触到了卫红的软肋,她不加掩饰地哭了起来。

  20分钟后柔斯玛丽就赶到了,陈卫红的情绪慢慢平静了下来,将事情原委一五一十告诉了柔斯玛丽,她感觉屋漏偏逢连夜雨,丈夫生死未卜,却又在这种时候得知自己怀孕,真不知如何是好。柔斯玛丽右手始终握着她的手,掌心柔弱,双目温柔,充满了安慰的力量。听完陈述,柔斯玛丽轻轻地搂住她,陈卫红忍不住靠在她的肩上寻找安慰。柔斯玛丽坚定地说:"要相信,这一切都是上帝最好的安排。别担心,大伟很快就会醒来的;你的孩子更是老天给你的礼物,她会给你安慰,给你克服困难的勇气和力量。"

"对!他会醒过来的!"陈卫红坚信这一点,但对于孩子,她还是不敢接受。

陈卫红走到卫生间洗了把脸,柔斯玛丽也站起来,拉着陈卫红说:"走,我陪你一起去看吴大伟。"

柔斯玛丽发动车子,两人一起来到医院。路上,柔斯玛丽说:"红,你要尽快学会开车,我帮你去找一个正规的驾驶学校,你可以用我的车子练习开车。"

陈卫红随意答应了一声,心想,留学生谁都没有进过驾驶学校,都是会开的带着练习练习就上路的。

两人到了医院进了病房。柔斯玛丽将路上买的鲜花放在床头柜上。陈卫红去接了热水,将毛巾润湿,在柔斯玛丽的帮助下为吴大伟擦身洗脸。然后又将鲜花插到花瓶里,放入清水,再拉开窗帘,打开窗户,外面的暖风吹进病房,清新的花香冲淡了些许医院冰冷的消毒药水的味道。

"好香啊!"彭金凤和叶敢峰进门一阵慨叹。

两人见到柔斯玛丽也又惊又喜,闲聊了几句,接着道:"你们去歇会儿吧,我们来接班了。"这些日子,都是同学们在轮流值班照看病人。

陈卫红又在病房里坐了一会儿,才跟柔斯玛丽离开了医院。但四处苍茫,站在医院门口的她却一下子不知道该往哪里去。往左看,往右看,她低下了头,手无意识地按在肚子上,掌心触感敏锐,似乎已经感觉到孕育在内的生命,跟她一样滚烫却不知所措。

善解人意的柔斯玛丽看出了她的窘迫,热情邀请道:"你愿意先到我家里去休息一下吗?"

陈卫红感激地点了点头:"如果不打扰的话。"

两人坐上柔斯玛丽的汽车,驶离了阴霾中的医院,轻快地穿过几个街区,回到家里,屋子里充满了祥和与安宁。

柔斯玛丽招呼卫红坐下:"请坐呀,不要客气,像在自己家里一样。"说着话她放下包包脱下外套,转身便去厨房泡了两杯咖啡,还端出一小盘曲奇饼干,形状可爱。

跟自己在学校附近简陋的房间相比,这里真的舒服多了,充满了家的温馨。陈卫红放松身体,在沙发上坐下,边喝水边聊天。连续多日劳累担忧,又有孕在身,现在紧绷着的弦一松下来,陈卫红立马感到极累极困,人陷在沙发里面似乎瘫了下来,大脑混沌一片,眼皮子更是沉得很。

柔斯玛丽看出了陈卫红的疲倦,体贴地建议道:"红,你看起来太累了。如果你不介意的话,可以先到客房里去小睡一会儿。"

陈卫红理智上觉得太过叨扰对方,但身体出于本能地先点起了头,还没回过神来,就已经起身由柔斯玛丽带着进了屋。房间不大,但柔软的床铺却十分诱人。陈卫红一下子软瘫在床上,头一沾枕头就意识模糊起来,连"谢谢"都说得非常含混。

柔斯玛丽给她盖上被子,走出客房。她先收拾了一会儿屋子,看了看时间,进厨房开始准备晚餐,在铺着格纹桌布的餐桌上陆续摆上沙拉、水果、面包,煮好的汤暂时留在锅里,烤好的肉也在烤箱里随时准备出炉装盘,精致的小甜点被暂时放入冰箱冷藏。晚餐准备就绪,但是,陈卫红一直没有醒过来。

柔斯玛丽也不着急,而是回到沙发上,边看电视边等她出来。

时钟敲了九点、十点、十一点……

陈卫红依然没有醒来。

柔斯玛丽就这样空着肚子,和衣坐在沙发上等着她,这一等却等到了东方发白。

一夜好眠,很久没有那么平静那么踏实地睡觉了。那种睡醒之后,头脑通透，心情舒畅的感觉，仿佛夏日清晨吸入的一口清冽的凉气一般。她睁开眼，感觉到脚尖被阳光晒到的温暖，身体让被窝包裹的柔软，这么多天来她第一次发自内心地微笑起来。

"啊！"但她很快反应过来自己身在何方，匆匆忙忙从床上爬起来，轻手轻脚地走出房间，看到客厅沙发上和衣而睡的柔斯玛丽。

似有所感应的柔斯玛丽也慢慢睁开眼睛，抬头看到了陈卫红，脸上先露出了一个慈祥的笑容："你终于醒来了！睡得还好吧？"

陈卫红看了一眼餐桌上未撤去的餐盘和食物，内心又愧疚又感动，诚恳地拉着柔斯玛丽的手道："谢谢你为我做的一切。"右手又无意识地抚摸了一下小腹，抬头，看着对方的眼睛又道了一次谢，"谢谢你为我们做的一切。"

"你现在要为丈夫、为孩子好好保养自己！"柔斯玛丽轻快地走向厨房，"你可要吃点好的有营养的食物，对宝宝健康有利的食物。"

陈卫红连忙拦住柔斯玛丽："不用！不用！不用麻烦了……我，我该去医院了。"

柔斯玛丽反拉着她，让她乖乖到餐桌边上坐下来："我很乐意这么做，你要好好保护自己，好好吃饭。"

陈卫红心中一软，眼眶发热，鼻头泛酸，喉间发涩，只能重复说着："我该去医院了。"

柔斯玛丽安慰地拍了拍她的肩膀："孩子，不用担心！有我在！一会儿我开车送你去医院。现在我们先吃饭。"

不想显得自己太窝囊，陈卫红强忍住了眼泪，坐下来吃饭。

早餐之后，柔斯玛丽又开车载陈卫红回到了医院。一路上，柔斯玛丽不停叮嘱陈卫红说："你应该照顾好你的丈夫，同时也应该照顾好你自己啊！为了你们的宝宝就更要好好照顾自己！"

但是我不能留下这个宝宝。这句话在陈卫红嘴边转了几圈，最后又吞回了她的肚子里。

两人走进吴大伟的病房，让叶敢峰、彭金凤先回去休息，然后两人又一起配合着给吴大伟洗脸洗手。整理完毕,正好护士进来给吴大伟换输液袋。

"我丈夫病情有好转吗?"陈卫红追着问护士。

"很难说。"护士摇了摇头,推着车子,转身离开了。

病房里又安静了下来,静得能听到输液滴管内的滴答声,陈卫红看着依然昏迷不醒的吴大伟发呆,表情凄苦,想哭又强迫自己忍着不哭的样子,拧巴得令人心疼。

柔斯玛丽在陈卫红身边坐下,缓缓道:"红,我知道你现在感到很孤单很无助,如果你不介意的话,在大伟醒来之前,你可以搬到我家里来,跟我住在一起。我俩可以做个伴,相互照顾。"

陈卫红受宠若惊:"真的吗?"

柔斯玛丽点了点头:"我真诚邀请你。"

陈卫红犹豫起来,确实有人在身边相互照应更好,而且她的确有些贪恋柔斯玛丽家的味道,但是,这方便吗?

"谢谢您的邀请,让我稍微考虑一下好吗?"

柔斯玛丽粲然一笑,答道:"当然啦。"

车子缓缓驶入住宅区,从柔斯玛丽车上下来的陈卫红依然有些拘谨,双手下意识地攥紧了手中的提包。

柔斯玛丽亲切地拍了拍她的肩,让她放松下来:"欢迎你,到家了。"

陈卫红对柔斯玛丽重重地点了点头,她决定在吴大伟醒过来之前搬来与柔斯玛丽同住:"谢谢您。"

柔斯玛丽摆了摆手:"我的荣幸,能有像你这样温柔美丽的女孩陪我一起生活,真是太好了。"

两人说着话,绕到后备厢搬出一大一小两个行李箱来,柔斯玛丽想都没想,便抢过大的那个行李箱来提,陈卫红赶紧追上去,想换过来。被柔斯玛丽温和地拒绝了:"这个我拿得动,你要注意身体。"

陈卫红低头看了看自己的肚子。

柔斯玛丽动作轻快地把大行李箱搬到了屋子里面,热情地问道:"你想先喝点水休息一下,还是先去整理你的房间?"

　　"都可以。"陈卫红也放下行李,回答道,"如果你觉得有点累的话,我们可以先休息一下。"

　　"我不累,我现在很开心。"柔斯玛丽笑着,指了指左边过道,"你的房间就在那里,要不我们先去看看?"

　　"好的。谢谢啦。"

　　陈卫红跟着柔斯玛丽走进左边过道,紧挨着主人的书房,第二个房间就是客房,正是之前她睡过的那个房间。空间不算大,只放得下一张床,两个床头柜,一个多抽屉的衣柜,还有一个嵌入式衣帽间。但窗口朝南,灿烂的阳光可以放肆地倾泄入房间内,配合着厚厚的席梦思床垫和铺着整洁暖色床单的床铺,充满了温馨和甜蜜。柔斯玛丽指了指房间对面的一个小洗手间说:"这是你自己的盥洗间。"

　　陈卫红走进去,看到盥洗间里一张素雅的浴帘遮着的一个大浴缸,拉开浴帘,浴缸上摆着崭新的洗发液、护发素和沐浴露。浴缸旁的洗漱台上,一大块新香皂摆在一个鎏金瓷器皂碟上,还有同款的鎏金瓷器刷牙杯,牙刷架里面插着新的牙刷牙膏。浴缸边的毛巾架上,挂着新的浴巾、洗脸巾和洗手巾,毛巾架下面靠墙摆着一个咖啡色的包皮开合箱子,供客人放置换下的衣物。洗漱台旁是一个光亮鉴人的抽水马桶,关上浴室门,门后是一排衣帽钩。整个盥洗间里都铺着地毯,洗完澡就可以赤脚踩在上面。一切都准备得那么周到,那么隆重,陈卫红感动得都想流泪了。

　　"柔斯玛丽,你真像我的妈妈!"陈卫红发自内心地感慨。

　　"不要客气。你先收拾一下,我去煮点红茶,你收拾好了,我俩一起喝杯下午茶。"

　　"好的,谢谢。"

　　陈卫红把自己的衣物搬到房内,稍作收拾,便走出房间来到客厅。

　　柔斯玛丽在沙发前的茶几上放上一个漂亮的英国鎏金瓷壶和两个同款

的小茶杯、一碟小饼干和一小块苹果派。看到陈卫红过来,她热情地招呼她在沙发边坐下:"你要牛奶或者糖吗?"

"不用了,谢谢。"陈卫红摇了摇头。

柔斯玛丽倒了两杯茶,顿时客厅内茶香四溢:"吃点饼干吧,我们可以聊聊接下来该做点什么。"

"好的。"陈卫红吃了一块饼干。

柔斯玛丽随手拿过客厅电话边的黄页电话本,边翻阅边说:"红,你看过美国西部开发的电影吧?你知道那时候人们要在美国生活,首先得学会什么吗?"

陈卫红一下子倒答不上来了。

柔斯玛丽笑着说:"要学会骑马呀!你想,西部那么广阔的地方,不会骑马的话,靠走路能走多远呢?不会骑马就无法生活的。"

陈卫红想起看过的那些西部开发的电影,一个个拓荒者骑着高头大马,在草原上疾行的镜头,确实是深深镌刻在脑海里的。

"那么,现在要在美国生活,就必须学会开车,这样才能有自己的腿,能自由地开到任何想去的地方。"柔斯玛丽接着说道。

"是的,我很早就想学开车了,但那时有大伟开车,我就太依赖他,没有了紧迫感,一直拖到现在。不过所有的中国学生都是自己练习开车的,互相教来教去,没有人会去驾驶学校,那里学费太贵了。"

"不,不,那不是一个好的方法。你应该获得正规训练,学习交通规则,这样才能安全驾驶,避免交通意外!"柔斯玛丽正色道。

陈卫红意识到了柔斯玛丽是由于吴大伟的事故而激动,自己也黯然神伤:"你是对的,柔斯。"

柔斯玛丽拍了拍她的手,继续查阅电话本:"别担心,我会帮你找一个好的驾驶学校的。"

陈卫红点了点头。

"我们得抓紧时间了,不然等肚子大了就不方便练习了。"柔斯玛丽说着话起身，去书房打电话咨询几个驾校。

"等一下。"陈卫红拉住了柔斯玛丽，把憋在心里很久，让她又害怕又担心的事情说了出来，"您能再帮我一个忙吗？"

"当然了，我的孩子。"柔斯玛丽坐回陈卫红身边。

"……"

陈卫红顿了顿，鼓起勇气开口道："您能陪我一起去医院做手术吗？"

"手术？"柔斯玛丽担心道，"你哪里不舒服吗？"

"不是……是……"陈卫红又顿了顿，深吸一口气，"是堕胎手术……"

"什么？"柔斯玛丽皱了眉头。

陈卫红又说了一遍，这次把"堕胎"两个字说得稍微清楚了一些。

"堕胎？！"柔斯玛丽噌地从沙发上站了起来，连说三个"不"字，"红，你在做一个错误的决定！"

陈卫红被对方激烈的反应吓得愣在了沙发上，一时不知道该如何反应。

"这就是杀生！"柔斯玛丽双颊绯红，连语速都变快了很多，说得又快又急，似乎说到了上帝，还说到了圣经，说到了生命，陈卫红听得懵懵懂懂，但她隐隐觉得自己可能的确做了一个太过鲁莽的决定。

"但是……"陈卫红清了清脑子，慢慢道，"现在是个错误的时间，无论是对大伟，还是对我。我们……我们没有办法留下这个孩子呀。"

柔斯玛丽缓过气来，看着陈卫红又重复了一句："要相信，这一切都是上帝最好的安排。"

如果……不是呢……

这句话只在陈卫红嘴边转了一圈，最后只能吞了回去。孩子是她和大伟想了很久的事情。记得两个人刚结婚的时候，她和大伟就经常讨论这个事情，大伟想要个儿子，她想要个女儿，两人还争过一段时间，天天拌嘴。大伟想出一个儿子好的地方，她便立刻回击一个女儿更贴心的地方。最后当然还是女儿获胜，大伟也似乎渐渐被她说服了，接下来她很快跟他争论女儿是学西洋乐器好，还是学中国乐器好。那是一段无忧无虑，自寻烦恼的日子,每一次的拌嘴似乎都只有甜蜜的回忆。

"一切都是生活最好的安排。"柔斯玛丽平静下来,歪倒在沙发上,语气虚弱地对陈卫红说,"红,你能帮我拿一下药片吗?在电视机下面的抽屉里面,黄色瓶子的那个。我胸口有点痛。"

陈卫红连忙跑去翻出药片来,又去水龙头边接了一杯水,让柔斯玛丽就着水服了药。

柔斯玛丽在沙发上坐了一会儿,慢慢道:"我没事了,让我一个人休息一下。"

陈卫红会意,安静离开,回到了自己的房间。

第17章
生活最好的安排

晚餐时，两人都默契地没有提起下午那场不愉快的争论，似乎是为了缓和两人之间的尴尬气氛，柔斯玛丽还主动提议晚餐后去附近公园散散步，陈卫红自然没有拒绝的理由。

两人收拾了厨房，披上外套，锁上门，并肩往公园走去。公园就在离家不远的地方，两人沿着安静的街道慢慢走去。这里是大学城，一路上遇到的都是夜跑的年轻人，也有散步的情侣，带着他们的宠物，或者一家人出门享受美好时光。

柔斯玛丽聊起了自己和丈夫的事情，他们也习惯在天气好的晚上到公园散散步，她丈夫很喜欢宠物，但又天生对宠物的毛发过敏，看到有人牵着小狗经过，他都会先往外躲两步，再转过头盯着别人的小狗看，眼神强烈到好几次她不得不跟路过的狗主人解释这个情况。

陈卫红听得笑了出来，柔斯玛丽也笑了，气氛轻快起来。陈卫红也跟柔斯玛丽聊起自己跟吴大伟的旧事，两个人都是学哲学的，碰在一起就喜欢争论点什么，从人性伦理到世界运转，也包括那些生男生女的争论。

两人说着话，来到了公园草坪旁边，她们在一张长椅上坐下，附近正好有个小型的儿童游乐区，有几个小型的滑梯和秋千。邻近的长椅上也坐着几对孩子的父母，看孩子们玩乐，相互闲聊着。

"……我丈夫刚离开我的时候，我曾陷入过一段时间的抑郁。"柔斯玛丽斟酌了一下词句,"我把自己关起来,埋怨他,埋怨自己,埋怨所有人。然后有一天晚上,我突然想到为什么不去公园走走呢?"

"那么你来公园走走了吗?"

柔斯玛丽点了点头:"我来了,就沿着我们以前的路走,我以为我不能,但是……当我跟他们、跟世界在一起的时候,我突然发现我好像变得没有那么抑郁了,我也重新回到了教堂。现在,我还是很想念他,特别是当我一个人的时候,有时会感到非常难过,之后也会重回平静,他一定也希望我能像原来那样好好生活着,我想,也许上帝召回他是有原因的。"

好好生活着,不管发生什么事情。

陈卫红不禁陷入了沉思,脑中千头万绪,却如糨糊一般团在了一起。她想,自己恐惧、惊慌、逃避,但真正在恐惧、在惊慌、在逃避的是什么呢?

一个小球滚到她的脚边,打断了她的思绪。

她回过头,看到远远跑来一个四五岁的娃娃,粉雕玉琢宛如油画中的小天使。她把球捡起来,看着他问道:"你的?"

娃娃站定,点了点头,奶声奶气地回了一句:"是的,女士。"

她稍稍用力,把球丢回给娃娃,那棕色小球在地上飞快地向前滚动,娃娃着急想快些拿到小球,下意识地身子向前冲,但脚没跟上,一下子失了重心,栽倒在地。

陈卫红吃了一惊,立刻站了起来,准备上前两步把娃娃扶起来。没想到那娃娃根本没哭,只在地上躺了一会儿,自己蹬着腿,跌跌撞撞地爬了起来。

"Good Job!(做得好!)"一位年轻的妈妈来到娃娃身边,给自己站起来的娃娃一个拥抱,然后仔细查看他的手上和脚上是否有受伤的地方。

陈卫红上前俯身捡起那个球,来到年轻妈妈的身边。

"谢谢。"年轻妈妈接过小球,引导娃娃也道了一声谢。

陈卫红忍不住赞叹道:"你是个好妈妈。"

年轻妈妈笑了笑,回了一句:"你也是。"

不,我不是……

陈卫红苦笑了一下。

店里来了一个奇怪的客人,一个看起来十分年轻的华裔女子。黑头发黑眼睛,相貌白净,却愁容满面。进门之后就低着头站在一边,假意看着柜台上面装满药材的玻璃罐头。

整个中药店不过几十平方米,四周墙上排排竖着装满药材的柜子,显得更加逼仄。店里多来两个客人的话,似乎转个身就会撞到彼此的肩膀。

店主人边招呼着两个熟客,边警惕地瞥眼看那个女子。

发现自己被店主人盯上后,陈卫红显得更加紧张起来,上前几步,怯怯地排在两人身后,以期阻挡店主人探究的眼神。

前面两位客人买完药,走了。陈卫红慢慢挪到柜台前,余光瞥见两人完全离开后,才抬头看着店主人,小声用中文问道:"请问,有打胎的药吗?"

在美国堕胎是一件非常敏感的事情,看柔斯玛丽的反应就知道了。陈卫红试着问了几个美国朋友有关堕胎手术的问题,大家都讳莫如深,语焉不详。为了不暴露自己怀孕之事,她也不便再深问下去。倒是有个中国留学生建议她去中药店看看,或许会有卖堕胎相关的中草药什么的。所以一大早,趁着人少,她过来碰碰运气。

闻言,店主人先是吃了一惊,后自顾自地喃喃了一句广东方言,对着陈卫红摇了摇头:"我们不能卖这种药的,这是违法的。"

"啊。"陈卫红愣了一下,一时不知所措。

"我们是正规的中药店,都没有的。"店主人叹了口气,指了指墙上挂着的许可证书。"除非是私人医生,从国内带过来的才有。美国关于这种事情管得很严。我们这些中药店前几年他们老美不懂还能做做,现在不行了。他们关于打不打胎争论得厉害,特别是遇到大选的年份,共和党和民主党天天为这事吵。民主党的口号是pro-choice,就是支持妇女自主选择,共和党的口号是pro-life就是保护生命,也就是反对打胎。虽然1973年美国最高法通过了给妇女自主选择的权利,但是在共和党统治的地方,要打胎还是会有麻烦的。"

"哦,这样啊。"陈卫红随口应着话,心中莫名生出一种轻松的感觉,好似一股堵在胸口许久的闷气被化解开来。有个至关重要的决定,犹豫不定时却被告知已经有了唯一的答案一般。这种感觉就好似,当彻夜苦恼天空是什么颜色的时候,有人告诉你那天空必定为蓝色一般。

店主人看到陈卫红表情变化,误会了她心中所想。看她温文尔雅,言谈举止也该是受过良好教育的,心软之下,不由想帮她一把,便关切地问她肚中小孩已经几个月了。

陈卫红不解地望着店主人,没有回答。

"是这样的,医院是可以做堕胎手术的,但要看小孩子的时间。有一个'三阶段标准'。"店主人解释道。

"三阶段标准?"

"对,就是怀孕前三个月,中间三个月,最后三个月,大致这么分。一般前两个阶段的话,美国大部分的州还是可以做堕胎的,但最后一个阶段,因为对妈妈的身体伤害很大,非常危险,所以有些地方是限制的。具体的还是要找医生问清楚。美国医生怕被吊销行医执照,对这种手术也都非常小心的。"

"哦,那我想想吧。"

"小姑娘,你不是被老美骗了吧?"店主人突然问道。

陈卫红一下子没听懂对方的话,原地愣了一会儿,这才反应过来,顿时满脸通红,不住摆手:"没有!没有!不是的!没有的!"

"哦。那你干什么要打掉呢?不要想着自己年轻,这种是大手术,很厉害的,很伤身体的。"店主人将信将疑道,"而且,这种手术也不能进医保,又贵又不安全。"

"呃……"陈卫红一时语塞。

"你要自己想好了。"店主人最后语重心长道,"这可不是去超市买西瓜还是买南瓜的事情,你后面的路还长着呢。"

陈卫红点了点头,感激地道了谢,转身离开了中药店,迎面碰上唐人街的人潮,嘈杂纷繁直接充塞住她的五官六感,一瞬间神经仿佛麻木了,脑中好似千头万绪,又其实一片空白。

她穿过人群,按着本能寻找通往公交车站的路,却中途被十字路口的红灯扣住了脚下的步伐。她抬头盯着红色霓虹跳动的数字,耳边在车水马龙中敏锐地捕捉到一串特别的声音。她转过头,看到街边停靠了一辆小学校车,亮眼的柠檬黄色上画着卡通图案,车窗内参差探出几个毛茸茸的小脑袋。

"我得好好想想。"

她这样跟自己说着话,回头继续看着那个跳动的红色数字,由两位数变成一位数,不停倒计时,犹如在为命运中某个决定的时刻倒计时一般。

柠檬色的校车也在等待,等这个数字由1变成了0,红色变成绿色,出发!

"走吧。"她对自己说。右手环抱住肚子,以一个保护者的姿势,穿过十字路口:"我们一起走吧!"

卸下了一个重担,脚下的步子都轻快了几分,从唐人街到医院的路途也缩短了几分。

陈卫红小心地从公交车上跳下来,快走几步来到医院大楼,上电梯,到病房。推开病房的门,长锈的金属碰撞发出低沉的叫喊,惊醒了床边浅眠的叶敢峰。

"海伦姐,你来啦。"叶敢峰回头看了一眼来人,双手揉了揉酸涩的眼睛,似梦似醒。

"小峰,辛苦你了,又是一夜。"陈卫红上前拍了拍他的背。

叶敢峰摆了摆手,起身往洗手间方向走:"我去洗把脸。"

陈卫红刚在床边坐下,彭金凤手上提着保温壶蹦跳着进到病房里。

"海伦姐,"彭金凤依然活力满满的样子,"我昨天煲了点汤,正好给你补补身子。"

叶敢峰回到病房内,看到彭金凤把壶打开,病房内香味四溢:"哟,好香呀。"

陈卫红把倒出来的第一碗汤塞到叶敢峰手上:"茱莉亚煮的,趁热喝。"

叶敢峰看了一眼彭金凤,笑眯眯地把汤一饮而尽,又大声连夸"好喝"。

彭金凤笑得两眼弯弯,找出一个干净的碗要为陈卫红倒汤,被陈卫红中途截下了:"我自己来。小峰辛苦了一夜,先回去休息休息吧。这里有我,你俩先回去吧。"

"我刚来不累,陪你一起吧。"彭金凤走到陈卫红身边。

"不用,我又不是小孩子要人陪着。"陈卫红开着玩笑,把彭金凤往叶敢峰的方向推了推。

彭金凤犹豫了一下,抬头轻轻扫了一眼叶敢峰,再低头看着陈卫红手中的保温壶。

叶敢峰看着她说:"那我们先去吃个饭吧,正好我饿了。"

陈卫红送两人出了病房,又回到吴大伟病床前,在椅子上坐下,用手摸了摸吴大伟的脸,他面容平静,呼吸平缓,跟平时睡着了一样,好像下一秒他就会睁开眼睛,迷迷糊糊地说着"几点了,要起床了"这般话语。他一向睡得踏实,不像自己睡得浅,刚开始还经常被他笑话"掉根针在地上都能给惊醒"。

想起旧日点滴,她微笑起来,抓住吴大伟的手放在自己的小腹上,人凑近他的耳边,轻轻呢喃道:"这里有我们的宝贝,我们一直很期待的孩子。不管未来会怎么样,只要他健康平安……我,我会努力的,你也是……不要放弃。我们等着你。我们等你。"

好似经过了很长很长的一段旅程,路上总是觉得太累,累得想趴下躺倒,有时他能感觉到身体的疼痛,有的时候则全无知觉。周遭总是断断续续的,有的时候似乎听到了机器运作的声音,有时还有金属碰撞的声音,当然也会有人语声,男人女人,分不清楚。但他好似已经快要抵达旅程目的地,他看到了光,看到了人的身影,听到了人的声音,听到了她的名字,听到她说着有关孩子的事情……

医生为吴大伟做完每日的例行检查后,边在日志上记录边对陈卫红嘱咐了几句,让她多跟病人说说话,激活他的潜意识。

"医生,你说的潜意识具体是什么?如果有一个人处在昏睡状态,他的潜意识还在活动吗?"

医生点了点头,说:"你可以把人的精神想象成一座海上的冰山,浮出水面的部分是我们一般认为的意识,而潜意识就是藏在水底下的冰山,是人最深层的意念活动,能量巨大。即使病人在昏睡的时候,只要生命还存在,潜意识就存在。"

陈卫红有点激动地问:"这么说来,即使病人在昏睡时,我们对他说话,他的潜意识里还是能听进去的啰!"

医生回答道:"是的,多跟他说说话,他的情况在好转,我相信他很快就能清醒过来的。"

"谢谢医生!非常感谢!"陈卫红由衷道。

送走医生,陈卫红坐回床边,对着吴大伟的额头亲了一下,拉着他的手说道:"大伟,我明白你能听见我说话,那你应该已经知道,我们有宝宝了。这几天我都在思想斗争,想着是留还是不留他。现在,我心软了,但我的意志坚定了,这毕竟是你和我爱情的结晶,我们的第一个宝宝。我舍不得,你肯定也舍不得的,对吗?医生说你会很快醒过来,你一定要快点醒过来,醒过来看看我们的漂亮的宝宝呀!你希望是个男孩还是个女孩呢?记得你说过,只要是我生的小孩你都喜欢……你还说,生女孩的话得长得像我才行,不然像你五大三粗将来可麻烦了。但你没听说么?女孩子就是要长得像爸爸,才会有福气呀。男孩子也好,你妈一定开心了。你说我们该给宝宝起个什么名字呢?起中文名还是英文名呢?"

陈卫红对着吴大伟,喋喋不休地、声情并茂地诉说着。柔斯玛丽悄悄地走了进来,立在门边,看着这动人的一幕,眼眶也红了一圈。

"柔斯玛丽!"许久陈卫红才发现门口的人,连忙起身招呼。

柔斯玛丽偷偷抹掉眼角的泪、"上帝保佑!大伟一定会好起来的。"

陈卫红拉住柔斯玛丽的手、"我要告诉你一件事情。"

柔斯玛丽反握着她的手,将自己手心的温暖和力量传递给她、"我在这里。"

陈卫红深吸一口气,语气坚定道:"我决定留下这个孩子,不管将来会发生什么。"

"哦,感谢我的上帝!"柔斯玛丽开心地叫了一声,"这实在是太好了!"

陈卫红含着眼泪,呼应着柔斯玛丽:"感谢上帝。"

"你非常勇敢!我为你感到骄傲!"柔斯玛丽紧紧握住陈卫红的手道,"不用担心,我会帮助你的!"

"谢谢!"陈卫红不住点头。

"太好了!这件事值得庆祝一下!为了孩子庆祝一下!"柔斯玛丽太太脸上因兴奋而泛着绯红色,"我已经替你缴付了驾驶学校的学费,送给你作为礼物,作为迎接宝宝出生的准备。"

"柔斯,你想得太周到了!"陈卫红拥抱着她。

"我把驾驶学校的地址电话给你,你自己跟教练约时间。"柔斯玛丽低头翻看自己的手提袋,找出记事本,两个人坐在病房窗前的椅子上,陈卫红拿出钢笔写下有关信息。

两个人低头商议着学开车的事情,却听到床上有窸窸窣窣的响动,陈卫红一抬头,竟看到病床上的人眯着眼睛呆望着自己,嘴巴微微张开,手脚慢慢移动,似乎要说点什么。

"啊!"陈卫红尖叫一声,一个箭步冲到病床边上,"你醒了!!!"

病床上刚刚清醒的吴大伟依然满脸困惑与不适,但只能从嗓子眼里挤出几个破碎的音符,以作回应。

"医生！护士！他醒了！"陈卫红用力拍打病床上方的紧急按钮，同时对着门外大喊道。

医生和护士匆匆赶到病房内，为苏醒过来的吴大伟检测各种生理指标。

陈卫红抱住吴大伟，喜极而泣。

柔斯玛丽过来搂着陈卫红，安抚似的轻轻拍打着她的后背，口中念念有词："太好了！太好了！他醒了！太好了！"

第18章
这是爱的呼唤

吴大伟出院的那日正值晴天，久违的阳光肆意洒落到了每一个角落，大路两旁的树木贪婪地吸吮着阳光雨露节节拔高，让陈卫红感觉它们似乎比以往高大了几许。就连平时惨白兮兮了无生气的住院部都在阳光照耀下，镀上了金黄的色彩，看上去有了温柔亲近之感。人们的表情也如天气一般，拨云见日喜上眉梢。

时间过得很快，吴大伟的伤情在医生的精心治疗和陈卫红与同学们的爱心陪护下已经逐步好转，就连腿部的康复训练也受到大夫的肯定，医生护士都表扬他是少见的极有毅力的病人，一致认为他已经达到出院标准。因为原先住的学生家属宿舍已退租，柔斯玛丽建议他还是先与卫红一起住到自己家里，再向学校申请复租。

陈卫红开着柔斯玛丽的车子，叶敢峰与彭金凤开了一辆车子，韩伟强开了一辆车带着杨麒麟和蔡卓娅，一行人浩浩荡荡来到医院，倒是让医院感觉有什么重要人物出院似的。

吴大伟早就收拾好行李等着大家，待到真的离开病房跟医生护士挥手说再见时，吴大伟情不自禁地说了一句："我这辈子从来没有这么长的时间悠闲地休息过，真还有点舍不得这里呢！"

"呸呸呸，"陈卫红忙不迭地制止他，"你会不会说话？这辈子都不要再住院了！"

彭金凤也跟着说了一句:"大伟哥,我们中国人的规矩,出院还是要多说吉利话的。"

"我知道我知道,这不是在美国吗,以为隔了太平洋就只能归上帝管了嘛!"因为出院,吴大伟心情大好,就算陈卫红说了两句,也不以为意,反而有了平时不曾有的兴奋劲儿。

但话音刚落,他腰上就吃疼,后面要说的话就变成了一句"啊——"

"看看,医生护士病友都来送你啦,别乱说话了。"陈卫红提醒他。

抬头看向前,为吴大伟治病的医生护士和隔壁病室的病友,都自动地列成一队,笑嘻嘻地看着他们。吴大伟上前向医生护士鞠躬,向病友们挥手,大家都为他鼓掌欢呼。来迎接他的同学们也笑嘻嘻地看着他们夫妻互相扶持走出病房,大家跑上来抢着接过了他们手上背上的大包小包。

"你们像是在游乐园,一点都不像在医院了。"蔡卓娅执意从陈卫红肩上将一个包扯下来自己背上,还即兴发表了观感。

"你看看大家的高兴劲儿!"叶敢峰答道,还用嘴撇了撇陈卫红、吴大伟两人的方向,"他俩多久没这么笑过了!"

的确,自从出事后,已经很久没看到陈卫红舒展的笑脸了,即使知道自己怀孕,增添的也是愁云而非喜悦。吴大伟更不用说了,住院期间,脾气都变暴躁了几分。来轮流值班的同学并不言明,但是大家都感受到他们的情绪,甚至有什么开心的事情都不敢在他们面前流露,生怕勾起这两人的感怀伤情,似乎在他们面临困境之时,有一份其他的喜悦都是不合时宜的。那时,看到陈卫红强颜欢笑的时候却还皱着眉头,时不时地会深深地叹一口气,听着令人揪心。

现在能看到这两个人发自内心的笑容,真是太好了!

柔斯玛丽站在住院部门口,微笑看着这一切。陈卫红和吴大伟向她走来,她热情地张开双臂,一下子抱住了吴大伟说:"欢迎回家!"吴大伟虽然长期处在昏迷状态,但他清楚地知晓,这段时间如果没有柔斯玛丽这个坚强的后盾,陈卫红不可能有如此健康的精神和身体状态,自己的康复也不会如此顺利。他热烈地回抱了柔斯玛丽，真诚地在她耳边亲热地说道："非常感谢您！"

柔斯玛丽眼噙激动的泪水，轻轻拍着吴大伟的后背，像是慈母在告慰儿子：我懂你经历的一切。

陈卫红眼睛红红的，这段时期以来，她掉了不少眼泪。今天，是喜极而泣，带着笑容，眼泪却止不住地流淌。

陈卫红已经考出了一个预备驾照，就是说通过了行车知识笔试，可以在有驾照司机的陪伴下开车了。今天是一个有特殊意义的好日子，柔斯玛丽特意让陈卫红坐在驾驶员位置上开车，自己坐在副驾驶位置上帮助掌控指点，让妻子开车去把丈夫接回家，这该有多开心啊！

"今天大家一起去我家吧，我准备了一个欢迎派对，人多了才热闹啊！"柔斯玛丽面对众人，诚恳地邀请大家。

"好好好！"叶敢峰第一个举手响应，"我们也准备了欢迎派对，东西都还在我车里呢，本来只准备在茉莉亚住所聚聚，柔斯玛丽家里可要大得多了，这太好了，不过要打扰柔斯玛丽了！"

"不打扰不打扰，我就喜欢和年轻人一起玩，我一个人可弄不动一个欢迎仪式啊！"

大家都笑了，几辆车一起向柔斯玛丽家里开去。

柔斯玛丽家里像过节一样热闹开了，客厅的电视里放着喜庆的节目，柔斯玛丽在厨房里忙着准备食物，彭金凤、蔡卓娅在帮忙打下手，陈卫红和吴大伟在整理他们的临时房间，叶敢峰在客厅餐厅里走来走去，与杨麒麟、韩伟强一起挂着那些花花绿绿的彩纸装饰。彭金凤的视线跟着叶敢峰转，时不时地凑过去跟他说几句话。不一会儿，一顿丰盛的晚餐就在美轮美奂的环境里布置停当，柔斯玛丽玩笑似的拿起一只小铃铛晃动起来大声说："Dinner is ready！（吃饭啰！）"大家闻声从各个地方一起坐到餐桌旁。

柔斯玛丽拿出一顶纸做的漂亮尖顶帽子戴到吴大伟头上说："今天，大伟是我们的英雄主角，我们庆祝他康复出院！"

吴大伟摇晃着帽子高兴地说:"我好像只是睡了一觉,怎么就过了那么长时间啊?"

陈卫红激动地说:"真要感谢大家,要不然这三个月,我不知道自己能不能熬过来。"

陈卫红又转向柔斯玛丽说:"也要感谢柔斯玛丽,不是你收留我,我一定是手忙脚乱自顾不暇,哪里能把大伟照顾得这么好呢?大伟也不见得能这么快出院啊。"

柔斯玛丽闻言充满慈爱地笑笑,摆了摆手,又拍了拍陈卫红的后背宽慰她。

"你们每一位都付出那么多,大家拿出最宝贵的时间到医院轮流值班……"大概是真的感触良多,陈卫红的眼眶又微微有些泛红,众人也受她情绪感染,都生出诸多感慨。同学们来自五湖四海中国各地,身上没有半点血缘关系,但是相同的母语相似的境遇,大家在异国他乡互相照顾相濡以沫,让他们积累了比血缘更深、更亲近的感情牵连,这样的同学情谊不正像一个大家庭么?

不过,今天聚会是为了迎接吴大伟康复出院,这么期期艾艾总是有点别扭,叶敢峰看大家逐渐严肃的表情,站起来,指着陈卫红半开玩笑似的说:"今天是奥斯卡颁奖典礼吗?你想感谢每一个人吗?"

大家听了这话一下子笑开了。

陈卫红知道叶敢峰爱开玩笑,顺着他的话说道:"那也没有,我就不怎么感谢你……我就感谢茱莉亚,大伟这段时间喝了很多她熬的汤!"

彭金凤没想到自己会被提到,慌慌张张站起来说:"我,我,我没做什么,那些汤是顺手熬的,我,我……"

有人接嘴道:"对啊,都是给叶敢峰熬的,大伟哥不就是搭便车喝到吗?"

大家似乎都很有默契地"嗳——"了起来。

这几句都是说的中文,但柔斯玛丽似乎也能听懂,随着大家哄笑,眼角的皱纹也都舒展了开来。

"这……"彭金凤一反往常的落落大方,竟被这起哄声羞红了脸。

"哎哎哎,你们怎么瞎说?我可是沾了大伟哥的光啊!"

"哼,到底谁沾谁的光?这几个月你可比大伟哥长胖许多啊!"又一个男声笑着道。

"哦?我想起来了,金凤那时让我帮她找台北市文化局长龙应台的文章,龙应台对上海男人赞不绝口,原来金凤已经是'小妹妹我心有所想'啦!"蔡卓娅装作恍然大悟的样子,边说边唱起了于文华的民歌。

柔斯玛丽听不懂歌词,悄悄问蔡卓娅:"怎么?这首歌唱的是什么?"

"是爱情!我们说他俩是秘密情人!"蔡卓娅大笑着指着叶敢峰和彭金凤用英文说。

"情人?"柔斯玛丽也大笑起来,"这是一件大好事啊,为什么要保守秘密啊?"

众人跟着大笑起来,学着柔斯玛丽的腔调拉长了说:"为什么要保守秘密啊?"

叶敢峰干脆站起来,学着电影《列宁在十月》里的台词和动作说:"我们对无产阶级不保守秘密。"

大家又笑:"茱莉亚天天帮男生煮饭还真值啊,真把我们的帅哥给挑走啦!"

彭金凤这时候终于能够回嘴了:"我煮饭时哪里想这么多啦?他们不会煮,又忙着打工没时间,我反正自己也要吃的,多煮一点有什么关系啦。"

叶敢峰站出来帮彭金凤说话,假装横了一眼其他女生:"台湾来的女生就是比大陆女生好,肯帮助人,没小心眼。"一边说一边还悄悄牵了彭金凤的手。

大家自然是不知道在桌子底下发生的小动作。

吴大伟也表示赞同:"是啊,我们以前也常议论,台湾女同学找对象,从不问人家家里有没有钱,当不当官,只看男生本人强不强,这是她们对自己有信心的表现。"

陈卫红听到吴大伟这么说，有些不高兴了："我什么时候问过你家有没有钱啊？你不要一竿子打翻一船人嘛。"又看过去说叶敢峰，"你这个没良心的小瘪三！茱莉亚的饭你常吃，我煮的饭你吃得少啦？"

其他同学也纷纷应和说："你们真是，要表扬茱莉亚，为什么要批评大陆女生呢？大陆女生跟男生一样要自己打工挣学费，哪来的时间帮别人烧饭呢？台湾比大陆经济起飞得早，人均GDP比大陆高，经济条件好，当然可以不在乎钱啰！现在大陆农村，还有人家要嫁掉女儿才有钱给儿子娶媳妇，这个女孩自己不要钱，她家里也不能不要啊。经济基础决定上层建筑，这个你们总不能忘啊！"

叶敢峰本来只是因自己的经历随口一说，也是一句玩笑话，没想到会引起激烈反响，也没想到吴大伟会应和，这下大家表情更奇怪了，刚进厨房端出烤鸡的柔斯玛丽回来，就看着原本兴致勃勃唱歌的这群年轻人，现在一个个都气鼓鼓的。

"你们怎么啦？"

柔斯玛丽的问话让大家回了神，想起今天来此的目的，女生们也收起不爽的表情："没事没事，开玩笑呢！"

叶敢峰也慌忙下台阶："这烤鸡真的是很香啊！"大家明知道他没话找话，倒也不拆穿，话题一下都转向了烤鸡。

烤鸡端上了桌，被拆散分开，摆上每个人的菜碟之后，大家早已忘记了争论的事情，萦绕鼻尖的只有鸡肉的鲜香和葡萄酒的甜香。

蔡卓娅许是几杯酒下了肚，有些微醺，她把头靠在柔斯玛丽肩上："啊，我有点想家，我很久没抱过我的妈妈了。"

柔斯玛丽道："我也很喜欢有你们在一起，可惜，卫红之后不能和我做伴了。她要回到丈夫身边去了，上帝说丈夫和妻子永远不能分离的。我感到有点难过，我家里要冷清啦。卓娅，你要不要来陪陪我呢？"

蔡卓娅点点头又摇摇头，像是想起来什么似的，突然坐直了身子："我有办法了！"转过头用中文对陈卫红说道，"干脆你就认柔斯玛丽做你的美国妈咪,柔斯玛丽也会高兴有一个中国女儿的!"

"她说什么啦?"柔斯玛丽听到说自己的名字,但又听不懂中文。

"我说让卫红认你当她的美国妈妈!"蔡卓娅又略带犹豫地加了一句,"可以吗?"

陈卫红和柔斯玛丽听了都微微一颤,似乎是一语点醒了梦中人。这两个人一见面就相互喜欢,两人都善解人意,随着相处时日的累积,两个人不断增加了解和信任,越来越多地发现了对方的优点,两人虽相差二十来岁,却似忘年交的闺密,尽管种族、肤色、母语都不尽相同,但是丝毫不影响她俩心灵的沟通呼应。"不识庐山真面目,只缘身在此山中",两人之间的这种缠绵情愫,一经点明,确实感觉如母女之情,实至名归。

"真的?!"柔斯玛丽转头看向陈卫红,"红红,你愿意吗?我要有一个像你这样的中国女儿,我所有的朋友都会羡慕我!"

"我当然愿意!我的美国妈妈!"陈卫红激动地站起来,走到她身边,叫着妈妈一把抱住了她。柔斯玛丽兴奋地站起来,也一把抱住陈卫红。

大家都站起来鼓掌。吴大伟也过去跟她们抱在一起。

"看来今天是双喜临门!不仅大伟哥出院,还有母女相认的感人桥段!来来来,更应该干杯庆贺了!"叶敢峰站起来吆喝着,大家也纷纷站起来,"干杯!干杯!"

"今天何止双喜,"杨麒麟接话道,"这不还有你和茱莉亚这一喜么!你俩在一起,大伟哥也算是半个月老了,你俩不敬敬酒?"

叶敢峰今天没有想到,说什么事情都会绕到自己身上,于是拉着彭金凤一起站起来,假模假式地敬了敬吴大伟。吴大伟还不能喝酒,就以饮料代了酒。虽说西医并没这些规定,但是大家骨子里对中医的信任还是让他们小心谨慎,特别是陈卫红,更是监督得紧。

"来来来,我们今天借了柔斯玛丽的宝地,大家这么开心,喝了这么好的酒,我觉得我们要一起敬敬柔斯玛丽,也要祝福她们成为跨国母女!"大家一起吆喝着向柔斯玛丽敬酒。陈卫红坐在美国妈妈身边,用英文翻译着大家说了什么,特别是告诉柔斯玛丽,"敬酒"在中国文化中代表了尊敬和祝福。

柔斯玛丽又开心又感动,笑嘻嘻地和大家都碰了杯,一仰头喝下了杯中所有的美酒。大家一看,也全都喝干了自己杯中的酒。

"这喝酒,我们也要喝出新意,我们现场一对夫妻一对情人,我们直接来个有情人的喝法,海伦姐和大伟哥、叶敢峰和茱莉亚,你们该向美国妈妈演示一下我们的交杯酒怎么喝!"韩伟强和杨麒麟又起哄吆喝第二轮喝酒。

大家都笑起来了,叫着"好好好",陈卫红看提到了自己,也没来得及向柔斯玛丽翻译,就被拉了起来。

柔斯玛丽虽不明白,但也猜到了八九,跟着鼓起掌来。

"我们先来,给你们做个示范!"吴大伟的男子汉气概激发了起来,他杯里虽装着可乐,但他拉着陈卫红,两人手臂缠绕喝起了交杯酒,喝完,指着叶敢峰和彭金凤说:"该你们的啦!"

"我们就我们!"叶敢峰大方地过去搂着彭金凤,大家七手八脚给他俩的酒杯倒满酒,叶敢峰问彭金凤:"你还能喝吗?喝不掉我帮你喝。"彭金凤点点头说:"不怕!"

叶敢峰对着彭金凤说:"这里是美国,谁怕谁啊?我们表演给他们看看!"又回头对吴大伟说,"你们喝的是小交杯,我从国内学了个大交杯,来,我们喝!"叶敢峰拿酒杯的手搂住彭金凤的脖子绕了一圈,把酒放在自己唇边喝了下去。彭金凤虽然脸上红红的,但大概是有几分酒意,不似清醒之时那么害羞,也照着他的样子,搂住叶敢峰脖子绕一圈,一口喝干了酒,大家齐声叫好,笑着鼓起掌来。

玛丽妈妈也和年轻人似的,使劲拍着手,其余剩下的同学们也是自己找了伴儿,开着玩笑学着喝了交杯酒,到最后,大家也不知道几大瓶葡萄酒是怎么喝下去的,就记得这天的酒特别好喝,人儿特别好看,自己特别快乐。

第19章
随时可以为你疯狂

吴大伟康复出院后随即恢复了学籍,陈卫红当时为了照顾他也不得不休学,现在两个人一起复学,便去申请了学校提供的住房。在柔斯玛丽家住了一个星期之后,他们搬回了学生家属宿舍。搬家那天,他们既欢喜又不舍,欢喜的是又拥有了自己的两人世界小天地,不舍的是柔斯玛丽的慈母亲情。

回家第一夜,吴大伟不老实了。晚饭后他看书就有点心不在焉,一过了九点钟,他少有地自觉洗了澡,然后就催着陈卫红快快洗漱。卫红看他有故伎重演的态势,先是逗着他说:"你不是天天要秉烛夜读的吗?今天怎么想偷懒啦?"吴大伟温柔地瞟了她一眼说:"你老公是怎么样的人你还不知道吗?快点啦,还磨蹭什么?"陈卫红故意说:"什么样的人嘛?你说来听听!"吴大伟说:"一个正常的男人!"陈卫红说:"恭喜你,恢复正常了!"吴大伟说:"还需要你来检验一下!"陈卫红说:"不需要了,免检通过。"吴大伟跑上去一把抱住她说:"全世界只有你一个人有资格检验,你怎么能推卸责任呢?"说着,就吻住了她替她宽衣解带。陈卫红叫了起来:"哎呀,你不看看我现在是什么情况?我的肚子都大起来啦,你不怕压着你的宝宝?"吴大伟不管不顾地抱着她上床,一边说:"我就是要好好看看嘛,看看我的老婆,看看我的孩子!"

吴大伟彻底康复满血复活,两个人一起复学回到课堂。荒废了一个学期,夫妻俩咬牙要在夏季学期赶上去修完硕士学分。好在两个人都是学霸,都有好的学习方法,你追我赶,谁也不甘落后。到夏季学期结束时,两人都获得了硕士学位,同时,也都得到了加州硅谷的工作职位。

要离开学习生活了四五年的地方,要离开真心宠爱自己的美国妈妈,心里实在不舍。这个民风淳朴生活节奏缓慢的俄勒冈州,是美国少有的一边走路一边"still can smell roses(仍然可以闻闻玫瑰花香)"的地方。陈卫红和吴大伟把这里当作自己的第二故乡,柔斯玛丽就是手把手心对心地教会他们美国生活常识的慈母,还有那么多与人为善诲人不倦的教授和老师。徐志摩留学英国剑桥大学后曾自述:"我的眼是康桥教我睁的,我的求知欲是康桥给我拨动的,我的自我意识是康桥给我胚胎的。"陈卫红和吴大伟对此感同身受,现在,他们也要像徐志摩那样:"轻轻的我走了,正如我轻轻的来;我轻轻的招手,作别西天的云彩。"他们要向这个地方、这座大学城说再见了。

最不舍的当然是柔斯玛丽了,陈卫红吴大伟已经把她的家当作自己在美国的娘家。临走前一天,两人把带不走的书籍都搬到柔斯玛丽家里来,柔斯玛丽专门腾空一个书柜给他们放书,她看着他俩喃喃自语:"This house will never be the same."(这里再也不会像你们住着的时候那样热闹了。)又说:"你们的房间我都给你们留着,你们随时可以回来住住。"想一下又补充说道,"我也不想再让国际学生住进来了,即使有外国学生来,也不找中国学生,这样就没有人能看懂你们留下的东西,你们可以永远保留自己的隐私。"听得陈卫红只想落泪。

吴大伟在帮柔斯玛丽清洗汽车,又去整理了后院的小菜地,陈卫红虽然挺着大肚子,还是缓缓地用吸尘器吸清了全屋地毯,擦净桌椅。这些活儿平时柔斯玛丽都不让她插手干的,今天任由他俩在家里做主整理,她自己则躲在房间里翻箱倒柜。半晌,她红着眼睛出来,捧出了几个小盒子。她招呼陈卫红一起坐到沙发上,把小盒子里的宝贝一一拿出来。这里有她母亲传给她的珠宝戒指,黑珍珠和黄金项链各一条,还有几条印第安人的花花绿绿的珠珠项链,以及印第安人镶嵌珠宝的腰带襻扣。陈卫红愣愣看着她,不知道她要干啥。柔斯玛丽说:"这些东西放在我这里没什么用,你们带去吧。"陈卫红说:"妈,这些东西太贵重了,您自己留着吧!"柔斯玛丽说:"你们带去吧,加州比这里讲究,上班还有着装规范,什么场合穿什么衣服,什么衣服配什么耳环项链都要搭配好的,你带着也许还能派上用场。我知道,将来你们的生活会比我好得多,你们是前途无量的。"又说,"美国就是由移民组成的国家,新移民有闯劲要创造新生活,你们又是有高学历掌握高科技的年轻人,你们肯定要比我们强。"陈卫红恭敬不如从命,只好把这些宝贝收起放好。

  第二天一早,柔斯玛丽开车把他们送到机场。吴大伟车祸后,柔斯玛丽让陈卫红开自己的车子,之后他俩又住在学校附近,就没有买车,想好了到加州安家后再买。他们挥手告别,约好等陈卫红生下孩子后,柔斯玛丽就飞过去看他们。

  飞机停在旧金山,出了机舱,他俩跟着人流到了提取行李处。眼看着转盘一圈圈地转,就是不见自己的行李出来。陈卫红心里着急,她把柔斯玛丽送给她的项链戒指等都藏在箱子深处并锁住了箱子,以为可以安全无忧。她吃力地挺着大肚子伸长脖子站着张望,吴大伟见状,赶紧找来一辆手推车让她坐下,自己推着车子到问讯处查问。不一会儿,两个穿制服的机场工作人员走了过来,一个手里提着一个旧箱子,一个提着一个新箱子,问他们是否是那个旧箱子的主人。陈卫红站起来一看,正是自己的箱子,但是箱子正中戳了一个洞,箱子里的东西有点散乱,她慌了神,打开箱子查看是否缺失了什么。吴大伟正想发作说他们几句,穿制服的人员连连道歉,说是工人从机舱里把行李取出时,操作失误钩住了箱子致使箱子破损,按照机场规定,赔偿一个崭新的箱子,如果还有意见,可以再向机场投诉。这可大大出乎他们的意料,想到那个旧箱子还是来美国时在国内买的,已经用了多年,现在赔偿一个新的箱子,而且仔细查看下来,箱子里陈卫红最珍爱的日记本啊,珠宝啊,统统都在,他们就没有再说什么,只是把旧箱子里的东西转移到新箱子里,快快出了机场。

  叶敢峰和彭金凤在接机口等得心焦,听到还有这个新旧箱子的故事,叶敢峰笑着说:"我们中国人都是跟国内的服务比较,觉得他们已经做得不错了,要是碰到老美,肯定没有这么善罢甘休的。"说着话找到了自己的车子,带着老朋友到自己家里。叶敢峰和彭金凤转专业早,中间又没有耽搁,早半年毕业到了硅谷,现在两人都有了稳定的工作,过起了小两口的幸福生活。他俩把吴大伟夫妇接到家里暂住,一边帮着他们在工作地附近找房子。好友小别重逢,说不完的心里话。彭金凤拽着陈卫红说悄悄话,话题总离不开她与叶敢峰的恩恩爱爱。

叶敢峰和彭金凤转学计算机拿到了硕士学位,双双来到了硅谷。他们理所当然地合租房子同居了。两个人天天忙着在新的城市安顿下来,到了休息日总算都是自己的时间了。彭金凤提议说:"我们抽时间去市政厅登记一下吧。"叶敢峰说:"你知道结婚登记有三道关吗?我们一道道来吧!"彭金凤问:"哪三道关?"叶敢峰说:"你跟着我做就是了,今天我们先过第一道关!"彭金凤知道他爱开玩笑爱搞怪,瞪了他一眼说:"我看你还能搞出点什么花样来?"

吃饭是第一大事,他们从华人超市买了菜回来,彭金凤清洗,叶敢峰快速变戏法似的就出来了四菜一汤:油爆虾、糖醋排骨、番茄炒蛋、红烧甩水(鱼尾),加上紫菜虾皮汤。电饭煲里同时焖熟了米饭,吃得彭金凤眯眯笑。叶敢峰说:"读书的时候我忙着打工赚学费,都是你做饭给我吃,现在我还给你,今后做饭的事情就我包下了。"彭金凤说:"那我不要吃成个大胖子?这样好了,以后谁先下班就谁烧,公平合理老少无欺。"

吃饭问题达成协议,洗漱过后就该上床了。这次是叶敢峰提议:"结婚第一道程序是:夫妻互认。"彭金凤说:"难道我俩还不认识?"叶敢峰说:"认识得不够彻底。"彭金凤问:"你还要怎么样?"叶敢峰说:"中国古训说要脱衣见夫,你要让我仔细端详!"虽说两人早已亲密无间,但那都是暗夜中被窝里的事情,现在要在灯光灼灼中脱下衣衫,彭金凤还是有点害羞。她假装听不懂不予配合,叶敢峰过来逗她说:"你还算是在美国留过学的女人吗?我来跳脱衣舞给你看!"说罢他放出音乐来,一边跟着音乐节奏舞动身躯绕着彭金凤转悠,一边贼兮兮地看着她,自己先慢慢地脱下身上的牛仔裤T恤衫,只剩下一条紧身内裤。正值热血年华,春情恣意,两人黏合在一起狂舞,直至高潮泄洪精疲力竭,方始双双倒地酣睡。

"我们夫妻互认了,现在可以去登记结婚,这是第二道法律上承认。最后一道,是要父母亲友认可,为什么要大办宴席招待亲戚朋友呢?就是让大家认可啊。"叶敢峰说起来又是一套一套的。

"可是我们的父母都不在美国啊!"彭金凤认真地说。

"那没有关系的,我们可以请父母来美国玩玩,也可以回到国内去办酒席啊。"叶敢峰似乎胸有成竹。

"我姐姐在美国,她就可以代表我家亲友啦,我不是已经带你去她家玩过好几次了吗?姐姐姐夫都对你印象超好的。我们刚刚工作,马上请假回去也不现实,要不,我们请你爸妈来美国看看吧?"彭金凤主动提出邀请。

叶敢峰正中下怀。他很想让爸妈来美国,可是又觉得还没有在美国站稳脚跟有点犹豫,彭金凤帮他做出了决定。

两人在市政厅登记结婚,夫妻都有稳定的工作收入,邀请父母来美国探亲旅游,很快就得到签证。叶敢峰的父母开开心心地来到美国,彭金凤晨昏定省,恭恭敬敬孝敬公婆。一到节假日,两口子带着老人到金门大桥、渔人码头、九曲花街、艺术宫、双子峰,一个个地参观游览,拍了许许多多照片。叶母感叹:"我这辈子拍的照片都没有这次多啊,回去让同事邻居看得都要眼馋了!"父亲关照儿子:"金凤比肖梅强多了,她是甘愿与你同甘共苦一辈子的女人,你可要好好待伊,要有上海男人的腔调!"叶敢峰回答:"我老早就心里有数了!"

两位老人还没有退休,他们待不住了,吵着要回去上班,说等媳妇怀孕生产时,再过来帮着带孙子孙女。彭金凤又问清了亲戚朋友邻居各人特点喜好,买了一大堆礼物,老人风风光光地带着大包小包打道回府了。

彭金凤絮絮叨叨地跟陈卫红说了这半年的许多故事,当然也省略了好多细节。

第20章
女儿小晨茜诞生

加州旭日当空，朝日暖阳下的城市五光十色，连人的感觉器官都变得格外通透。陈卫红忍不住深吸口气，似乎想将加州的阳光统统装入身体里面。

令陈卫红同样印象深刻的，除了加州艳阳，还有加州人口的多种多样。这里好像是全世界种族的陈列馆，来自各个国家各个种族的人们和平相处。加州尤其是硅谷，吸引着全世界的人才精英，只要你有一技之长，都可以在这里找到人生出彩的机会，过着你想要的惬意生活。

陈卫红和吴大伟来到硅谷就职，正是互联网公司方兴未艾之时，到处都需要懂业务的人，他们两位年轻的专业硕士十分抢手。美国职场规定不能有性别、种族、年龄及宗教信仰等歧视，陈卫红虽然挺着大肚子，并不影响她正常入职上班工作。两人选择了两家不同的公司，过起了朝九晚五的职场小白领生活。与俄勒冈州的低收入低开支相比，这里有三十来美金每小时的起薪工资，还有留住人才的公司股份奖励计划，两人心满意足，全身心地投入到公司业务中。

他俩在叶敢峰夫妇的帮助下，很快地租好房子买了车子安顿好了生活。考虑到一个小生命即将诞生，他们租了两房一厅的公寓，并为陈卫红父母办好了来美国探亲的各种手续。

陈启帆和魏晓楠都来过美国参加国际会议，又有很好的英文，这次女儿女婿做经济担保邀请他们来探亲，签证办得很顺利，按照预想的计划，正好赶在陈卫红预产期一周前抵达了。

亲人相见的期盼和兴奋，令陈卫红精神大振，不管吴大伟怎么劝说，她一定要亲自去机场迎接父母。四年了，时间过得真快，当年还是依偎在父母身边的娇娇女，现在自己也要成为母亲了。当老两口推着行李车出现在接机口时，陈卫红忍不住冲上去拥抱父母，吴大伟紧张地张开手臂跟在后面保护她，仿佛可以随时接住无法保持平衡的妻子；推着车子走来的陈启帆和魏晓楠也不得不丢下车子，快步过来双双抱住了女儿，一家人热泪盈眶，拥抱着搀扶着走到了停车场。

四年来虽然书信不断，也常常通个电话，但总是百闻不如一见，相互有讲不完的知心话。这几年国内变化惊人，陈卫红听着爸妈讲学校和熟人的情况，感觉比看电影电视剧还生动呢。有爸妈做伴，待产的日子就过得顺利快速多了。

不知是否因为陈卫红怀孕后就没有消停过，虽然是头胎，生产过程并没有拖延太久。晚餐时陈卫红只觉得下身突然有一股热乎乎的水流冲出来，倒是并没有什么难受。她悄悄告诉了母亲，魏晓楠把筷子一放说："羊水破了，要马上去医院！"吴大伟急急地去发动车子准备出发，陈启帆收拾必需品装包，爸妈搀扶着女儿上车，一家人直奔医院。

陈卫红躺到了医院产床上，医生护士一听是头胎，都面带笑容说不着急，还需要很长时间才能打开产门的。陈卫红只觉得肚子痛，而且间隔时间越来越短，疼痛一阵紧过一阵，隐隐约约听到护士在一旁嘀咕："开了一指""开了两指"，感觉痛得要昏迷过去了，产科医生鼓励她："用力，用力，再用力！"又说，"你可以哭呀叫呀！"迷糊中她想到母亲常常说的话："人生中的许多事情，没有人能够代替你自己受苦受累受罪，比如说高考，比如说生孩子。"对的，她知道，这件事情再痛再难，也只有自己扛下来。她没有哭，也没有喊，只是遵照医生的指导，随着阵阵宫缩一阵阵地用力。痛啊，痛，痛到实在受不了的时候，扑通一声，孩子就离开了娘胎，呱呱坠地了。

整个过程吴大伟一直陪在身边，他涨红了脸不断自责，感觉似乎比产妇还要痛苦。陈启帆和魏晓楠在产房外面也是一夜未合眼，心吊到了嗓子眼上。当黎明的曙光照亮窗户，日光盖过灯光洒满产房时，护士笑嘻嘻地把小宝贝抱了出来，一边嚷着："好一个可爱的女孩啊！"宣告成功顺产，母女平安。

产床上的陈卫红已经大汗淋漓，仿佛刚从水中拉出来一样，吴大伟没有先去看在医生手里清理的孩子，而是把陈卫红拉到自己怀里。

"谢谢老婆！"说罢还在她额头上重重亲了一口。

陈卫红有些恍惚，脸上的泪水不知道是因为用力过猛，还是因为新生命诞生的喜悦，躺在吴大伟的怀抱里让她感受到踏实温馨。

"宝宝呢？"她累了，但还是挤出了几个字。

吴大伟忙回答："来了，护士在帮她擦身子呢，马上来了。"护士小姐抱着还在啼哭的婴儿放到了陈卫红身旁。说来奇怪，本来哇哇大哭的孩子，在母亲身边就不再哭叫，兴许真是血缘的奇妙关系吧，甚至在看到母亲后还咧了咧小嘴——不知道是不是人类初始的笑容了。陈卫红看着安静下来的女儿，明显松弛了神经，仿佛一场鏖战已经获胜，脸上镀上了一层母性的光辉。而初为人父的吴大伟则显得有点木讷，好像是在油面下的沸水，看似波澜不惊，内心却有着巨大的不安和兴奋，这是自己的孩子啊——自己的基因、自己的信息就以这样的方式遗传到这个孩子身上，这是生命的奇迹呀！

护士还是抱走了小婴儿——需要更多的检查，之后会按时给陈卫红送来喂奶。因为是顺产，医生说明天就可以出院了。

陈启帆、魏晓楠还没有来得及好好看看自己的小外孙女，就看着医生把小贝贝送进了育婴房。还好，黑头发黑眼睛的小人儿在这里显得尤为突出，也就不用担心抱错之类的问题。只是，医生说明天就可以出院，两位教授只道是自己听错了，哪有生孩子只住院一天的呢？

第二天一早，果然就来了一位护士，推着一张轮椅进来。魏晓楠先在轮椅上放了个垫子，再把陈卫红扶上去坐下，嘴上还不停跟她确认坐得是不是舒服。陈卫红一一应了。

吴大伟推着陈卫红，护士抱着婴儿，前后离开了产房，去楼下做出院前的最后检查，留下陈家父母收拾行装。

房内仅留下老伴儿时，魏晓楠忍不住跟陈启帆抱怨道："今天就要出院，怎么就住一天医院，万一身体有地方不舒服怎么办呀？"

陈启帆将皮箱子打开，将魏晓楠递过来的衣物放入其中："医生不是检查过红红身体了吗？各项指标都正常的，出院也没关系的。"

"他们是不是心疼住院费呀？"魏晓楠问道。

"应该不是，这种钱怎么省得来的？大伟还是拎得清的。"陈启帆一下子就听懂了她话里的话，怕为了省钱自己女儿吃苦。

魏晓楠叹了口气，无奈地点了点头："我还是有点不放心。昨天吃药的时候，他们直接拿冷的水给红红喝。"

"红红不是说了，美国这边都是这样的，生孩子又不是生病，都是生完孩子就出院的，顺产一天，剖宫产也只住院三天。而且老美相信月子喝冷的水有利于子宫收缩，肚子收缩得快嘛。"

"我听到的呀，但从小喝热水喝惯的，一下子灌冷水进去，身体怎么吃得消呢？"道理魏晓楠其实都明白，只是心疼女儿，忍不住就挑剔起来。

陈启帆起身，安慰地拍了拍她的后背："儿孙自有儿孙福，入乡随俗嘛，你就不要担心这担心那的了。"

最后魏晓楠只能点头松口："好了，我知道了。"

陈卫红在医院只待了一天，小贝贝一出生就打了肝炎预防针，还规定了每隔多久要去医院完成诸如对破伤风、轮状病毒、肺炎球菌、小儿麻痹症等等的防疫针。陈启帆还问了一句："怎么不打天花疫苗呢？"吴大伟被老丈人一提醒，急急地跑去问医生，医生笑着说："美国在1972年就全部消灭了天花，所以不必注射天花疫苗。"陈启帆这才放了心。魏晓楠从国内买了全套的婴儿衣裳被褥带过来，现在宝宝全身崭新的衣衫毛毯，被包裹得喜气洋洋地回家喽，她一路熟睡在了陈启帆的臂弯里，其他人抢都抢不走。

孩子的取名成了全家关注的焦点，还是刚成为外公的陈启帆有些准备，

第20章　女儿小晨茜诞生

他掏出从国内带过来的《新华字典》，乐呵呵地说："你妈之前还怪我瞎带东西，你看，现在不用上了吗？"一家四口就围在一起研究叫什么名字最合适。

在宝贝出生的第二天，柔斯玛丽开了八九个小时的车子从俄勒冈州赶过来了。她喜不自禁简直乐开了花，早就在心里为小贝贝的名字打好了腹稿。两代父母四个大学教师一致同意柔斯玛丽给小贝贝取的英文名Cynthia（辛西娅），就是希腊神话中的月亮女神，因为小贝贝是在凌晨出生的，也算是伴月而生吧。不知道是不是柔斯玛丽的取名给了他们什么灵感，陈启帆一家四个人下面的讨论完全围绕着时间元素了，吴大伟循着这个思路提出了方案。

"就叫晨茜吧，晨正好是凌晨，茜又美好又有生命力，还包含着一个西字，希望她在西方新世界充满生命力地成长吧！"

陈启帆和魏晓楠听闻，觉得挺有深意，陈卫红念了几遍，也觉得这个名字很美好，最后就全票通过了。

不过吴大伟有自己没说出的心思，晨也是陈卫红姓氏的同音，茜还有红色的意思，所以在女儿的名字里悄悄暗藏了陈卫红的名字。这个名字其实他也考虑了很久，只不过今天才有一个机会不着痕迹地说出来。

也不知道在害羞什么，似乎不能大胆地在丈人丈母娘面前表达自己对陈卫红的感情——恋爱的时候这样，结婚了还是这样，明明没少看陈启帆和魏晓楠的恩爱秀，但到自己这边就还是含蓄一点，自己的小心思只能悄悄藏着呢。

"亲爱的吴晨茜小同学，快点长大和我一起爱妈妈吧！"吴大伟看着怀里熟睡的女儿，把自己的心思融入催眠曲中，歌声围绕着那个酣睡的小人儿，吴大伟盛满温柔的目光落在了另一个刚喂完奶睡着的人身上。

柔丝玛丽是听到陈卫红生产的消息火速赶过来的。因为租住的房子不大，家里住不下，吴大伟替她在宾馆订了房间，还一个劲地表示抱歉。柔丝玛丽笑着说："你倒是这么快就学会了美国的习俗啦，我们这里父母去看望子女，都是另外租宾馆住的。一来可以不去打扰子女的正常生活规律，二来也是两代人生活习惯不同，留一点小空间，大家都自由方便呢。"

　　柔丝玛丽只住了三天就又赶回去了。她说有需要时她会随时赶过来，家里那边还有许多事情等着她去做：有几位孤寡老人朋友住在护理院里，她每周要抽时间去接她们出来到餐馆里吃顿饭，陪她们聊聊天。还有，她常去的教堂要搬迁新址了，他们一批教友要集体去新址踏勘帮忙布置。还有，她有好几天的报纸都没来得及看，要回去补课。陈卫红知道她永远是忙碌的，就笑着送别这位美国妈妈了。

　　这边的中国妈妈管着她。

　　"啊哟，怎么又一个人下床来了。"

　　陈卫红还没来得及回过头来，身体就被一双手结结实实地搀住了。"妈，我没事的。这里不讲究坐月子的，反而提倡孕妇早点下地活动，早活动早恢复。"

　　魏晓楠手上没放："美国的风气我也是知道一点的，但你也不能一个人的时候乱来嘛，下地活动的时候旁边总是要有个人陪着的呀。"

　　"我哪里是乱来了？"陈卫红哭笑不得，只能在母亲的搀扶下回到床上躺下。

　　魏晓楠一边给女儿盖被子一边嘱咐道："之后要起身一定要喊我或者你爸，知道吗？"

　　"知道了，知道了。"陈卫红嘴上不耐烦道，心里还是暖暖的，看到魏晓楠回头关窗的举动，也没有再多说什么。

　　中国人坐月子讲究保暖不能吹风，不能洗澡洗头，不能喝冷水吃冷食。当初生陈卫红的时候，外婆家里让魏晓楠稳稳地在床上躺了30天，每天猛灌营养，不能提重物不能这不能那的，魏晓楠胖了一圈。现在她升级当外婆了，也照着老辈的样子来管住女儿坐月子。而美国妇女根本没有这些讲究，许多年轻的母亲生完孩子最多在床上躺一天，接下来就抱着孩子到处向人炫耀了，洗头洗澡一如往常，冰激凌冷饮照吃不误，之后也没有听说有什么后遗症。

陈卫红早就听美国朋友们说过这些故事,也没有太把坐月子当回事。但现在爸妈在这里,陈卫红更像是父母膝下的孩子,只能乖乖听话了。平时的家务事爸妈没让她再沾过手,除了喂奶,就连哄宝宝睡觉的事也被分担了。陈启帆又心疼妻子,于是在吴大伟上班的时候,宝宝就像长在陈启帆手里似的,完全不用家里两个女人上手。

"爸,现在小朋友不能这么养的,你们把她养得这么娇气,你们回国后我可要做她规矩的!"陈卫红看父亲这么宝贝小晨茜,就连睡觉都迁就她,也不知道该怎么办。小晨茜喜欢在外公肚皮上睡觉,大概是因为那里可以听到心脏的跳动韵律,陈启帆就随她在自己肚皮上躺着睡,特别是午后,常常两个人一起睡着,然后陈启帆睡醒后拿着一本书,小心翼翼避开怀中的小宝贝,有一搭没一搭看着书等她醒来。除了喂奶这种无法代替的活,陈卫红的主要任务就是陪小晨茜玩,看她可可爱爱不哭不闹的样子,一旦哭起来,陈启帆立刻像是条件反射一般,抢在女儿前面去看发生了什么。

"当初带你的时候,我以为你爸已经够宠你了,连你爷爷奶奶都觉得太惯着你了,没想到现在他对晨茜更胜一等。真是长江后浪推前浪,一浪更比一浪高啊!"魏晓楠看着忙碌中的陈启帆不胜感慨。

"那我是不是应该吃醋啦?"陈卫红撒娇似的往自己母亲身上靠去,"妈,你们不能再多待一段时间吗?我感觉你们走了以后我都应付不过来呢。"

"傻孩子,父母怎么可能在你身边一辈子呢?这次出来两个月已经不容易了,小晨茜这么乖没有问题的。"

"还不是我爸,把小晨茜宠得太厉害了!"陈卫红为了掩饰自己情绪的波动,故意朝着走过来的陈启帆撒气。

"哈哈哈哈哈哈哈,我觉得我宠了你,你不是挺好的吗?"陈启帆听着这样的"夸奖",反而特别高兴。

"红红,从小到大,你都遇事不慌的,我们老家谚语说船到桥头自会直,你来美国这几年,大事情都处理得当,我们不担心你。就是你要照顾好自己的身体,不要透支体力。听大伟说,她妈妈之后也会来美国帮你们的……"

"好啦好啦,放心吧,没事的。"陈卫红压住了涌出的眼泪,止住了话头。

吴大伟下班回家,一进门便跑到育儿床边,看看熟睡中的女儿,摸摸她粉嫩粉嫩的小脸,脸上满是初为人父的傻笑。

被他的表情逗笑,陈卫红轻轻拍了拍吴大伟的肩膀:"你这么爱女儿,从外面回家要先洗手再去抱她呀!"

吴大伟抓住陈卫红的手放到自己嘴边吻着,眼神温柔:"知道啦,女儿和老婆都是最爱干净的。"

不想到来的日子会来得更快,就像小时候盼望过年,期待的日子反而感觉来得更慢一样。时间直线向前流走,转眼便是离别之日。陈卫红抱着吴晨茜站在公寓窗口,目送吴大伟开车送父母去机场。爸爸妈妈上车前,仰起头来,向楼上的陈卫红招了招手。魏晓楠还举着双手做了一个往回赶的动作,嘴唇动了动似乎喊了一句嘱咐的话语。即使相隔甚远,陈卫红都能猜到她一定是又在说"快点回去躺着""不要吹风着凉了"之类。今日这一别又不知何时能再见,心里没底,眼睛也跟着水润起来。她马上吸了吸鼻子,不让下面的父母看出来,掩饰一般大力地挥了挥手。

不知道是不是因为产后激素的影响,或者只是因为与父母离别的情绪,等吴大伟送别岳父岳母登机后回家,陈卫红竟然大哭了一场,别说小晨茜,就连吴大伟也结结实实被吓了一跳。

"红红,我会好好照顾你和女儿的,放心吧!"吴大伟搂着妻子抱着女儿发出了誓言。

第21章
婆婆来了

很快，夫妻俩就习惯了独自带孩子的节奏。小晨茜100天的时候，夫妻俩还模仿国内那样，为她办了个抓阄仪式，请了相熟的好友，在床上放了一些好玩的、好吃的，有琴棋书画，纸张笔墨，糖果点心，还有吴大伟的键盘、美元和人民币，大家逗着小晨茜在一堆花花绿绿的东西中挑选。陈卫红抱着晨茜，任由她的小手指这指那，小家伙的头转来转去看花了眼，最后她竟然伸手去抓住了一支彩色的圆珠笔。

"我们家晨茜会是做学问的人！"吴大伟一声欢呼，一把抱过女儿，开心地在她脸上亲了一口。

"大伟哥，用笔做的事情可多了，你怎么就一下子变成做学问的呢？"叶敢峰故意逗他。

"做学问可不就拿着笔吗？"吴大伟解释道。

"这可有点牵强吧……"叶敢峰还在装傻。

"小峰，你别问了，要做学问的不是小晨茜，是他自己呢！"陈卫红帮女儿擦掉脸上的口水，笑嘻嘻地回答。转过头又说吴大伟："小朋友你不要亲她嘴巴附近呀，不要传染什么细菌给她！"

看来吴大伟是太高兴了，一点都没有反驳，只是一迭连声地说"好好好"。

其实这100天的抓阄不仅仅是为小晨茜，也是为陈卫红的全职妈妈生涯做的一个结业仪式。陈卫红分娩前虽然只上了一个来月的班,但因为她领悟能力强,学新东西快,又善解人意,公司很认可她。孩子满月后,公司就不断来电话催她回去上班。美国公司可以有几天带薪产假,之后就发80%的工资。拿着工资不做事,陈卫红觉得有点不好意思,加上互联网事业日新月异,发展之快令人瞠目结舌,好强的陈卫红也担心离职太久会落伍。吴大伟同意妻子的想法,夫妻俩只是担忧上班之后小晨茜怎么办,商量的结果就是让吴大伟的母亲尽快过来帮忙。

替陈卫红的父母做过来美签证,已经有了经验,很快办妥了各种手续。正好有一位朋友要回美国,吴大伟请他帮忙,带着母亲万招娣来到了旧金山。

吴大伟去机场接回母亲,陈卫红带着女儿在家里等他们回来。

晨茜宝宝很乖,很安静,只有在肚子饿的时候会哭得特别大声,平常的时候只是喜欢瞪着大大圆圆的眼睛好奇地张望着周围的世界,尤其喜欢彩色的东西,听到铃铛或者钥匙上金属碰撞的声音会被逗笑,发出一串咯咯的笑声。陈卫红跟宝宝玩了一会儿,喂她吃了一次奶。

小东西吃饱了就犯困,眼皮子一眨一眨的,粉色的舌头吐在外面,间歇还咂巴咂巴嘴。陈卫红用手帕擦掉了吴晨茜嘴角的口水和奶汁,把她抱到怀里,头枕在自己的肩膀上,一手轻轻拍着她的后背,边哼着悠长的安眠曲。没过多久,吴晨茜就沉沉睡去了。陈卫红抱着睡着的宝宝在房间里面走了一圈,确定她睡熟了之后,才轻手轻脚地将她放到了婴儿床上。给宝宝掖好被角,猛一起身,突然觉得身下一股暖流,小腹竟剧烈疼痛起来。

陈卫红连忙转身进了卫生间,看到下身在滴血。这是生完孩子后头一次见红来月经,肚子痛得钻心。她从柜子里翻出卫生巾垫上,捂着肚子慢慢躺到床上,昏昏睡去。迷糊中她想起医生的嘱咐,产后来月经,意味着子宫已经恢复功能,倘若有夫妻房事,很可能又会怀孕的。

下午日头偏西时分,吴大伟接了母亲回来。躺在床上静养的陈卫红一听到门口的声响,便推开被子起身迎了出来。

跟着吴大伟进门的是一个中等身材、衣服整洁的妇女，大概五十来岁，留着齐耳的短发，皮肤微黑，眼睛还很有神，干燥的嘴唇边挂满了微笑，透出一股精明能干的劲儿。陈卫红见她立即亲热地喊了一声"妈"。

来人正是吴大伟的母亲万招娣，见到儿媳，心中高兴，连连点头应和。

吴大伟将母亲的行李搬进家来，便兴冲冲地带着她转了转他们住的公寓，一个一个指着给她看。

"这里是厨房，冰箱、灶头、烤箱、碗柜……"

"这里是卫生间，洗衣机、淋浴。龙头往左是热水，往右是冷水……"

"这里是我们的房间，茜茜现在跟我们睡一起。妈你住那边的房间，你看，垫被盖被都铺好了，卫红还特地为你去买了全新的被单包被枕套呢。"

万招娣亦步亦趋地跟着儿子走，还不住地点头微笑。

"让妈看看宝宝吧。"陈卫红拉住兴奋的吴大伟，提醒道。

"看我！"吴大伟一拍脑门，又将万招娣带回主卧来，推门进去前看了一眼陈卫红。

陈卫红会意，点了点头："茜茜睡着呢。"

"噢，那我们轻点。"万招娣应了一句，跟着他们进了主卧，来到婴儿床边，看到自己的亲孙女，脸上止不住的笑意，嘴上自言自语着，"哎哟，这个小圆球是谁呀？是谁家的宝贝呀？怎么这么乖呀！"

感觉到周边环境的变化，宝宝蠕动着身体，眯缝着眼睛，嘴里哼唧起来。陈卫红俯身将要醒未醒的吴晨茜抱入怀中，对着女儿说："茜茜，快看，奶奶来了！"

怀里的小人儿没有给面子，也许是因为吵着她的睡眠了吧，乍然又看到了一张陌生的脸，哇的一声哭了起来。

一时，三个大人都有些尴尬。

"哦哦，没事的，是奶奶呀。"陈卫红轻轻摇着怀里的孩子，一边不忘解释道，"妈，茜茜这两天身体有点不舒服，你不要在意哦，饭已经煮好了，洗手先吃饭吧。"

"哼,我来才不舒服的吗?我就说女孩子不好带。"

"妈——"吴大伟连忙拦住话头,"你累了,我带你看看你的房间,换件衣服先吃饭吧。"

"规矩这么多吗?换了衣服才能吃饭?"

"不是,你看你坐了这么久的飞机……"没听清之后说什么,吴大伟已经推着吴妈妈走进她的房间了。

好像不算一个良好的初次见面呀,陈卫红看着怀里的孩子,微微叹了口气,一股隐隐的担忧开始在心里环绕。

不过换了衣服出来吃饭的吴妈妈似乎已经忘记刚刚发生了什么,就连小晨茜不给面子的哭闹都忘了,甚至主动想帮忙抱着她,好让陈卫红安心吃饭。

可能是想多了吧,陈卫红暗暗安慰自己。

没想到下一轮开始了。

"宝宝叫晨茜?这名字一点都不喜庆,我和你爸想过,给她取了个名字,叫双喜,你看,有了她,你们读书顺利工作好找,不是双喜临门吗?当时我和你爸还想着,如果是男孩,就叫重庆呢!"

陈卫红暗暗忍住了笑。吴大伟随口说道:"孩子名字都定了,妈你就别捣乱了吧。"

"捣乱?定了?你们问过孩子的爷爷奶奶吗?总不见得什么都是外人说了算吧?毕竟她可是姓吴啊。"吴妈妈把筷子一拍,教训起吴大伟。

小晨茜听到响动,吓得哭起来了,陈卫红连忙把她抱进怀里。

万招娣自己转弯了:"好了我不说了,反正是女孩子,名字叫着顺口也就可以了。要是男孩子,可要按照我们家族的辈分来取名的啊!你俩过几年再生一个,再生一个男孩子!"

陈卫红敏感地皱了一下眉头:"妈,我们还没有想这个事呢,我可是痛怕了!"

"哎呀,哪个女人不是这样过来的?刚生时都说太痛不想再生了,过两年看看孩子这么好玩,谁都想再生第二第三胎。我听说美国的政策好,随便生,我们还不多要几个弟弟,对吗,茜茜?"

陈卫红尴尬一笑,吴大伟连忙打圆场道:"妈,一个孩子就够了,把一个孩子培养好就不容易了,你知道美国的教育费多贵呀!"

万招娣回头看了看自己的儿子,脸上止不住的骄傲:"没事的。我们种田的穷人家都能培养出一个美国博士,你们两个人在美国工作,还怕没有钱培养孩子?"

"妈,你知道大伟读这个博士读得多苦啊,到现在还没有拿到博士学位呢。我们两个人边打工边读书,苦了几年,也才拿到硕士学位。我们的孩子可不能这样了,我们要从现在开始就为她储蓄教育经费。"陈卫红认真道。

"我看你们已经够幸福的了,从来不知道挨饿受冻的滋味。你们听过三年自然灾害吗?说是三分天灾,七分人祸,中国人饿得什么都吃,野菜树皮叶子,样样都用来填肚子。我们江西算好的,浙江、湖南的人都逃荒过来找吃的。现在总算苦过来了,哪家都不愁吃穿,这不,我还能出国来开开眼界,改革开放真是好啊!"

吴大伟打趣道:"妈,看不出来,你还能说政治口号啊。"

陈卫红想起了当年结婚时她到吴大伟老家去的情景。

那是江西井冈山地区的一个小山村,当地的农民都是没有出过远门的,过的是自给自足的日子。那里自己产稻米,山上茶树结果榨的茶油足够自家食用。"白米饭,木炭火,神仙不如我",是村里人自豪的谚语。但实际上,那只是低水准的温饱。冬天人们也就穿一条单裤,冻得瑟瑟发抖,全家围着木炭火盆坐着烤火取暖。村子里还都是泥土路,一下雨就泥泞不堪。一个公共厕所,是泥巴糊成的小屋,隔成男女两边,用木板做成坐凳式,挖几个空洞。如厕时人们若无其事坐在一起聊天,大小便一起落入下面的大坑里,每隔一段日子挖出来成为天然肥料。所有收入几乎都靠农田作物,因为务农是力气活,男子少的人家劳动力不足需要求人帮忙,常常受欺负遭轻视,因此也养成重男轻女的传统。陈卫红还记得她带去一些新鲜水果香蕉和苹果,村里人竟然没有看到过,吴大伟的弟弟带皮一起吃香蕉,还直嚷着好甜好甜呢。能够走出山村拿现金工资的人家极少,像吴大伟这样在大城市站稳脚跟的更是凤毛麟角。儿子风光争气,万招娣在村子里可是有头有脸的人物啊。

吴大伟知道陈卫红是无法适应山村生活的,结婚时带她去老家露了露脸住了一个星期。这一个星期让陈卫红没齿难忘,也让她加深了对吴大伟一家人的理解。

陈卫红换了个话题:"大伟,妈刚坐了那么久的飞机过来,一定累坏了,还是让她先休息休息吧。"

"哟,对,刚才路上不是还说腰酸吗?妈你先回房间睡会儿。"吴大伟带着万招娣回她房间休息。陈卫红抱着吴晨茜,无声地叹了口气。

因为时差作用,万招娣躺下没多久就又醒过来,了无睡意起床来。外面客厅里,陈卫红抱着吴晨茜,坐在沙发上。吴大伟坐在桌边,拿纸笔列着购物清单。

"……还有,再买点上次玛丽妈妈拿过来的 Pad。"陈卫红用手比画了一下。

"什么 Pad?"吴大伟抬头看向孩子的母亲,"记东西的小本子么?"

"不是!是那个……"陈卫红突然脸红起来。

吴大伟摇了摇头,一脸不解,依然不清楚她指的是什么。

"我拿给你看!"陈卫红不得不站起身,把宝宝塞给爸爸,进了卫生间,拿出一个蓝色的塑料包装来,"就这个,你就按这个买一样的。"

吴大伟接过包装,前后翻看:"哦,这个啊,超市会有卖吗?"

"你去沃尔玛,这种大超市里面应该有的。"

万招娣从房间走出来,也到桌边探望。

"妈,你起来了,不再多睡一会儿?"陈卫红招呼道。

"睡不着了。"万招娣挥了挥手,"你是不是要买垫在身上的东西呀。"

"对。"陈卫红连连点头。

"大伟一个大男人哪里懂这个的呀。"万招娣接过塑料包装,拿在手上看,上面都是龙飞凤舞的英文,看不明白就又放下了。

"那妈你要不要跟我一起去超市,正好你也可以选着买点想吃的想用的东西。"吴大伟道。

"我去那里干什么?包装上的字都看不懂。"万招娣摆了摆手。

"美国超市里面什么都有,吃的,穿的,用的,买起来特别方便。妈你可以先去看看,以后肯定也会经常去的。"陈卫红抱回小孩,劝了一句。

"那好吧。"万招娣跟着儿子走了。

吴大伟在开阔的停车场停好了车,带着母亲走进大型超市。日光灯下大白墙,一排排货架上摆着满满当当的商品,红红绿绿,大大小小,明亮有序。万招娣眼花缭乱,看什么都新鲜,看什么都觉得有趣得很。就连看到一个平底的锅都忍不住上前摸了摸:"哟,老外就用这种锅炒菜呀,菜不得都跑到外面去了?"

吴大伟哭笑不得:"妈,平底锅主要用来煎煎牛排或者鸡蛋这种的,大一点的就要用炖的锅了。老外做饭很简单的。"

万招娣并没有十分注意听儿子的解释,只是顾自瞪着好奇的眼睛,东张西望。

"Excuse me! Excuse me!(借过!借过!)"

循着声音,她看到一个棕发高挑的白人妇女边推着一个装满东西的车子,边喊着这句话,旁边的人闻言纷纷闪过身子,让开路来。她有样学样,跟着轻轻地念叨着:"Kiss me! Kiss me!(吻我!吻我!)"

两人逛到生鲜水产柜台,先要了一条活鲫鱼。档口的营业员问他们是否需要清洗,吴大伟点头称是,营业员手脚利落地将鱼称重,然后将打印出来的价格标签放在一旁,剖鱼清洗后包好贴上价格递给他们。

吴大伟接过鱼,不经意转身看到档口边上大玻璃水缸内的螃蟹,灵机一动,想起来陈卫红最喜欢吃蟹的,便跟营业员指了指水缸里的螃蟹,然后伸出两根手指比了一下,示意他从水缸里面挑出两只来称重。

万招娣蹙着眉头看水缸外面贴的花花绿绿的标签,她只能看懂上面的数字,但吃不准这个的实际价格,便悄声问道:"这里的螃蟹,多少钱一斤呀?"

吴大伟用下巴指了一下标签:"这里写了,你看,四元九毛九美金一磅。"

"哦哦,也就是五美金哟,那一磅是多少呀?"

"一磅大概差不多中国秤的九两吧。"

万招娣听了在心里一计算,吓得尖叫一声:"乖乖!这么贵!五乘以七,三十五块钱才九两啊?哦哟,吃这个干什么哟?罪过哟,又不发奶!"

两人还在这儿说话时,档口那边的营业员已经熟练地称好分量,打出价格,并且服务周到地将螃蟹剥壳,把蟹盖蟹黄等当作垃圾用水一一冲洗扔掉了。

等万招娣发现时,急得直跳脚:"哎哟!怎么最好的蟹黄也被他丢掉了哟?我的美金哟!要他赔哟,赔给我们!"

营业员吓了一跳,听不懂她在说什么,只能莫名其妙地看着她。

吴大伟一拍大腿:"唉,我光顾着跟你说话,忘了叫他不要洗,我们自己回去洗。现在算了,美国人把蟹黄都丢掉的,他们认为最好吃的是螃蟹腿。"

万招娣懊丧得跺脚:"哎呀,这么浪费,这么傻!"

吴大伟只能对营业员笑着摊了摊手,拿过打包好的螃蟹,拉着万招娣走了。

东西买得差不多了,两人往结账柜台走,突然吴大伟停下来对万招娣说:"妈,你在这里等一下,我去拿个蛋糕来,昨天卫红说想吃的。"

万招娣撇了撇嘴,目送吴大伟回去找蛋糕。她站在原地等了一会儿,不耐烦起来,想试着自己在超市里面走一走,就学着刚才看到的那个白人妇女的样子,边往前推车子在超市内转圈子边叫着,"Kiss me(吻我)! Kiss me!"

旁边的顾客看着她直乐,但又觉得不礼貌,都纷纷转过头去偷偷地笑,或者跟旁边的人讲话打趣。

万招娣一看叫得更起劲了:"Kiss me! Kiss me!"

终于,一个五六岁大的孩子指着万招娣大笑起来,许多人也看着万招娣跟着大笑。

吴大伟循着笑声,发现了自己的母亲,赶紧上前,接过她手中的推车,对围观的美国顾客用英文解释道这位是自己的母亲,她刚刚到美国,英语不好,她是想说"excuse me(借过)"。

周围的人非常理解地耸了耸肩膀,表情友善,跟万招娣打招呼"你好""欢迎"。吴大伟把英文翻译给她听,她听了笑得更高兴了,并学着跟他们说"Hello"。

开车回家的路上,万招娣还忍不住兴奋地跟吴大伟描述自己这次逛美国超市的经历:"美国人真是太热情了,认识不认识的,大的小的都会过来跟你打招呼……超市真的好大好大,又亮,又干净,东西多得看也看不过来,眼睛都累死了……我下次真要多来来。"

吴大伟边笑着,边开车,嘴上不住应着:"好,好,好。"

第22章
同一屋檐下的两位女主人

回公司上班了，与同事久别重逢，又回到自己喜爱的办公室，做起富有挑战性的工作，这一切都令陈卫红开心。当然，她已经不是原来的一个自己了，而是有了婴儿的小妈妈。上班时乳房会鼓胀起来，她悄悄地到盥洗室里把奶汁挤在特制的玻璃瓶里，再放入冰箱冷藏，上下午都可以挤出一瓶来，下班时就放到专门买来的冷藏盒子里带回家。第二天自己去上班，婆婆就可以将这些乳汁倒入奶瓶喂给茜茜喝。如此良性循环，倒也相安无事。想到婆婆在操持家务帮自己带着孩子，陈卫红总是心存感激，也常常隔三岔五地给婆婆买点小礼物聊表心意。

万招娣在老家可是有头有脸的女人，她本来就能干，又连生了两个儿子，一个还是出类拔萃的人物。吴大伟的父亲比较胆小怕事，家里的事情都是她说了算的。现在到了儿子家里，按照老家的规矩，她就是大家长了，她觉得家里的一切也都要由她做主掌控，让她来当这个家。只是过了好几天，都没有看到儿子媳妇把工资交给她管，更没有向她汇报家里的存款等财务细节，她有点按捺不住了。

趁着儿子媳妇都去上班，她把孙女哄睡了，开始了她清点家庭财产的宏大事业。

重点当然是儿子媳妇的房间，平时一直虚掩着，房门从来是不锁的。她走进去把门敞开，一眼看到床上一派凌乱，小两口急着上班，都没有时间好好叠被铺床。她嘴里嘀咕着"这两个人懒彻骨了",顺手先把被子叠好床单拉整齐,然后把大衣柜打开,一件件衣服地查看,边看边说:"美国的衣服花样还真多,看看我能不能穿呢?"她挑自己喜欢的就往身上套,对着镜子左照右照前后左右转身看,镜子里的她眉开眼笑的,"哎哟,都说人是衣裳马是鞍,穿着还真是显年轻了!媳妇要那么多衣服干吗?向她要几件来穿穿!"想想又说:"什么要不要的,她嫁到吴家,人都是吴家的,东西当然都是吴家的啦!"不管三七二十一,她抽出几件衣服来,还有,那些丝巾那么好看,花式跟老家的不一样,她挑了一条最鲜艳的,想着晚上跟儿子说一声吧。

这么忙忙地看了一遍衣裳,又拍拍自己脑门:"我真傻呀,这些衣服值几个钱呢?金银财宝银行存折才是最值钱的,我要心里有个数!"于是她又把抽屉一个个拉出来看。

只是,陈卫红并不喜欢什么金银财宝,从小父母就告诉她,只有学问知识是"金不换"的,丰富自己的头脑最重要,别的都是身外之物,她就从来没有在意过什么金项链钻石戒指之类的东西,结婚时吴大伟家里没有给她,她自己也不会想着去添置。在美国一般人都是用的"Costume Jewelry",按中国人的说法,就是与衣服颜色式样搭配的廉价首饰,不值钱的玩意儿。即使这样的东西,陈卫红也没有多少,万招娣翻着翻着有点失望,嘴里嘀嘀咕咕说着:"也不知道存点好东西传给女儿。"至于什么活期存款定期存折,她也看不到,只看到一张张的银行卡,里面有多少钱也搞不清楚。

孙女茜茜在那间屋子里哭叫起来,万招娣把抽屉一合赶快跑了出去。

就这样她跑进跑出地忙乎,顺带着把儿子媳妇的衣物用品拿出去吹晒,自以为是做了一件大好事。

吴大伟如往常一样下班回家,开门迎接他的是自己母亲万招娣。边跟她闲话着今天天气怎么样,中午吃了什么当午餐,吴大伟换上拖鞋,将外套挂到衣架上,边喝水边往自己房间走。

万招娣邀功似的告诉儿子:"我今天把房子都好好收拾了一遍,地板也拖干净了,该洗的衣服都洗掉了,该晒的东西也都在大太阳下晒过了。"

不一会儿,陈卫红也下班回家了。她快步走到女儿小床边,抱起女儿,笑吟吟地问着婆婆:"茜茜今天乖不乖呀?有没有吵着奶奶呀?"

万招娣边准备晚餐边说道:"双喜好乖呀,我今天做了那么多事情,她都没有来吵我。"又说,"哎哟你们房间那个乱呀,不是看你们上班忙,我才懒得帮你们打理呢!"

陈卫红抱着女儿到房间一看,愣住了。

只见自己的衣柜门打开着,许多衣服都移动过,有的搬到了外面扔在床上。抽屉半开半合,明显都有翻动的痕迹。她有点不知所措,不知道该说什么好。

吴大伟进来看到这个情景,知道妻子不开心,只好帮自己母亲圆了个场:"卫红,我妈是好意,她想帮我们打扫一下,我们不是没时间做这些事情吗?"

陈卫红有点控制不住地沉下脸对大伟说:"谢谢妈的好意,但我还是不想让别人乱翻我的东西,请告诉你妈,以后不要再到我们房间来打扫了,我们自己会整理的。"

吴大伟补充一句:"唉,中国乡下就没有个人隐私的概念的,你要谅解些嘛。"

陈卫红回答说:"那么你就要告诉她呀,这里是美国,是最讲究个人隐私的地方呀!"

吴大伟只得说道:"好好好,叫我妈以后不要再来乱翻我们东西了!"

陈卫红抓住了丈夫的手:"大伟,这些话只能你去跟她说的,婆婆与妈妈毕竟不一样,妈妈是看着我长大的,什么都能原谅我。婆婆就不一样了,我说话不称她的心她会生气的!"

这时候,有个邻居过来敲门,吴大伟开门一看,是一位金发碧眼的白人老太太。

老太太说话有点不客气,怪吴大伟家把衣物晒在外面太不雅观。

吴大伟回头问了一下母亲:"妈,你今天把衣服都晒到外面去啦?"

万招娣被他问得莫名其妙:"衣服当然晾在外面了,不然晾在哪里?"

"哎呀,美国这里不可以的。"吴大伟无奈地叹了口气,回头用英文向那位妇女表示歉意,"实在抱歉,我妈刚来美国,不太熟悉这里的情况。"

"请你们务必把衣服收拾好。"妇人一板一眼道。

"当然,当然。我们今天会处理好的。"

如此这般,那妇人才道别离开。吴大伟关上门,领万招娣到卫生间,指着烘干机说:"妈,我不是跟你说过,洗完衣服拿这个机器烘干就好了,不用到外面晒衣服了。"

"哟,用机器烘干多贵呀,电费不得了的,外面这么好的太阳不晒,不是浪费了吗?"

吴大伟摆了摆手:"美国电费不贵,而且这边约定俗成的,没有人会把衣服晾在外面的。"

"啊?"万招娣几乎不相信自己的耳朵。

"老美这里家家都有烘干机,如果谁把衣服晾在外面,会被别人认为买不起烘干机才这样做,暴露这些人属于低收入群体。特别是在一个社区里面,假使有人在外面晾衣服,社区的住户不仅觉得影响了整体景观,而且担心外人看到了会觉得这个社区质量不高,也就不愿意住在这里,然后整个社区的房价都会因此被拉低!"吴大伟苦口婆心,把能想得到的理由都搜刮出来了。

"那房价低一点,我们买房子不是便宜了吗?"万招娣听得云里雾里,思路更是南辕北辙。

"妈,老美特别重视隐私的问题。"在房间里面听到两人对话的陈卫红,走到卫生间门口来支持老公,"把花花绿绿的内衣内裤等等挂在外面,他们觉得既不雅观,也暴露了个人隐私。"

万招娣摆了摆手:"我们又没有什么见不得人的东西,还怕暴不暴露的。"

陈卫红换了个说法,指着烘干机上的几个功能道:"妈,你看,衣服挂在外面会沾上空气中的灰尘啊、花粉之类的,而烘干机都有这个高温杀菌的功能,可以避免宝宝过敏。"

"我们这种庄稼地里长大的人家,哪有对灰尘、花粉过敏的,穷讲究这些。"

这简直是鸡同鸭讲,吴大伟连忙拉住万招娣,往阳台走:"妈,你就听我们的,先把衣服收起来,不然再被人看到又要来敲门了。"

万招娣只能把衣服一件件收回来,嘴上还用方言碎碎念念着穷讲究,浪费钱之类的话。

虽然跟普通话有别,但也能听懂个七七八八的陈卫红只能默默地回房间陪宝宝去了。

照理说,有婆婆在家料理家务带孩子,两夫妻上班无后顾之忧了,可自此之后,陈卫红总有隐隐的心神不宁的感觉。她回家后常常找不到自己的东西,不是被移动了位置,就是看不见了。随手用的一把梳子,陈卫红习惯放在梳妆台镜子边上,万招娣却偏要拿到卫生间里插到放牙刷的搪瓷缸里。她还喜欢到媳妇房间里翻腾,美其名曰帮她收拾整理。

陈卫红只好向老公倾诉:"我不是不愿意妈妈用我的东西。只是她用之前要跟我说一下,就是说一下好了……而且她怎么能老是来我们的房间翻来翻去的,我都跟她说过不用打扫卧室了,但她还是趁我们不在的时候进来兜底彻查。我最近经常找不到东西,明明记得就放在梳妆台上的,转天就又找不到了。"

吴大伟也一脸无奈。

这天,陈卫红下班回来,看到万招娣脖子上围着一条鲜艳的围巾,近前一看,正是自己找不到的那条爱马仕。她猛然一惊,心痛得不得了。这是生孩子那次父母过来,爸爸陪着她一起去奢侈品商店挑选的,说是自己编英语教材得了稿费,帮女儿买一样喜欢的东西祝贺她当母亲;也显示一下中国大学教授收入提高,可以购买奢侈品了;还表明国内学英语的人越来越多,英语教材成了畅销书。陈卫红当时还逗趣父亲,说教授就是会分析,买一条围巾分析出三层意思来。不过她确实视为珍宝,一直舍不得用,想着要等待一个特殊的场合,配上合适的衣裙才穿戴亮相。

陈卫红盯着那条围巾看着,忍不住说了一句:"这条围巾是我爸爸送给我的纪念品。"万招娣低头看了一下围巾,顺手摘下往餐桌上一丢说:"哦,我当是什么宝贝呢,原来是纪念品啊。我抱着晨茜在外面玩,正好碰到一个中国人,她说附近有华人超市可以带我去,我想好不容易可以出趟家门,围一条好看一点的围巾吧,哪里知道还是什么纪念品呢?"

陈卫红只好又跟老公抱怨,吴大伟觉得自己两边都不好得罪,只能支支吾吾应付着。

万招娣看不到媳妇的不爽,她只是一心想着儿子。每天早上,她与儿子讨论着晚餐的菜单。

"大伟,晚上吃红烧肉好不好?"万招娣热切地问道。

"好啊,肥肉别太多,卫红不喜欢吃太肥的。"

到儿子下班回家,万招娣喜滋滋地搬出了一大碗炒肉。

"大伟,这是你最爱吃的辣椒炒肉了,以前你每次从学校回家我都要给你做的。你有了这个菜,就可以一下子吃三碗饭啊。"又对着陈卫红说,"我们大伟从小就是会读书,从中学开始就在县城住校了,一个月才回家一次呢。"

大伟严肃地对妈妈说:"妈,我跟你说不要再做辣菜了,卫红不习惯吃辣,她有孩子吃奶,你要多做她爱吃的菜啊。"

大伟妈说:"这不是炖了鸡汤给她喝吗?有这么多菜,炒个把辣菜又怎么啦?"

大伟说:"哎呀,妈呀,这不是在中国,美国的鸡都是养鸡场里圈养的,吃起来鸡肉木木的,我们都吃怕了。你就换点口味给她吃嘛。她是两个人在吃啊。"

万招娣嘀咕:"吃现成的还这么难伺候!"

陈卫红看着自己面前一大碗油腻腻的汤,只觉得没有一点胃口。连着几天,她都在路上买一个三明治带回家充饥。渐渐地,她明显地消瘦下来,奶水也不足了。

万招娣还是相信只有浓汤才能发奶,听了儿子的话不做鸡汤了,她改用别的食材,又是猪蹄,又是鲫鱼,还在华人超市找到了猪肝,加上各种调料炖成一锅又一锅的浓汤。

晚饭时,万招娣抱着吴晨茜在旁边,每日例行一问:"有没有奶?"然后就开始滔滔不绝地聊起吴大伟弟弟的老婆生小孩时每天吃多少东西,喝多少汤,奶有多好,孩子有多结实。陈卫红只能像吃药似的将面前的汤水一饮而尽,然后抱过吴晨茜回房间去了。

万招娣闲不下来,自己又忙着去洗衣服,一边洗一边嘟囔:"美国人也真是的,脏衣服不肯天天洗,偏要拖几天留到一大盆才开洗衣机洗,我是看不惯的,顺手洗掉不好吗?又干净又省电!"

吴大伟陪母亲说了会儿话,回自己房间。推开卧室虚掩的房门,看到陈卫红坐在床上,头枕着毯子睡着了,膝盖上倒扣着一本书,一只手还搭在旁边的婴儿床扶手上,仿佛随时准备着将婴儿床上的宝宝揽入怀中。他轻轻走进房间,坐在床沿上爱怜地看着妻子。

浅眠的陈卫红一下子就醒了过来,眯缝着眼睛看看了房间里多出来的那个人,嗲嗲地叫了一声:"大伟!"

吴大伟过去搂着陈卫红,亲了亲她的额头:"又要上班又要照顾宝宝,累坏了吧。"

陈卫红依偎在大伟怀里撒娇:"有你在就不累了。"

两个人好久没有亲热过了,此时女儿已然入睡,吴大伟快快地脱下衣衫,关了灯躺到陈卫红身边。

陈卫红这段时期心里焦虑,感觉好需要一种抚慰,一种来自丈夫的爱情雨露滋润。吴大伟也觉得自己母亲有点那个,想告诉妻子不要计较,但又不知如何措辞恰当。夫妻之间最好的沟通就是肢体的融合,他紧紧地搂住卫红的脖子,热烈的亲吻雨点般一下一下紧密起来,陈卫红也回勾住丈夫的脖子,把他拥进怀里。

"大伟!"万招娣突然推门进来,吓得陈卫红缩到了被子里面,吴大伟也着实被惊吓到了,下意识地坐了起来。

"什么事?妈。"

"这么早就睡啦?我还想让你帮我写封信给你爸呢!"

"没什么急事的,星期天帮你写吧!"吴大伟应付着母亲。

"哼,娶了媳妇忘了爹娘!"万招娣有点不高兴,怏怏地走回自己房间。

陈卫红一点兴致都没有了,别过头去,一个人长吁短叹。吴大伟身上已瘫软下来,也只好轻轻地缩回被子里,默默地躺下了。

第23章
求解世界难题

辗转反侧难以入睡,听着身边吴大伟微微的鼾声,陈卫红想到,这个时候正是上海的白天啊,何不给爸妈打个电话叹叹苦经求指点迷津呢!

她蹑手蹑脚地起身下床,轻轻地打开床头抽屉,从里面找出一张电话卡来,把电话机从床边移到窗台边上,打开窗子,借着月光,把电话卡上的一串数字打入电话,输进密码,又按下再熟悉不过的娘家电话号码,听到嘀铃铃响了几下,有人接起了电话,一个浑厚的男中音传过来了:"喂,哪位呀?"

按捺住怦怦乱跳的心,陈卫红接口道:"爸爸,是我,红红!"

对方也一阵惊喜:"红红,是你啊?你那里不是半夜吗?怎么这个时候打电话过来?"

"爸爸,我想你们!"陈卫红一开口就哭了起来。

"不要哭,不要哭,啥事体慢慢讲!"爸爸的声音还是沉稳的。

陈卫红絮絮叨叨地把万招娣总是乱翻她的东西,还把父亲送的爱马仕围巾擅自拿去围到超市买菜,甚至在他们夫妻上床后仍然过来骚扰他们,说了一大串,感觉是罄竹难书啊!

陈启帆听着听着,竟然嘿嘿笑了起来:"我的大气的女儿什么时候变得婆婆妈妈起来了?"

陈卫红听了一愣,说道:"我被她烦得头痛,这有什么好笑呢?我又没有做错什么事情！"

陈启帆笑着说："对呀，你没有错，她也没有错呀！"

"她怎么没错？她做的那些事情你和妈妈会做吗？"陈卫红还是很生气。

"因为我们跟你所处的环境是一样的。但是你想想，你婆婆一直在江西的山区里过日子，在她那样的环境中生活，做出这些事情来是不是还算顺理成章啊？再说，她已经五十多岁了，要她做出改变，是不是很难啊？"陈启帆循循善诱。

"照你这么说，那我就只能忍受啦？"陈卫红很不甘心。

"不是忍受，是改变啊。世界上的许多事情你都无法改变，能改变的只有你自己啊！生活是自己创造的，这是你的家，你完全不必生气，而要主动改变自己，万事换一个角度去看去想。你想想，你婆婆帮你带孩子管家务，你才能有时间去上班，去做自己想做的事情，这就功劳大大的啦！她的这些小毛病或者说小习惯，你就忽略不计好啦！一条围巾算什么呢？就算是我送给她帮我女儿大忙的礼物好啦，我下次来美国再帮你买一条就是了嘛！"

陈启帆还意犹未尽，继续说道："如果你一直气鼓鼓的，自己伤了身体，家里的气氛也肯定是不开心的。中国人说家和万事兴，家不是讲理的地方，家里是讲感情的。你要想通这些事情，开心起来。你开心了，吴大伟也就开心了，他开心了，他妈妈也会开心，晨茜也就开心，这样家里的氛围就宽松了，在一起过日子才有味道啊！"

陈卫红听着听着，扑哧一声笑了出来："好啦，爸爸，你这个英语教授什么时候开始教哲理课啦？我懂啦，你放心吧，叫妈妈也放心啊！现在我要睡觉啦，要不然明天上班要打瞌睡的。"

放下电话，陈卫红美美地睡了一觉。第二天上班间隙，她又忍不住给柔斯玛丽打了个电话，把这一切都告诉了她。

"哦，亲爱的，"虽然隔着电话，柔斯玛丽的声音还是那么柔和温馨又不失幽默，"这不是你的问题哎，这是一个世界性难题啊！"

"什么？"陈卫红有点不相信自己的耳朵。

"婆婆和媳妇,都爱着同一个男人。婆婆认为这个男人是她十月怀胎后生出来的,是自己身上掉下的肉,还是自己千辛万苦养大的,这个男人应该最爱自己对吧?"

"嗯。"陈卫红不得不同意。

"而媳妇认为既然这个男人从千百人中挑选了自己作为终身伴侣,自己势必是他最最心爱的女人,只有自己最懂他爱他。婆婆虽然在肉体上生下了他,但并不见得是真正懂他的人,丈夫应该属于妻子,当然妻子也属于丈夫,两个人是不能分离的。"柔斯玛丽亦庄亦谐,娓娓道来。

"对啊!"陈卫红觉得很有道理。

"两个女人争一个男人,这就肯定有矛盾啊!这是人类面临的普遍问题,就看你怎么处理了。"柔斯玛丽还是以玩笑的方式在陈述事实。

"我们美国人认为同一个屋檐下不应该有两个女主人,所以婆婆和媳妇不会住在一起,这就避免了很多矛盾。而中国习惯是几代人住在一起,尤其现在是你把婆婆请来帮助你带晨茜的,那你就应该让着你婆婆一点对吗?"

陈卫红心想,说来说去,美国妈妈和中国爸爸说的是同一个意思。

"不过你千万不要责备自己哟,你现在处在一个非常特殊的阶段,你正在遭受Baby Blue(产后抑郁)。但这并不是真正的你!"

陈卫红眼睛里闪着光,认真听柔斯玛丽分析。

"我知道的你,善良乐观开朗大气,记得我俩一起看电视,看到忘情的时候,你会跟着电视里的人物一起唱歌甚至跳起舞来。你心原本就是向往阳光的,只是暂时进入黑夜而已。不用担心,黑夜已经过去,黎明到来了。我知道,真正的你一直在心里,你父亲让你找回了自己。"

如汩汩暖流,陈卫红觉得整个人一下清透了许多,眼泪却又止不住地掉下来,滚烫滚烫。

自此以后,陈卫红心情开朗了很多,下班路上,总弯到商店买些自己爱吃的、婆婆喜欢的东西带回家,到了家里也有说有笑的。吴大伟不再受夹板气,也觉得日子顺畅了。婆婆看到那么多熟食,自己省心省力,大家吃得开心,陈卫红的乳汁也多了,小晨茜脸蛋白里透红,胖嘟嘟的,超可爱。

顺心的日子过得快,转眼半年多过去,晨茜要满周岁了。这天,儿子媳妇回来,万招娣藏不住的笑意,认真地说:"啊,都回来啦,快吃饭吧,今天有重要事情告诉你们!"

卫红说:"妈有什么新闻啊?又是在超市里认识了什么人吧?"

万招娣说:"这次真的是有事要说了,等吃好饭再讲吧。"

大伟朝卫红挤挤眼睛说:"你看,妈到超市去得多了,消息比我们还灵通呢!"

三个人吃好了饭,卫红抱着孩子去喂奶了,大伟妈收拾了碗筷,一本正经地叫了儿子媳妇过来,大家坐在客厅沙发上,俨然是开家庭会议的样子。

大伟妈又兴奋又有点不好意思地说:"今天我在超市里碰到了一对中国小夫妻,他们也生了个孩子,但是他们的爸妈在国内都有工作还没有退休,没有人帮他们带孩子,急得在超市贴出纸条,说是谁能帮他们带孩子,他们每个月给1 000美金工资呢!我正好看到他们在贴,问了他们是怎么回事,顺口就说:'我来帮你们带啊。'他们高兴得什么似的,还说是如果能住到他们家里去,连看孩子带做饭,就可以一个月给1 500美金,如果在他们上班时间帮他们带小孩,他们也可以给到1 000美金一个月。我想我也能赚美金了,我做几个月就够老家盖一套房子啦。"

吴大伟和陈卫红愣住了,还是大伟先反应过来:"妈妈,你去带别人的孩子,那自己的孙女怎么办?小晨茜谁来带呢?"

吴妈妈顿了一下,似乎底气不足,但也没有犹豫:"我就想跟你们商量商量。我想晨茜快满周岁了,听说美国公司也有什么托儿所那种放孩子的地方。要不我就在上班时间去做做,卫红带着孩子去上班,等她们下班回来我再回家,还可以帮着你们做点家务。这样也有1 000美金了,虽然我觉得1 500美金更多些……"

陈卫红没说话,吴大伟有点不高兴:"妈妈,我接你出来是帮我们带孩子的,你怎么跑到外面去打工呢?"

这话一下子让吴妈妈不高兴了,她冲着儿子说:"你不是说接我出来开开眼界享享福的吗?难道你们不生孩子,你就不接妈妈出来?我自己家里也那么多事,这边张嘴闭嘴都是鸟语,听都听不懂,连玩牌都凑不齐人,谁愿意来啊!"

大伟脸色一白,下意识看了陈卫红一眼,脱口而出:"那我也给你1 000美金一个月好啦!"

万招娣一愣,随后说:"你的钱不是自家的钱吗?我哪能拿?而且你们不是要存钱买房子吗?"

陈卫红一直没说话,耳边是吴大伟和他母亲的争吵声,她觉得心烦意乱,起身回了房间,去看女儿怎么样了,生怕好不容易哄睡的小晨茜被外面的争吵声惊醒,那么今晚又不能睡一个整觉了。或许离开现场是她现在唯一能做的正确事情,她生怕失控的情绪会淹没理智。

大概是因为产后激素水平还有波动,陈卫红的情绪没有了昔日的平稳,在听说婆婆要出去带孩子挣钱的时候,她就想哭,但是不能哭,她一掉眼泪矛盾就会激化,而且理性想想,婆婆的选择也是最优选择。

在婴儿床上的小晨茜缓解了陈卫红的思绪——世界上没有比小婴儿更可爱的生物了吧,不对,有——睡着的小婴儿!无论醒来的时候是一个怎么样吵闹的神兽,睡着了的都是小天使。红扑扑的脸蛋,吹弹可破的皮肤,长长的乌黑的睫毛,小小的、正在咂巴的嘴,这就是画中小天使的模样吧。也不知是不是梦到了好吃的,睡着的小天使嘴角还有浅浅的笑容,像棉花糖一样甜。

心情好多了。

门外的争吵声也不知在什么时候停了下来,陈卫红打开房间门,却只看到吴大伟一个人坐在沙发上,闷闷不乐。

陈卫红像是暗下了什么决心似的,走出去,手搭在吴大伟的腰上。

"红红,我妈——"吴大伟对上陈卫红的眼神,那是经历了一天操劳略带疲倦的眼神,同时,眼睛里又透出了某一种坚定。

陈卫红缓缓摇了摇头:"让妈去吧,我带着小晨茜去公司吧,所谓的妈咪小屋我也没去看过,正好趁这个机会去采访一下——不是说美国大公司的员工福利很不错么？我代表新手妈妈验收一下！"

"但你这样就会很辛苦,你们公司的工作量大我早就知道,只怕你会分心影响进度呢。"

"没事,妈不是下班之后还回来吗？也能帮我们分担一些家务的。而且妈说得对,我们不能因为要用她就请她来,她也应该有自己的人生。"

吴大伟略感诧异但又觉得在情理之中,毕竟他很明白自己的妻子是怎样的人。

"我去和妈说,但可能要晚一两天,我们需要准备一下。"陈卫红主动揽下活儿。

吴大伟不知道妻子和母亲聊了些什么,但是第二天,家里又恢复了往常的和谐气氛。

陈卫红和吴大伟下班后先去买了一个把婴儿固定在小汽车上的安全椅,又买了一些婴儿食物用品等,之后专程去了那对小夫妻家考察了环境和安全,这才开始新的方案。

一早,陈卫红开着车子把婆婆送到那户人家,自己带着小晨茜到公司去了。她把孩子放在育婴室里交代了看护几句,就去自己工位上开始一天的工作。

午休的时候,陈卫红到育婴室里来给孩子喂奶,还有几个美国妈妈也是这样,她们边嘻嘻哈哈聊天边逗弄孩子,似乎与冷冰冰的电脑打交道也有了一点点不一样的温情。

下班后,陈卫红自己带着工作到育婴室陪着女儿,到差不多婆婆下班的点,她再开着车到婆婆工作的那户人家接回婆婆。两个人到家后,一个人管着孩子收拾洗涤的衣物,一个人做饭,忙忙碌碌的,直到晚上八点钟才吃上晚饭。吴大伟那边一个个项目正在忙季,除了回来逗逗小晨茜、洗澡时候搭把手,其余也帮不上什么忙。

"怎么样？这周紧张的节奏你还能应付吗？"小晨茜和万招娣已经入睡，吴大伟给陈卫红揉着肩关切地问道。这是难得的属于夫妻俩的时刻，此时外面已是万籁俱寂了。

陈卫红说："是有点累，好像打仗一样，白天没有一点休息的时间。我想以后习惯了就会好的，熟能生巧嘛。"

大伟心疼妻子，一边敲着背一边说道："红红，真辛苦你了，要不我还是叫妈妈不要去了。"

陈卫红说："大伟，妈妈不可能永远在这里，我们总是要独立的。我看那对小夫妻人还不错，干脆就让妈妈住到那里去吧，周末接她回来休息一天，这样妈妈也不用那样紧张，我也不用每天接送她赶来赶去的。"

吴大伟说："你想好了，这样你每天的家务就更多了，妈妈回来多少可以帮你做掉一些。"

陈卫红说："老人家每天两头跑，她和我都没有安定感，倒不如让她住过去，她吃住都在那里，生活还更有规律些，不是报酬也多一些吗？昨天妈妈还说回去要盖新房子了。我虽然事情会多一些，但心里反而没有那样紧张了，不用早上晚上接送她，又生怕迟到了耽误那个小妈妈上班。我们俩，有时间就多做几个菜，没时间吃个快餐也没关系。到周末全家在一起再来加餐嘛。妈妈多赚一点钱也会更高兴，说真的，她这辈子还从来没有挣过这么多钱呢！"

吴大伟看着妻子，一时不知道回答什么，只是紧紧抱住了她，顺势吻了下去。

"有你真好！"

第24章
中产阶级家庭

硅谷进入了新的时代，走在街头，前几年人们还在热议的个人计算机话题式微，互联网成了新的宠儿，与互联网有关的各类公司如雨后春笋般在硅谷飞速发展。因为入行早，吴大伟陈卫红享受到了产业快速腾飞的红利，很快在各自公司内升职加薪，并持有公司股份。女儿晨茜一天一个模样，从牙牙学语到快步行走，白嫩粉红的小脸蛋上表情丰富，嬉笑怒骂都可爱之极，嘴里吐出的英文中文均发音标准无误，把全家人迷得神魂颠倒，一回到家里，大家都围着她转，上班的忙碌劳累全烟消云散了。小晨茜需要更多的空间，买房的事情似乎迫在眉睫了。

"红红，我在想，我们现在可以买房子了吧，我俩都有稳定的工作，这两年也存了点钱，我手上这个项目结束后，还会有一笔奖励金，付头款应该足够了。这样小晨茜可以有自己的房间，我们也住得舒服些。租房子虽然便宜，但总归没有安定感呀。"

陈卫红想了想："其实我也一直盼着自己买房。但我们的积蓄真的够了吗？"

吴大伟乐观地答道："够不够去看看就知道了嘛，先了解了解行情吧。"

周末万招娣休息，夫妻俩预约了房产经纪人去看房。吴妈妈听说了他们的打算也特别兴奋，还客气了一下，说需要的话可以把自己的工资收入也拿出来支援他们，被他俩笑着婉谢了。

"妈,你来帮带茜茜我们都没有给你工资,怎么还会拿你的钱?"

"一家人,一家人!"大概是房子这个词有魔力,吴妈妈脸上的皱纹都熨平了些许。

房产经纪人开车带路,在一栋一栋地看房子。硅谷这些年发展快速,新盖了许多楼房,可供选择的房源很多,许多房子造在绿荫丛中、半山腰间,看起来令人心旷神怡。

陈卫红对房产经纪人说:"我们的房子location(位置)要离大伟上班的地方近一些,学区要好,以后女儿上学条件好些。其他就是看房子本身了,希望能有一个花园,可以栽点花草果树,也让孩子有个游戏的地方,有三到四个房间,两到三个卫生间。客厅、家庭起居室和厨房都要大一点。房子大约在三千平方尺的样子,带一个花园。"房产经纪人说:"这样的房子在你们要求的location大约需要50万美元,这跟你们的预算差不多吧?"

吴大伟说:"哦哟,似乎比我们的预算要高出不少了。卫红,你不必要求一步到位哟,可以先买一个小一点的,反正现在只有一个孩子,等过些日子我们手头宽裕了,再买大一点的不好吗?这样我们每月的mortgage payment(房贷付款)也可以少一些,轻松一些。"

吴大伟是务实的人,而陈卫红对生活总是有更多浪漫设想。

房产经济人说:"吴太太想要的是Single House(独栋别墅),你们在美国是第一次买房对吗?"

卫红和吴大伟一起回答:"对啊!"

经纪人说:"美国政府鼓励大家购买自住房,第一次买房的down payment(首付款)只要有房款的5%就可以了,你们只要有5万美金,买100万美金的房子都可以啊。"

吴大伟已经先做了功课:"我们也都了解过啦,只付5%首付款的买房者,要额外多买一个房屋保险,这样每个月就要多支付几百美元。再说啦,光付头款也不行的,还要算算每个月付房屋贷款的利息是多少,太多了负担不起,到头来房子要被银行没收,还坏了自己的信用记录。"

陈卫红接受了吴大伟的意见:"看来我们还要好好算算账才行。不是听说还有一种叫Townhouse(连体别墅)的? 可能价格更适合我们目前的情况。"

她转头对经纪人说:"要不再约个时间,你带我们去看看那种房子? 只是要多花费你的时间啦!"

经纪人的态度极好:"没关系的,这就是我的本职工作呀。我有一个客户,每个周末都要我带他们去看房,看了一年多才最后决定买房子的。既然你们肯定要买房,先出来看看,有个印象,再来决定买多大的、什么房型的,这个很正常啊! 我先送你们回家,你们定了时间再打电话给我。"

经纪人把他俩送回家后告辞了。陈卫红和吴大伟边走边说:"这服务态度也太好了,我们下个周末再去看吧!"

两人进了家门,大伟妈妈抱着孙女迎上来问道:"怎么样? 看中哪里的房子了?"

吴大伟说:"今天还定不下来,下周再去看吧!"

看了几次选来选去,最后买下了一个连体别墅,虽然不是很大,但是比租来的公寓房宽敞多了,而且装修精美,万招娣看了也笑得合不拢嘴,说是她在美国期间儿子买了新房,想想就觉得开心!

换季流感时,吴大伟早上起来就觉得嗓子有点痒,喉咙干涩,早餐也没什么胃口,匆匆吃了块土司便要出门上班。

离家前陈卫红关切地问道:"你是不是喉咙不舒服? 我听你一直在咳嗽。"

"昨天赶个项目,可能睡得不好吧。"

"不会是感冒了吧,今天早点回来休息。"

"我心里有数的,小毛病而已。"

"当心身体啊。"陈卫红叮嘱了几句,自己也带着晨茜准备上班。

吴大伟开车到了公司楼下,停车上楼,坐到办公桌前时,身体状况没有好转的迹象。他拉开抽屉,取出维生素C的泡腾片来。美国人对各种维生素片和营养补剂非常痴迷,几乎人人家中抽屉里面都常备两到三种类型的补剂。他第一次去老板办公室,就看到他满满一抽屉的瓶瓶罐罐,如果出门在外,还会随身带一个标有日期的扁扁小药盒,装满了每天需要服用的花花绿绿的小药片。起初他还误会老板是患有什么隐疾,后来才知道这些只是日常的多种维生素片,或者辅酶之类的保健品。作为一个典型的白人中产者,健康和橄榄球,是在办公室闲聊时他老板最喜欢的话题。在老板和同事的影响下,吴大伟也偶尔会吃点维生素片,有没有效果也不知道,主要还是求个心安吧。

他把泡腾片丢到水里,伴着嗞嗞的声音,他启动电脑,整理材料,准备今日的工作。他自认是农村长大的铁汉,感冒咳嗽对他来说都是忽略不计的小毛病,之前在国内教书时,碰到这种情况他都是坚持上课的。责任在身,他一向是以不耽误本职工作为准则的人。

但那天的状态实在有些差,上午跑的几个测试接连不顺,一会儿这里出个bug(漏洞)一会儿那里报个错,反而越做越乱,十分影响工作效率。临近中午前的团队内部沟通会上时,他的情况变得更加糟糕,一张口就连打三四个喷嚏,声音震天,空旷的会议室内满是回响。

被喷嚏声打断的老板不得不提前结束了沟通会。老板看团队成员三三两两地离开,叫住了吴大伟:"大伟,你没事吧?"

吴大伟连忙站直了身子,以表明自己很健康:"是的,我没事。"

"你看上去不像没事的样子。听着,如果你觉得不舒服的话,最好回去休息。你觉得不舒服,工作也非常没有效率,产出也很糟糕,更坏的是你这样还可能把疾病传染给团队里的其他人。"老板直言不讳道。

"哦,对不起。"吴大伟愣住了,在他的成长环境中这些都是经常被忽视的内容。

"不用觉得对不起,每个人都会生病,这很正常。"老板拍了拍吴大伟的肩膀,"现在你把这个测试的内容跟杰克过一下,今天就交给他来做。你先回家休息吧。我会批你一天的病假,带薪的。"

"谢谢。"吴大伟有些感动,将手上的测试工作稍微交接了一下,便开车回了家。

到家吞了两片感冒药,再躺下好好睡了一觉,醒来时天已经大黑。外面传来小孩子和大人对话的声音,看来陈卫红已带着晨茜下班回家了。

他起床,出了一身汗,先去冲了个澡,换上一身干净的衣服,整个人神清气爽,状态好了很多。从房间出来,看到女儿吴晨茜和妻子陈卫红坐在沙发上一起读一本图画书。

"你醒啦,怎么样?身体好点了吗?"陈卫红抬头问道。

"嗯,好多了。"吴大伟点了点头,走到沙发边刚想坐下,突然想到了什么,换了个离两人较远的单人沙发坐了下来。

"公司那边没事的吧?"

"没事,老板批了我一天病假。"吴大伟挥了挥手,"老美这边看来不时兴带病上阵呀。"说着自己干笑了两声。

"说到这个我想起来,今天马克李也请假了。"陈卫红扯开话题道,"你记得马克李吧?我公司的同事,你见过的。"

"哦,那个个子小小、戴眼镜的男孩子,是吧?"吴大伟应和道,"他怎么了?也感冒了吗?"

"不是感冒,他连请了一个礼拜的病假呢。"陈卫红帮吴晨茜把手里的书摆正,让她自己接着翻看图画。

"哟,那毛病严重了。"吴大伟道。

陈卫红先"扑哧"笑了出来:"我告诉你,你也别不信,他是中午去卫生间偷偷午睡,睡过去的时候,不小心头磕到了杆子上磕破了头。"

"啊?"吴大伟愣了一下,接着也跟着笑出了声。

虽然在国内的很多地方都有午睡的习惯,但美国办公室文化里面普遍没有午睡的概念。一些新到美国公司的华人如果保持跟国内一样的习惯,吃完午饭就趴在办公桌上闭目养神的话,会被大家认为不够专业、懒惰或者身体健康有缺陷。有的华人实在顶不住会躲到自己的车里小睡一会儿，或者干脆关在卫生间坐在马桶上短暂休息一会儿。

"开始我们就只听说他住院了，办公室同事们还一起送了一张卡片祝他早日痊愈。我下班去医院送卡片，才听他亲口跟我讲的。真是又好笑又可怜。"

吴大伟点了点头，看来日后如果自己撑不住去卫生间眯一会儿的时候，也要小心一点了。"他有这儿的医保的吧。"

"有的，公司给办的。不然这磕一下头要给磕破产了，美国医药费那么贵。"

这个周末，吴大伟开车去把母亲接了回来。踏进家门，万招娣就兴冲冲地对着儿子媳妇说："我昨天跟老家通了个电话，你弟媳又怀了一个，这次应该是个儿子了。"

"好事呀！那我要打个电话祝贺一下了！"吴大伟道。

"预产期什么时候呀？"隐约察觉到什么的陈卫红问道。

"就年底了。"万招娣掰着指头算了一下，"我赚的钱加起来，老家盖新房子足够了。"

吴大伟这才听出了一些什么："妈，你打算回去了啊？"

万招娣点了一下头："对嘞。该回去了。"转身摸了摸吴晨茜的头，"娃娃大了，我要快管不住了。"

吴晨茜尚未明白别离的意味，只是无辜地看着奶奶："奶奶，茜茜会乖的。"

"你跟主人家说了这些事情吗？"陈卫红指的是婆婆帮带孩子的那对小夫妻。

"他们没事的，他们娃娃最近打算送去那种日托班了，说什么两岁的娃娃要'所修'，最好送去日托班，我也不知道是什么东西。"

"Social（社交）吧。"陈卫红解释道，"是的，美国这边挺流行送两岁左右的宝宝去Daycare（日托）机构，让宝宝多认识认识新的朋友啊，多接触接触

第24章 中产阶级家庭

社会。"

吴大伟把事情前后一联系,就明白为什么自己母亲在这个时候提出要回国:"那,你以后就不用过去了,是吧?"

"他们还没说,但有这个意思了。"万招娣点了点头。

陈卫红陷入沉思:"还真有点突然的……"

"机票我自己能买。"口袋里赚了钱,万招娣讲话的声音都硬气了很多。

"这不是钱的事情,原来我是想,妈你再多留一年,晨茜到四岁就可以进学前班了。"吴大伟也有想法。

"那怎么行啊?这边已经不用去做了,那边你弟媳生孩子正需要我呢!"万招娣早已筹划精密。

陈卫红略一思索,提议道:"妈,这样吧,你也不用太着急,多留个把月吧!我们陪你在周边玩玩,多拍点照片带给亲戚朋友看看,再买点东西捎回去送给大家。"

"这还差不多!"万招娣现在更容易与媳妇取得一致。

三个人坐在一起,让万招娣说,吴大伟补充,陈卫红做记录,说说要给哪些亲戚带些什么东西。当然首先是大伟的父亲,除了里里外外要买齐的新衣服外,吴大伟特地补充,要给父亲挑几双好鞋子,运动鞋皮鞋都要买。万招娣说农村里走泥地买什么皮鞋呀?陈卫红说,不是要出去旅游吗?还有村里人办喜事啥的,总要穿好看点的鞋子吧。万招娣开心地笑了起来,说儿子媳妇想得真周到。

接着是给大伟的弟弟和弟媳的东西,年轻人喜欢时尚,要挑款式新颖的衣服鞋子,还要买点好看的首饰。特别是弟媳又要生孩子了,那么老大老二都要有礼物的。

给村子里的乡亲们,多买点美国的糖果点心巧克力,到临走的时候买,更新鲜些。

吴大伟和陈卫红收入都不错,手头宽裕,买东西很大方。万招娣刚到美国时还带着农村的偏见,以为媳妇会抠门卡住钱不让吴大伟帮助父母兄弟。

几年相处下来,万招娣看到媳妇知书达理,每次儿子说给100美元的时候,陈卫红说要给200美元;儿子说给500美元时,媳妇说要给1000美元。几次下来,她的戒心都消除了,心里想着读过书的人到底不一样,气量大着呢。

陈卫红和吴大伟利用攒下的假期,带着母亲及女儿到离旧金山150英里的优胜美地(Yosemite)风景区漫游。

住着自己的房子,开着自己的车子,工作收入稳定,妥妥的中产阶级家庭了,一家人开开心心地在加州转悠。

吴大伟开车时,万招娣坐在副驾驶位置上,陈卫红带着女儿坐在后排。晨茜三岁多了,对着妈妈说个不停,还不时去招惹一下父亲和奶奶,一会儿问爸爸要不要喝水,一会儿要奶奶给她找个糖果吃。一家人瞪大眼睛看着窗外,加州中部的秀丽风光,大人小孩都觉得眼睛不够用啊。陈卫红不忘叮嘱吴大伟,开车不看景,看景不开车,再美的风光等停下来再看。吴大伟乘机显摆一下,他告诉女儿道:"茜茜,你知道吗?这是美国的第一个州立公园,还是林肯总统在1864年定下来的呢!"

晨茜奶声奶气地问道:"1864年是哪年呀?林肯总统又是谁呢?"

陈卫红接口道:"哎呀,对小孩子说这么书面概念的东西,她怎么记得住呢?茜茜,这个地方叫Yosemite(优胜美地),是印第安语灰熊的意思,加州州旗上的灰熊,就是优胜美地的动物呀。"

晨茜又问:"那什么是州旗呢?我们家有吗?"

吴大伟哈哈大笑:"你这不也是书面概念的东西吗?"又对着女儿说,"州旗是一面旗帜,是代表加州的,一会儿爸爸来指给你看,这里很多地方都挂着的。"

万招娣插话:"你们两个读书人,出来玩都要掉书袋子,就不要为难孩子了!"

吴大伟只觉得这么好的带女儿出来游玩的机会,那是一定要多教女儿一点东西的:"茜茜,你知道加州为什么叫Golden State金色的加州吗?是因为那时大家到旧金山这些地方来挖金子吗?"

陈卫红回答说:"你问茜茜还不如问我呢。茜茜你看嘛,路旁缓缓的山坡上长满了金色的牧草,远远看去,不就是一片金色的土地吗?加州的Golden State名字是因为这样而来的,并不是因为金矿啦。"

他们在新娘面纱瀑布、半圆石、峡谷、林地等优胜美地的景点停车拍照,到处都留下了一家人的合影。

第25章
花无百日红

美国的幼儿园叫作Kindergarten，五岁的孩子可以入园。吴大伟说的Pre-Kindergarten，是幼儿园预备班，四岁的孩子可以进。送走了万招娣，陈卫红和吴大伟就把物色学校的事情提上了正式日程。在美国加州儿童的学龄cut-off day（截止日期）是9月1日，这一天或之前满足岁的可以申请当地公立学校的学前班，之后五岁进幼儿园，六岁进Elementary school（小学）。从进入学前班开始，这段时间就被列入正式学制内。小夫妻俩到处打听查资料，寻找合适的幼儿园。听说了这件事，当妈妈不久的彭金凤也相当积极地参与了进来，未雨绸缪，每天跟陈卫红通电话，讲起学校的事情来就滔滔不绝。

"……我上周去看了我姐姐小孩的幼儿园，还记得上次我跟你讲过的蒙氏教育法吗？他们幼儿园就是推行这种方法的，教室布置得非常新奇，对小孩子特别有吸引力。十几个孩子在一个教室里面，都是四五岁大，都很安静很专注地在做自己的事情。有个才五岁的小男孩已经在做乘法的玩具了，你能想象吗？"

"乘法？"陈卫红吓了一跳，这似乎是国内小学三四年级才学的东西吧。

"可惜这个幼儿园离我们太远了，而且特别贵。"彭金凤报了个数字。

陈卫红再次受到了惊吓："这……这也太……哦，柔斯玛丽介绍我去看了一家历史悠久的幼儿园。"

"哦哦,我知道!我商学院有个同学以前就是读这样的幼儿园的,他的妻子也是在那儿认识的,特别神奇。"

"是的,那家幼儿园的园长带我看了他们楼梯墙上的照片,从20世纪60年代开始到现在,她的祖父,她的母亲,直到她的儿子,还有这里面工作过的老师和学生的照片,有很多感人的故事哪!有些人即使已经离开这儿十几二十年,也会再回来看看,园长还能记得他们的名字。"

"哇,这完全是怀旧电影的桥段了吧。"彭金凤感慨道,接着提起了她们之前讨论过的幼儿园,这家幼儿园下周有Open Day(公共开放日),她准备电话预约去看看,问陈卫红要不要一起去。陈卫红自然一口就答应了。

陈卫红特别请了半天假,赶了个大早到了幼儿园。但其实当地的幼儿园一般九点开始才是正式的课堂时间,到下午三四点放学。在正式时间之外的都是儿托时间,家长可以根据自己的工作安排来决定接送时间,当然儿托是另外收费的。

陈卫红到的时候,看到教室里面已经有几个孩子坐在地上听老师讲故事书。她在外面的走廊上等了一会儿,彭金凤才姗姗来迟。

一位中年白人妇女作为今天的向导,先带领大家参观了幼儿园的几个地方,接着回到了大堂,跟大家介绍当季的课程表,在这上面可以清楚地看到每个时间段的课程安排,特别是在正常的课程时间之外,每天三点之后的艺术类或者户外活动的情况。然后她还为大家展示了一份交接表。因为一个班级会有几个老师任教,每个老师的上下班时间不同,所以她们会把自己工作时间内的班级情况详细记录在这个表上面,一方面方便后来的老师接手工作,另一方面也能让家长清楚孩子们在学校的状况。

最后她们还旁听了一节手工课,那天正好讲了有关日食的科学知识,她们便在老师的安排下,跟孩子们一起制作了日食的演示小模型。

整个开放日的安排到孩子们的午餐为止,老师把大家带回到外面大堂,让大家看了一眼外面送来的餐盒。这家幼儿园没有厨房,只在上午和下午提供简单的茶点,类似面包、饼干、牛奶、果汁之类的简餐。中午午餐则是需要外送,家长们可以选择订餐或者自己带饭。陈卫红仔细看了看外送午餐的本周菜单,菜品偏意式一些,主食有意面、比萨、萨拉米之类的,还包括一份牛奶和餐后水果或者甜点。

"看上去还不错,熟食为主的,中国胃也吃得惯。"彭金凤评价道。

"我是担心茜茜有点挑食,她不喜欢吃胡萝卜和绿叶菜。"陈卫红回头用中文跟她讨论起来,"平常在家里吃顿饭就跟打仗似的,这要是来了这儿可怎么办哟。"

听到两人讨论的声音,那白人老师转向这边询问是不是需要帮助。陈卫红犹豫了一下,便把自己的顾虑讲给了老师听。

老师点了点头表示理解:"很多孩子都会挑食,我的孩子就不喜欢吃西蓝花。其实回想我们自己小的时候,也会有不吃这个不吃那个的情况,所以你不需要太紧张这个问题。我之前看过一篇儿童发育成长的研究,其实味觉的偏爱是人生下来就形成的,这甚至可能是自然选择和发展的结果,是与遗传相关的行为。所以当遇到孩子挑食的时候,比方说在你的情况下是胡萝卜,在我的情况下是西蓝花,我们更应该关注的是有关营养本身的均衡问题,虽然她不吃胡萝卜,但有关胡萝卜的营养可以从其他食物中获取,如果这样的话,吃不吃胡萝卜其实就显得并不那么重要了。你明白我的意思吗?"

陈卫红茅塞顿开:"哦,是的,我从未这样想过。"

老师笑了笑:"别担心,孩子比我们想象的要强壮很多。冒昧问下,你们孩子多大了?"

彭金凤连忙摆了摆手,指了指陈卫红。陈卫红如实告知了女儿吴晨茜的情况。老师算了下时间:"你可以申请我们新学年的课程,我可以把你放到我们的 Waiting list(等待名单)中。"

"哦,太好了!"陈卫红拍手道。

老师邀请两人到旁边的一个小会客室内稍等,她回办公室取来一份文件，上面列明了入园申请的条件、流程和准备材料，另外还有张申请表。陈卫红一一填写详细情况，并留下了联系方式。

老师收回申请表："在确定之前，我们会有一次入学面谈，需要你的丈夫和孩子一起参加，具体时间会再跟你联系。"

"好的，没问题。"

老师送两人到门口，并目送两人离开。

在回家的路上，陈卫红不禁慨叹自己的运气："哇！真的太巧了！"

彭金凤也觉得很高兴，这家幼儿园的确是她们目前考察到的最合适的一家，虽然还没有完全确定，但看形势颇为乐观："果然我姐姐说得没错。"

"什么？"陈卫红不解道。

"我姐姐说，这里的大型幼儿园都喜欢展示自己的国际化和多元化，尤其喜欢接收华裔或者印度裔的小孩，说他们聪明好学。"

"哦？还有这个？"

"对啊，我姐姐小孩之前读的幼儿园，那个蒙氏贵族幼儿园，听说一般都要提前一两年去排队的，但他们当年申请当年就读上了。"

"那我还得谢谢这张脸了。"陈卫红拍了拍自己的脸，笑道。

彭金凤也跟着哈哈笑了起来。

如彭金凤所料，一个礼拜后陈卫红就收到了入园面谈的邀请。吴大伟和陈卫红特意收拾了自己，吴大伟穿上西装，陈卫红化上淡妆踩上高跟鞋，带着打扮得如小公主一般的吴晨茜又去了那家幼儿园。在去的路上，吴晨茜还满脸不情愿，向爸妈要耍小脾气，等到了幼儿园，被老师领着去参加了园内的活动后，立马态度就变了，回去的路上问了又问自己什么时候可以去上学。

夫妻两人则跟园长面谈了一个多小时，园长是位个子小小但极富活力的中年男子，他们聊得非常详细，从基本的体检和疫苗，到孩子的爱好、性格、作息规律等等，甚至还问了是否有进行过入厕训练这样的问题。

这次面谈之后，又过了一个月，他们收到了幼儿园发来的正式录取通知书。当年秋季，吴晨茜如愿以偿去幼儿园上预备班了，小夫妻俩的一桩大心事解决了。

硅谷一幢幢新大楼、一个个新挂起的公司牌子，以及在纳斯达克上市的一个个新的股票代码，向人们展示了互联网蓬勃发展所蕴藏着的巨大能量。因为公司效益好，吴大伟与陈卫红都加薪升职，手上的原始股也开始疯涨。他们换了套心仪的前后花园独栋别墅，开的车子也从花冠本田换成了奔驰宝马，过上了百万富豪的生活。

"红红，如果不是当初那位王董事长一百万美元的刺激，我们也不会留在美国，不会转换计算机专业的。还真没想到一百万美元来得这么快呀！"

吴大伟抱着妻子呢喃道。

一切都那么顺风顺水，顺心顺意。

只是，花无百日红啊！

在吴晨茜踏进小学校门之际，互联网公司开始暴雷，整个行业呈现摧枯拉朽之势，行业的红利泡沫一个个被戳破，甚至每天有几家互联网公司关门，吴大伟公司的股价也呈现悬崖式下跌。一开始，吴大伟还觉得是短暂的态势，没有当回事，或者说潜意识里希望能够回春，可是身边越来越多的实例向他证明并非如此，于是赶上末班车将公司股票全部抛售，虽然没有亏本，但与全盛时期相比股价已经跌了一半。接着工资也开始拖欠，全公司几乎没有人在上班了，有几个美国技术人员甚至已经向法院提起了诉讼。

陈卫红、吴大伟在书房里盯着电脑看股票行情。

陈卫红边看边议论："哟，怎么股票一下子跌这么多？哎呀，我们买的思科、甲骨文，都跌了一半呢，这是怎么回事啊？前两年网络公司的股票疯涨，一下子翻好几倍，现在跌得太惨了！"

吴大伟还在认真地分析："前两年道特卡姆（.COM）公司上市的太多了，只要成立一家道特卡姆（.COM）公司就能上市，做这种公司的美国人，很容易一下子就赚几千万美元。鱼龙混杂，泡沫太多，最后总要破灭的，这下子好了，许多公司的股票从几十美元跌到几美元，再到几毛钱，变成了垃圾股，最后破产变零,就像我们公司那样。"

陈卫红拍拍胸口:"哦哟,好在我们公司去年就上市了,我们可是老老实实做了好多年功课做上去的,也是老天有眼啊,功夫不负有心人,公司的老员工都成百万富翁了,我们算是运气好的。"

吴大伟总是实话实说:"可是我们名义上拿到了上百万美金,但缴税就缴了将近一半。美国人说缴税和死亡,是永远不能逃脱的宿命,真是肺腑之言哪,我们缴了那么多税,也算对得起美国了。"

陈卫红是乐天派:"我们是两手空空来美国的,现在有房有车有存款,有一个温暖的家,美国确是机会均等、公平竞争的地方,我们不得不承认这一点。"

吴大伟却喜欢从反面想事情:"可是,就算我们在美国安了家,我还总是觉得自己是中国人,在美国是少数民族,还是想回国去做点事。"

陈卫红见他绕来绕去还是说的一个意思:"又来了又来了,还是要说回国的事啊?"

吴大伟确实不依不饶:"不是你自己说起来的吗?美国股票跌得这么惨,IT公司的泡沫都冒出来了,我现在也没有工作,还不如回国去发展,国内的网络公司正是方兴未艾,赚钱的机会比美国多得多,我们还是回国去办公司吧。"

陈卫红考虑到了许多具体问题:"你们男人想问题总是这么简单。你想,我们花了十来年工夫总算在美国建立了自己的家,现在又要回国,这就等于把美国的家丢掉,重新要在中国再建一个家。我们在国内的工作又没有保留,现在回国,工作也没有,房子也没有,国内的医疗保险,福利待遇,什么都没有了,更大的问题是,女儿的读书怎么办?叫她回到国内读书,她从小到大受的是美国的教育,国内的课本跟这里不一样,以后你是让她在中国考大学呢,还是在美国考大学呢?"

吴大伟一下子愣住了,不知怎么说好。他搂着老婆的肩膀说:"还是女人仔细,女儿的读书倒真是个问题啊,我们再想想,再想想。"

第二天一早,陈卫红要去上班,临走前她还不忘安慰丈夫:"大伟,没事的,大不了重新找个工作嘛。"陈卫红的公司搞的是医疗设备软件,市场需求大,在这次清洗整合中没有受到太大的冲击,"我的工作稳定,养家没问题。我们的房贷车贷都已付清,现在除了茜茜的上学费用外没有其他太多开销,不用担心的。"

"没想到,前几年我劝你做全职主妇想要养你,你还不肯。现在却变成你要养我了。"吴大伟苦笑自嘲。

"说什么养不养的,我们是夫妻,还分什么你我呀。"陈卫红竭力安慰他。

接下来就是办理琐碎繁杂的手续。等到尘埃落定,吴大伟像是被抽了一口气似的,心里空落落的,对什么都打不起精神来。

吴大伟赋闲在家没有给陈卫红"减负",倒是因为他面临的阶段特殊性,搞得陈卫红需要处处小心,以免他触景生情。原来两个人在饭桌上交流各自单位工作进程的话题被删除了,甚至因为他情绪不好,全家人都不许开心大笑。有一天茜茜因为获得了老师的夸奖而兴高采烈回到家,反被吴大伟以过去的小事莫名其妙地批评了一顿。等到陈卫红回家的时候,就看到被Time out(让小孩罚站)的女儿。

"这是怎么了?"陈卫红被这个场景吓到了。

面对墙壁罚站的晨茜看到妈妈回来,忍住的眼泪开始肆无忌惮了。陈卫红忙把孩子揽在怀里:"茜茜,怎么啦?"

孩子只管在她怀里泣不成声。

倒是里屋传来吴大伟不耐烦的叫声:"还哭?看我打你!"

怀里的晨茜被噎了一下,哭泣声停了两秒,但因为有妈妈做后盾壮胆,她拖着哭腔反驳道:"我报警抓你,你在犯法!"这是学校教的儿童自卫手段。

陈卫红吓了一跳,打从女儿出生开始,吴大伟都是把她捧在掌心里的,从来没说过一句重话。

"茜茜,爸爸打你了吗?为什么?"把茜茜带回她自己房间后,陈卫红耐心地询问道。

小晨茜摇摇头又点点头:"爹地没有动手,但是让我认错罚站,我没有错不肯罚站,他就举手吓唬我,对我大吼大叫……"说完又觉得天大的委屈,哭开了。

陈卫红心里稍微安定下来一些,没动手就好,对孩子动手在美国是违法的,一旦被邻居举报,警察就会来带走孩子保护起来,不让父母随便领回家了。

"那告诉妈妈,为什么爸爸罚你啊?"

"我也不知道,老师表扬我功课做得好,上课主动举手发言,我太开心了,唱着歌回家。爸爸就怪我吵着他了。"

说话到此,陈卫红已经知道了原因,这件事晨茜是一点都没错。

陈卫红有点难过,紧紧抱着女儿亲吻她,为吴大伟解释道:"你知道爸爸最近遇到了一些小麻烦,不是很顺利,他不是有意对你发火的,你能原谅他吗?"

吴晨茜点了点头。

小朋友的情绪来得快去得也快,委屈都说了,又有妈妈的亲吻,即使心里还有点小难受,却很快可以翻篇了。

进自己房间的时候,陈卫红闻到了屋里的烟味。她没说什么,就直接走到吴大伟身边,搂了搂他的肩:"你有什么想和我说的吗?"

吴大伟猛吸一口烟,摇了摇头。

陈卫红把头靠在了吴大伟肩上:"你不是不抽烟的吗?在家里抽烟造成二手烟,对孩子非常不利的。"

吴大伟赶快熄灭了烟头,走到盥洗间漱了漱口:"红红,我是不是太失败了?我明明知道不应该向茜茜发火,但我还是没忍住。"

陈卫红望向自己丈夫的眼睛,那是红肿带着血丝的一双眼睛啊。谁能料想,半个月之前眼中还是意气风发踌躇满志呢?

"怎么会呢?"陈卫红压住心头的一丝不快,柔声安慰道,"这只是一个小小的挫折，没事的。况且美国规定如果因为雇主原因丧失工作的，政府会发给一年的失业补助金，金额根据你原来的工资收入定比例。你原来收入高，每个月还能有几千美金补助，在这段时期里你完全可以再找到一份工作的。茜茜也能理解你的，不过你确实要向她道个歉，孩子是被吓到了。"

"我知道。可是现在简历投了出去，完全没有回应，当年我们还没有毕业的时候，简历回复那都是神速的，红红，转专业我们真的做对了吗？"

陈卫红一刹那心里警铃大作，她了解吴大伟，她知道他并不是真的喜欢计算机专业。当年为了生计、为了堂堂正正留在美国而转了专业。没有读出哲学博士，他心里的不甘和遗憾一直是存在的。但转专业确实给他带来了超出想象的财富，才使得他对当年的选择不至于耿耿于怀，现在的他却开始后悔当年了，看来这次的打击委实不小。

"大伟，这不过是暂时的困难罢了。你看，当初我们不转专业，可能连现在的房子、车子都不会有。"

"人活着的意义就是房子、车子吗？"

陈卫红被这句抢白抢了个无话可说。

第26章
一石激起千层浪

这天陈卫红下班回家,看到吴大伟在厨房里忙着炒菜做饭,似乎好久没有看到他这么起劲了,正自心里纳闷,吴大伟笑着说:"白天我在家接到电话,有一位老熟人要来家里做客,你猜猜是谁吧?"陈卫红猜了几次都没猜对,吴大伟也故意卖个关子说道:"那么你就到时候看吧!"

话音刚落,门铃响起,陈卫红快步过去开门。打开门一看,主客一起尖叫起来,接着是哈哈大笑的声音,两个人拥抱在了一起。与陈卫红搀着手走进来的是哲学博士蔡卓娅,真正的happy surprise(惊喜)啊!

蔡卓娅走到厨房来与吴大伟打招呼,她还是那么率性直爽,吸着鼻子说:"好香啊,总是怀念你家的饭菜,这次有机会过来,那是一定要来蹭一顿的。"

陈卫红摆放着碗筷说道:"怪不得大伟巴巴地做好了油爆虾,知道那是你的最爱了!"她让蔡卓娅在餐桌旁坐下,又到女儿房间里叫出吴晨茜:"快快,来认认你的卓娅阿姨!"

吴晨茜从自己房间里走出来,六岁的小姑娘粉嘟嘟的,娇嫩欲滴,蔡卓娅过去一把抱住她亲热地说道:"你在妈妈肚子里的时候我就认识你了!"说着从自己手提包里取出一只精致的小盒子,打开来,里面是一只小小的银质镶花手镯,要给吴晨茜戴上。吴晨茜抬头看向母亲征询意见,陈卫红笑着点头说:"快叫卓娅阿姨,她是爸爸妈妈的老同学啊!"吴晨茜这才笑着甜甜地叫了声,伸出小手让蔡卓娅把手镯戴在她的手腕上。

老同学一起边吃边聊。原来,当年一起在俄勒冈大学攻读文科的中国同学,大部分都转学了计算机、金融、商业管理等容易找工作收入高的专业,只有蔡卓娅坚持着,孜孜不倦地继续苦读,整整花了八年的时间,把个哲学博士给读出来了。她先在俄勒冈州的一个私立大学教课,最近正好有加州州立大学在招聘教师,她就过来应聘了。

蔡卓娅抬眼看了一下周遭,真诚地说道:"你俩的小日子过得挺红火呀!"

谁料这句赞赏的话却触到了吴大伟的痛处,他突然像泄了气的皮球似的蔫儿下来,怏怏地说道:"我们公司倒闭,我现在失业了,还在找工作呢!"

蔡卓娅没想到事情是这样,有点抱歉地说道:"噢哟,不好意思哎,看来真是家家都有一本难念的经啊!"她也似乎是话中有话。

陈卫红出来打圆场:"没关系的。亏得你过来,他还有点活络劲儿,前几日天天唉声叹气呢!"

蔡卓娅站起来说:"好久没吃到这么好的饭菜了!你们去忙吧,我来负责洗碗收拾。"

吴大伟确实不想动了,陈卫红客气了一下说:"你难得过来,怎么能让你洗碗呢?"

蔡卓娅笑说:"我们就是十年不见面,见面了还是老熟人,还是知道你在想什么的。你去忙女儿的事吧,这里交给我了!"

陈卫红带着晨茜去她房间了,她先要检查一下女儿的功课,然后让她洗澡就寝。

蔡卓娅收拾残局,她利索地将用过的碗碟放到洗碗池里,把剩下的饭菜有的扔掉,有的用塑料纸包起来放入冰箱。看到碟子里还剩了几个大虾,她略一思索,干脆就站在水斗边上,用手抓起大虾边剥皮边蘸着酱汁一起吃下,然后用自来水一冲洗,得意地自言自语:"哈哈,又解决了一盘!"

蔡卓娅走后,吴大伟与陈卫红不胜唏嘘,既佩服她读书的韧劲,又在猜测她与男友王义尧到底怎么样了。

如果说蔡卓娅到访在家里激起一层涟漪,那么叶敢峰的一个电话,就是一石激起千层浪了。

叶敢峰的电话其实很简单,提炼出来就是四个字"回国创业"。这次互联网泡沫的破裂也冲击到了叶敢峰,他就职的公司摇摇欲坠,随时都有失业的危险。他感受到了这个新型领域在美国会有一个整顿清理的过程。在面对这种情况的时候,他想到的不只是要保住自己的工作,而是在这种状况下如何保持主动地位。他与国内同学联系多,听说国内这些年发展神速,有许多优惠政策吸引海外学子归国创业,于是他触发了回国的念头。在这个想法多次冒头之后,他一个人先回国去暗中考察了一番,发现祖国的发展确实是日新月异,潜力无穷。终于这个回国的念头在脑海中不断膨胀,最后与妻子彭金凤商量也得到了支持。夫妻俩一致认为应该邀请吴大伟一起回国创业,一方面是因为他们知道吴大伟最近已经失业,更多的原因是他们需要寻找一位知根知底的合作伙伴。与吴大伟做了十几年的同学朋友,他们深知吴大伟生性诚实,聪明肯做实事,业务能力也强,夫人陈卫红更是通情达理好相处。虽然两家人性格迥异,年龄上也有差距,却正好互助互补。当然他们也考虑到吴大伟夫妇已经在美国生活了十来年,事业有成,可以算是已经扎下了根子,要搬回中国会有许多具体困难,所以叶敢峰也没有把话说满说死,只是提出了邀请意向。

吴大伟听到电话脑洞大开,兴奋异常,他觉得这是叶敢峰对自己的认可,最近这段时间他获得的认可太少了,因此他根本就没有想到家庭的安排之类,满口答应。倒是陈卫红听说这一邀请之后,心里已经百转千回。

她知道吴大伟最近的困局,但是她认为这些都是暂时的,只是为了暂时的困局就开始这么折腾,这不是更大的问题么?更何况回国发展不是仅仅一句口号就可以的,还需要切切实实去做,经年累月地去积累。她听到过闺密周怡婷创业的艰辛,也深知吴大伟的性格有软弱的一面,更明白在小晨茜成长的过程中不能缺少父亲的关爱,所以一时间她不能接受贸然回国。夫妻俩心里有着不同的打算，但是两个人居然默契地都隐藏起了自己的想法，并没有掰开了揉碎了仔细分析利弊得失，表面上什么都没说，只在心里盘算着要如何去说服对方。

陈卫红第二天就去找了彭金凤，想详细了解一下情况寻求支持。彭金凤的态度让陈卫红大吃一惊，她原以为彭金凤也会不愿意的，毕竟不是回她的娘家台湾，而是去她陌生的大陆。

"姐，我真没关系，我只要和罗杰在一起，去哪儿都可以。你也知道我，依着罗杰多一些。"

"那你现在的工作呢？你手上的老大、肚子里的老二呢？"

"姐，我去大陆也可以找工作嘛，而且我也准备帮帮他，可能我也就跟他一起创业了。再说，那边的人也要生孩子过日子的嘛，人家能过，我们也能过的。"彭金凤放下刚叠好的婴儿衣服，"你性格不是这样的啊姐，不然当初你也不会一个人先来美国了，当时我们还私下议论过说这个姐姐胆子真大。"

陈卫红愣了一下，不自觉地叹了一口气。

"我认识的海伦姐也是不会叹气的。"彭金凤悠悠接了一句。

"茱莉亚，有了孩子可能要考虑更多了吧。"陈卫红说道。

"但是小晨茜可能不想背这个理由哦，我明白你的担忧，你俩讨论过吗？"

"还没有，前两天刚吵完，这两天没力气讨论。"陈卫红叹了一口气，认真地说道，"茱莉亚，最近我觉得很累，不明原因地感觉很累，就是，不知道为什么生活不朝着我想要的结果走。"

"你又不是上帝，凭什么生活朝着你预设的方向走呢？海伦姐，你想想看当初你为什么来美国，又怎么留在了美国，大伟哥又怎么来的美国。我一直记得可是有老板愿意花一百万美金娶你的啊！"

说到当年事，陈卫红不自觉地摇了摇头，嘴角勾了一点点自嘲的笑意，又很快隐去了。现在想想当年的自己真是不知道天高地厚，想着要出来看看世界就放弃国内的工作出来看看了，开始也没有想着要在美国一直待下去,只是阴差阳错地,似乎是看到了不同的生活方式、工作机会,才慢慢地留在了这里。也许还是有点想着要活出个人样吧,那100万美金的赌注就是一种激将法和推动力吧。

现在似乎都有了,反而举步维艰了。

原来觉得自己可以成为一个事业和家庭兼顾的女人,自己的妈妈好像就是这样的。但是现在面临着事业和家庭的大转折,似乎怎么选择都不好走,只是她不希望一个家庭隔着一个太平洋。

入夜,吴大伟在床上辗转反侧,不能入眠,他的脑子里转出许多老家的人和事。

爸爸妈妈,兄弟姐妹,亲戚邻居在他乡下老家为他送行,乡亲们拉着他的手说:"大伟,去国外学点新东西,早点回来啊!"

大学校园里,许多学生围住他七嘴八舌:"吴老师,你到了美国可不要忘了我们啊,大家等着听你回来讲国外的新鲜事呢!"

几个一起到美国的同学同事在一起议论:"我们在美国就是一个普通白领,家里生活是不错,但是很难做成什么大事。现在国内改革开放,需要大量人才。我们一起在国外读书的几个同学,回国的都得到重用了,有的还当了大学校长、科学院院士、银行行长。美国经济不景气,回国大有用武之地,发展的机会比美国大得多!"

吴大伟越想越激动,根本无法入眠,他干脆从床上爬起来,坐到客厅沙发上发呆。

陈卫红被他惊醒了,也轻轻地走到客厅,坐到他身边。

吴大伟拉着陈卫红的手说:"卫红,我真的很想回国,你看,当年从美国回去的钱学森、钱伟长、谢希德,这两年从法国和德国回去的陈竺、万钢、吴启迪,都做着为国为民的大事,说到头来,如果孙中山不从美国檀香山回国,周恩来、邓小平不从法国回去,他们也许在国外物质生活过得很好,但是也只能像张爱玲那样默默无闻地死在异邦,中国人有谁会知道他们?他们怎么能青史留名?怎么能带领中国人起来革命,建立新中国呢?"

吴大伟喋喋不休地说着："还有,还有……"

陈卫红看着吴大伟痴痴呆呆的样子,忍不住说："大伟,我看你是走火入魔了,你钻牛角尖了,那你说我们回去女儿怎么办呢? 还有,今后要是碰到再一个'文化大革命',我们这种海外留学生不是首当其冲吗?"

吴大伟说："那么多人都回国了,人家有办法,我们也会有办法的。卫红,我求求你了,我们回去吧!"

陈卫红看着丈夫熬红的双眼,叹了口气。

陈卫红一个人东想西想,怎么想都没有转机。打破僵局的是吴大伟,他主动找陈卫红商谈这件事,明确表明了态度:觉得自己完全可以,也真的很想去尝试一下回国创业。当然,又是一个理性开头感性结尾的谈话,吴大伟最后说了一段话："我自从跟你恋爱结婚以后,十几年都是跟着你的想法走,这次希望你能让我做我想做的事情,希望我自己也能为妻子女儿闯出一条路来!"

陈卫红被这句话击穿怔在原地,酝酿的情绪和不满全部都塞在了喉咙里,什么都说不出来了。

夜静悄悄的,掩盖住这个屋子里的波涛暗涌。也是因为吴大伟的这番话,陈卫红认真了,她想着这些年是不是没有顾及吴大伟的感受,没有让他发挥出男子汉的潜力来? 也许真该回去看看了,或许自己在外面太久了,忽略了国内的创新机遇。

先行一步的叶敢峰从深圳发来了电子邮件。

亲爱的大伟哥:

从深圳致以问候。

我到深圳已经一个多月了,其间发生林林总总实在太多细碎的事,有的惊险有的惊喜,但总体而言,我丝毫不悔当初来深圳的决定。确实相较于从小长大的上海,此地奋斗有太多的不便,人生地不熟在刚开始的确困难不小,但从另一个角度来想,摆脱了熟人社会的桎梏,这儿可不正是允许你我这样的年轻人大展拳脚的地方?还记得你我曾讨论过美国硅谷的历史发展,不瞒你说,我在此地看到了如美国硅谷大发展前夕的星星之火!这周我又走访了三家电子设备加工厂,从个人电脑到移动终端机器,从工艺上来说这里的技术正在不断追赶美国,一些零部件的生产甚至已经完美达到了硅谷的标准。考虑到他们的起步时间和生产条件,这简直就是奇迹!同时,硬件发达软件开发不足的缺陷也在慢慢体现出来。工厂和工人只是机械地把零部件生产出来或者组装起来,这里的很多工厂主对于为何如此设计、如何改进、如何创新这样的问题往往束手无策。软件开发,这不正是你我的专长和强项吗?以我们在硅谷公司这么些年的经验和技术,此处正是我们的试验地和修炼场。

　　昨日,经可靠的朋友引荐,我参加了一次特别的会议。会上有政府机关人员,有大企业老总,有港台过来的投资人,还有几个跟我一样从海外回来创业的留学生。自伟人南巡后,深圳快速发展的背后最重要的几股力量似乎都看到了,我有幸参与其中,得到了更多振奋人心的消息,直至此刻我写这封邮件时,内心依然难掩激动和兴奋。局中一二,暂无法在此详细说明,待他日你我重逢,可面对面详谈三四。

　　若要讲此地有什么不足的话,那应该就是吃的了。一次饭局上,听说我们几个从上海来的,特别点了生煎包来吃,味道尚可,就是不太正宗,肉多汁少,还可惜是个死面。当时就想念起乍浦路上的金彪生煎来,一客生煎配一碗咖喱牛肉汤,味道好极了。

　　此处一切皆好,不多赘述,不知吾兄现意决如何?如有任何消息,盼速告我知。

　　等你的——

叶敢峰

　　邮件很短,看完这封跨洋电子邮件只花了几分钟,但邮件上的内容却久久盘旋在吴大伟的脑海中,并且变得越来越强烈。

"大伟!"饭桌上,陈卫红发现自己丈夫明显心不在焉的样子。

"啊?"吴大伟回过头。

陈卫红偏了一下头,看着吴大伟,用眼神询问他的想法。

吴大伟下意识地避开了她的眼神,低头看了一眼桌上的饭菜,略一停顿才抬头望着陈卫红道:"我一会儿给你看个电子邮件,小峰发给我的。"

那不用说,她也知道是关于什么事情的了。

饭后陈卫红看了邮件,坐在电脑前,一时没有开口说话。吴大伟在一边等了等,看对方一直没有表示,心里不免有些着急,站起来走到她身边来。没想到陈卫红先转过身子来说道:"我们去深圳看看吧。"

"嗯?"吴大伟愣在了原地,在内心做了好几套说服方案突然没法拿出来用了,莫名有点憋屈又有些高兴。

"我想过了,我们在这儿凭空争吵并没有什么意思,要去实地看看才行。如果一切真的如小峰说的那么好,对于我们也是个机会;如果不是,至少心里也能给自己一个说法。"

又惊又喜的吴大伟只能在原地不住点头。

"正好茜茜学校放假,我们也顺便带她回国看看。你说怎么样?"

"好!非常好呀!"吴大伟不禁鼓起掌来,"还是你考虑得周到!就按老婆大人说的做!"

那时还没有直飞深圳的航班,一家三口也打算先飞回上海探亲。第一次回国的吴晨茜尤其兴奋,半夜到达上海依然活蹦乱跳,看到来接机的外公外婆,亲昵地冲上前又是拥抱又是撒娇。到了第二天就不行了,时差的劲上来,困得她边吃饭边打瞌睡,脸都快埋到饭里面了,只能被抱去房间补觉。

陈卫红回到饭桌边继续吃饭,陈家父母问起小孩读书的事情来,听到美国小学里的环境和教育方法,两人都大为赞叹。

"对了,茜茜学写字了吗?"陈启航突然问道。

"汉字吗?"陈卫红摇了摇头,"我自己在家教了一点,但对小孩子来说太难了。我一叫她抄写汉字,她就喊手疼,实在没办法。"

陈启航皱起了眉头:"中国人怎么能不会中文呢?"

"要不让茜茜回上海来读两年小学,好好识字认字。"魏晓楠提议道,"正好大伟也计划回国发展嘛。"

陈卫红和吴大伟对了一下眼神,尴尬一笑:"这个嘛,我们先去深圳看看再说。"

第27章
深圳,我们来了

几许忐忑,更多期待,将女儿吴晨茜托给外公外婆照看,两人坐上了飞往深圳的航班。飞机即将落地时,他们透过舷窗往外俯瞰这个新兴的城市,已经不是想象中边陲小渔村的模样,也有高楼鳞次栉比,也有街道宽阔笔挺,虽然依然稚嫩,依然年幼,但却到处都透露出一种新的气息。

出了机场,坐上叶敢峰的小面包车,往市区开去时,他们见到了更多生活在这里的人。一张张鲜活的面孔,洋溢着生动而富有活力的气息,感觉深圳有点像上个世纪美国西部大开发时期的新城市,开放,包容,充满了创新的魅力。

小面包车突突地向前开,经过一个关口停下来被检查了证件。深圳作为国内最早的特区城市之一,大量外来人口涌入,除了身份证之外,来到此地的人还需要一张"边防通行证"。

"当然也有钻空子的。"检查完证件,叶敢峰继续开着车,如本地通一般介绍起了当地人情世故,"他们本地人叫'钻狗洞',就是给那些没有通行证的人,类似美墨交界处没有拿到合格签证的墨西哥人那样,设法钻到美国一边来打工。早些年的时候边防巡查非常严格,政府甚至用铁丝墙把整个城市给围了起来。但一些脑子动得快的本地人还是找到了空子,他们在铁丝墙偏僻的地方剪个小洞,派人守着,然后再在里面用面包车接人钻过来。"

"这不就跟偷渡一样了?"吴大伟惊讶道。

"对啊,被抓到就判刑。"叶敢峰点了点头,皮肤被南域的阳光晒得黝黑,"我那个深圳的好朋友他哥以前就是做这个,做了一段时间发财了就不做了,现在都洗白了。"

"你现在这辆车就挺像搞偷渡的。"陈卫红开玩笑道。

叶敢峰闻言哈哈大笑:"对不住了!我现在又是老板又是打工仔,既要开发客户接订单又要自己送货,像这样的面包车比较方便,后面可以装人也可以装货。平时要累了,把后面的座椅背放倒,还可以打个盹什么的。"

三人哈哈大笑,拐过一个路口,看到窗外一个硕大的标语,"时间就是金钱,效率就是生命"。叶敢峰指着这个标语笑道:"这句话真是对深圳的极好概括了。"

小面包车停在靠近市中心的酒店门口,让两人稍作休息,约定好明天带他们去办公室还有电子工厂看看,叶敢峰又发动车子走了。

两人办理入住后,在酒店服务员引导下坐上电梯。等电梯的空当,吴大伟忍不住悄声问道:"你觉得怎么样?"

"我觉得小峰晒黑了好多啊,但精神头不错。"陈卫红如是道。

吴大伟瞪着眼睛看着陈卫红:"我不是问这个!"

"电梯来了,先上去。"陈卫红推了一下吴大伟。接下来每每吴大伟想再提起这个话题时,都被陈卫红巧妙地转移开来,气得他只能躺下蒙头大睡。

陈卫红当然知道吴大伟的心思,只是事关重大,她还不能确定,她还没理清自己的思绪,更没有办法给他什么意见和参考,特别是在眼下这个敏感的时刻。

她悄悄滑进被窝里面,从背后轻轻抱住吴大伟。吴大伟身体动了一下,然后抓住了她的手。他其实都明白的,在这个时候,她可能还有一点迷茫,因此显得更谨慎,更抗拒改变。

叶敢峰自己鼓捣的小公司办公室就在酒店附近的写字楼里,出了酒店步行几分钟就到了。

写字楼只有三层，非常新，刷得雪白雪白的墙，擦得干干净净的楼梯。走到楼上，整个办公室如筒子楼一般，一个个房间依次列开，每个房间门口挂着一两个招牌，上面写着各种公司的名字，有做外贸的，有做汇兑的，还有维修的，各式各样，五花八门。叶敢峰领着他们到了其中一间，门口挂了一个某某软件开发公司的牌子，另外还有一个港货贸易公司的招牌。办公室里面也非常简单，被一片可移动的塑料挡板分成左右两半，一边都是台式的电脑，另一边都是卷宗和衣服。

　　叶敢峰一进门，分外熟络地跟堆衣服一边的人打招呼，并笑称彼此为室友。另一边的电脑前已经坐了个年轻的小伙子，见叶敢峰进来赶紧起身问候。

　　"这是我新招的帮手。"叶敢峰将小伙子介绍给两人，"别看他大学才毕业，但做起事来非常靠谱！"

　　双方问好，叶敢峰也介绍了他们给同屋的贸易公司认识。贸易公司的老板是个矮小精干的潮汕人，讲起话来带着浓浓的口音，为人非常热情，听说两人刚从美国回来，连忙从自己桌子的抽屉里取出巧克力来请他们吃，"这个是我上个星期刚刚从香港带回来的哩。"

　　拗不过对方的热情，两人各吃了一块巧克力。

　　外贸老板笑着不住地夸奖叶敢峰"幼仔可畏"，叶敢峰则反夸他"老当益壮"，大家都哈哈大笑。

　　"这里管这叫'拼桌'。最早的时候，大家就是到大楼里面租一个桌位，一个桌位就是一个公司了，所以一个小小的办公室里面，有十几个不同的公司。"

　　外贸老板补充道："我刚处在讨赚（赚钱）的时候，就是跟一个北仔拼桌，他做内销，我做外贸。内销的上午事情多，他就上午用，我的生意多在下午，我就下午用，这样桌子上面半天挂他的招牌，下面半天挂我的招牌，互相不烧拍（打架）。"

　　陈卫红和吴大伟听了啧啧称奇。

叶敢峰给两人看了看他手上正在跟进的几个单子,有关于个人计算机系统的,也有关于大楼自动安防系统的,还有移动产品的,不一而足。

"这些你都做?"习惯了美国企业专业分工的吴大伟惊叹道。

"能做的就自己来,做不来的,我会介绍给同行朋友。"叶敢峰露齿一笑,晒黑的脸上显得牙口特别白,"走,我带你们去看看工厂。"

他们又坐上叶敢峰的小巴车,穿过半个城市开到一片集中的生产制造区。即使是大白天,厂房里面依然亮着电灯,除了生产机器轰隆轰隆的声音,便是电风扇的嗡嗡声。厂房内一排一排坐满了加工装配的工人,女性居多,都把头发高高地盘在头顶,把工厂发的制服帽子顶出一个小山般的隆起。深圳夏天特有的黏黏腻腻的气候,似乎在室内凝固,陈卫红觉得胸口发起闷来。

工厂主被引荐给他们认识,并领着他们参观工厂。陈卫红找了个理由,从工厂车间逃到室外,站在树荫下面,吹着夏季微微的凉风才慢慢恢复过来。

她靠在树上,发了会儿呆,想着要回那个闷热的地方便觉得有点烦躁。一群孩子嬉戏吵闹的声音传到她的耳朵里,她站直身子,循着声音走了几步,远远看到工厂另一侧一个好似员工宿舍的区域,有工人的孩子三三两两地聚在一起游戏。几个男孩子手上攥着玻璃弹子,趴在水泥地上打弹子,不时发出一阵一阵的哄闹声。还有几个女孩子躲在树荫下面跳橡皮筋,边跳嘴里边念着她听不懂的童谣。她马上想起了女儿晨茜,想着晨茜以后也会与他们一起玩吗?

离开工厂时,吴大伟似被点燃一般不停地问问题和发表观感,被他的热情感染,陈卫红也振作了许多,问了很多有关这个城市现状和新移民的生活问题。叶敢峰一一答了,但对于孩子和上学的事情他知道得不多。

"十一月金凤预产期你肯定要回去的吧?"陈卫红问道。

"那必须的呀!"叶敢峰一口应道,"这是我家二宝了。"

"之后呢?你要接他们母子过来吗?"

这个问题倒是把叶敢峰问住了,只能"哎哟"一声,"坦白说这个我还真没想好呢。"

"肚子都那么大了,该好好想想了吧。"

"当然能团聚,一家人在一起是最好的了。我不是不想,只是这儿的日子有的时候真的太苦了,我不愿意让他们来吃苦。"

"你跟金凤谈谈吧。"吴大伟建议道。陈卫红回头看了他一眼。

"嗯,要谈谈的。"叶敢峰应了一句。接下来的时间他突然沉默了很多,只专注在开车上,对于吴大伟的话题也是有一搭没一搭地敷衍几句。

他们最后到达了这个城市的象征建筑,号称"中华第一高楼"。楼下是个商场,进门中庭的拱形玻璃下面一座音乐喷泉,显出许多时尚而摩登的气息。他们坐电梯上到顶层的旋转餐厅,寻了个靠窗的位子坐下,点了一些茶点。正是夕阳西下的时间,透过窗户,他们看到太阳渐渐没入城市天际线的过程。

"这个高楼也是这个城市的骄傲,从开工到竣工仅仅用时37个月。"叶敢峰介绍道。

"37个月?这个楼多高?"吴大伟惊叹一声。

叶敢峰指了指窗外:"160米,53层,号称'三天一层楼'的速度。"

两人又是惊叹,双眼望向窗外,城市被夕阳涂上了暖色,一条条街道,一串串车流如城市的脉搏跳动着,活跃着。

"这才是一个有希望的城市。"吴大伟忍不住感慨道。

"嗯?"陈卫红一时没听清,吴大伟转过头来,对着她又说了一遍。

陈卫红点了点头,确实在这里她感觉到了生机和奋进,一个孕育新力量和新希望的地方。

叶敢峰也兴奋了起来:"大伟哥,你可想好了?留下吧,我们联手,天下无敌!"

吴大伟被他的用词给逗笑了,想点头,但还是犹豫了一下,回头看着陈卫红。陈卫红也看着他，四目相对。在他的眼中，她看到了那许久不见的光芒和火花，不只是眼睛，整个人似乎都显得神采奕奕起来。她不禁动容，内心敏感地抽动着，她听到自己如是说："要不就试试看吧。"

这个城市的夏季漫长而黏稠，即使是对于从小生长在海边城市的她来说这里依然过于潮湿，过于闷热。只有在清晨时，天色刚亮，大地还没来得及接纳过度的暑热，推开窗户时方能感觉天地清新可喜。

陈卫红在窗口站了一会儿，突然觉得后颈有些痒，用手一抓竟然摸到了一串凹凸。她吓了一跳，连忙跑去卫生间，掀起头发，对着镜子一照，果然长了一片红色的疙瘩。

"哎呀！"她尖叫一声。

吴大伟闻声跑来卫生间看："怎么了？"

"你看！"陈卫红探出脖子让他看，"我这儿过敏了。"

吴大伟吃了一惊，慌乱了起来："哎哟，怎么突然过敏了，是吃了什么东西吗？"

"我没吃什么呀。"过敏的地方又瘙痒起来，她拉了拉吴大伟，"好痒啊，我不能抓，你给我吹吹。"

吴大伟搂过陈卫红，听话地对着过敏红肿的部位吹气，吹了一会儿问："好点了吗？"

陈卫红点了点头："给小峰说下，我们先去买点药膏，要晚一点才能去他那儿。"

吴大伟应了，用酒店房间内的座机打了个电话过去，然后说："你在房里休息一下，我下去买吧。"

陈卫红哦了一声，在座位上坐下，歪着头，用手指轻轻扇着过敏的部位来缓解瘙痒的痛苦。"就买我常用的那个，白色包装的，你知道的。"

"嗯。"吴大伟点了点头，出了门，到前台询问了位置，穿过两条街才找到一家大药店，所幸店里有卖常用的过敏药膏，虽然比在美国卖得贵了许多。

他将药膏收好,循着来路,走回酒店内,回到房间,陈卫红就迎了上来。

"大伟,我知道为什么过敏了!"她将头发高高地扎起来,露出的后颈上红色一片。

吴大伟收回视线,问道:"是什么?"

陈卫红带着他到床边,拖出一个枕头:"你看!"

枕头套已经被拆掉,露出了里面斑斑点点的枕芯,吴大伟弯下腰一细看,浑身鸡皮疙瘩都起来:"这……这怎么都发霉了?"

吴大伟先给陈卫红涂上药膏,安抚她坐下休息,接着就给酒店前台打电话投诉枕头发霉的事情。没一会儿,酒店经理领着两个客房服务员来敲门。经理是个香港人,进门先道歉:"对唔住,令你们失望啦。"两个客房服务员在他的指挥下,先把发霉的枕头丢到门外,又快手快脚地将整张床上的布罩都换了一遍。

"两位实在对唔住啦,最近天气太过潮湿,东西很容易变坏。我们没有及时发现更换干净,影响了你们的入住体验。"

吴大伟余气未消:"我太太都因为这个皮肤过敏了,脖子后面红了一大块。"

酒店经理闻言,立马提出送陈卫红去医院皮肤科检查,相关医疗费用由酒店承担。陈卫红摆手婉谢称,暂时没有那么严重。

酒店经理又道了一次歉,说减免他们一晚上的房间费用作为补偿方案。两人点头同意了。

"国内酒店的服务态度改进很多啊。"陈卫红感叹道。

吴大伟看了一眼桌上文件夹刻的酒店名:"是啊,深圳在尽力与国际接轨,虽然还有差距,但能做到这样真的挺不错的了。"

"都在发展进步。"陈卫红不禁赞叹道。发达国家的先进经验,在这片城市新兴的土壤里可能会开出更为耀眼的花朵来吧。

吴大伟很快进入角色,与叶敢峰联手干了起来。陈卫红见他至夜未归,

第27章 深圳,我们来了

忍不住走到他的办公楼去瞧瞧。

即使夜幕四合,这片办公大楼里面依然灯火通明。

叶敢峰搬了两台电风扇对着电脑主机吹,帮助散热,自己则和吴大伟一起脱得只剩个小背心和大裤衩,赤着脚挤在屏幕前写代码。即便如此他们还是热得汗流浃背,一边不停灌水,一边拿脖子上搭着的毛巾不停擦汗。

陈卫红进门一看他们那个样子就笑起来了:"你们这是在澡堂子还是在办公室?"

叶敢峰嬉皮笑脸地回道:"天气实在太热了!这里就我俩和郑老板,也没有小姑娘,无伤风化嘛。"

吴大伟起身披了件短袖衬衫。但就坐下一会儿,热得不行,还是把衬衫给脱了,看了眼陈卫红,短袖短裙,脚踩凉鞋,不由自言自语道:"还是女生好办呀。"

办公室另外半边的外贸公司郑老板听到自己被点到名字,手里拿着一瓶汽水笑眯眯地过来,递给陈卫红问好。

陈卫红摆手谢绝:"我不渴,谢谢郑老板了。"

郑老板一身棉麻短袖上衣马裤,这么热的天气头发依然梳得一丝不苟,一开口先呼出一团和气:"不要客气!香港带回来的新货,好好食哩,吴太一定要尝一尝。"

盛情之下,陈卫红只能先收下了那瓶橙红色透明的橘子汽水。

郑老板送完汽水又回到那半边的办公室去,继续算账,计算器被按得啪啪作响。

陈卫红搬了凳子坐到通风的窗边,找了个能看到他们屏幕的角度坐下。

"哦,对了。"叶敢峰回头问道,"海伦姐你皮肤过敏好点了吗?"

陈卫红摇了摇头:"扩散了。"

"啊?"叶敢峰吓了一跳。

"刚开始就脖子后面有点,现在胳膊上都是红点点了。"陈卫红伸出右手翻过手肘给他看过敏的地方。

"看医生了吗?"

"昨天去看了。"吴大伟接话道,"医生说是气候性的,是因为天气太闷热太潮湿造成的。"

"没事,按时抹药,能好的。"陈卫红笑道。

那边郑老板听到他们的话题,又拿着一罐药膏样的东西绕过塑料隔板跑过来,"小理思(小意思)啦!在那边听到吴太的皮肤过敏,我这里正好有老家带过来的药膏,乡里祖传的秘方,一涂就好!立马见效!"

陈卫红连忙起身谢绝:"不用!不用!医生开了很多药膏给我,不用麻烦郑老板了。"

郑老板不得不收回药膏,转头问起另一件事来:"吴太今天去看此地的学校了吗?"

提起学校,陈卫红又多了一层烦恼。

第28章
进退两难的徘徊

陈卫红去看了郑老板推荐的几个学校，浑身没劲。

吴大伟停下手上的活，转过身来看着陈卫红，心里先有些气馁："毕竟这里是新开发区，小学肯定跟美国不一样的。"

"我知道的呀。"陈卫红看了一眼吴大伟，"但这……差得也……有点太大了吧……"

"你们要不先问问茜茜是怎么想的？"叶敢峰插话道。

"茜茜？问茜茜这个？"吴大伟也皱起了眉头，认为自己的女儿对于做这样一个重要的决定年纪实在不够。

"对！"陈卫红双手一拍，"是得问下她的。"

吴大伟转回头看着自己的妻子，眉头皱得更紧了，他似乎一下子醒悟到了，女儿已经开始有了自主意识，确实有询问她的必要了。

看着吴大伟表情的变化，陈卫红哈哈一笑，站起来拍了拍他的肩膀："你也是在美国待了十多年的人了，这叫尊重个人意愿。不管茜茜是不是只有六岁，我们都要尊重她的呀。"

吴大伟被说服似的点了点头："那你要接她过来？"

"是的，我就是这么想的。"陈卫红下定了决心一般，起身去往上海娘家打电话，爸妈到底是老教育家，给了她一个信息，说是各地都有国家办的重点学校，师资力量强，教育资源好，是否可以找找看，与那里联系一下。陈卫红——应承,并安排好了机票和接送事宜。

三日后,陈卫红和吴大伟在深圳机场接到了小姑娘。背着小书包的吴晨茜格外神气地走在两人前面,完成了人生中第一次独立飞行的任务,此刻的她正是自信心最为爆棚的时候。

陈卫红也看出了她格外飞扬的心情,如任何育儿经验丰富的家长一样,三两句溢美之词先将女儿捧上天,在她放松警惕的时候,正是母亲企及真正意图的时机。"茜茜,明天还有一个更困难的任务,你有信心完成吗?"

"当然!"果不其然吴晨茜一口答应,满脸期待,"是什么任务?"

"明天,我们去上学前班。"陈卫红笑着说道。

"学前班?是在学校里面的吗?"

"Bingo!(对!)是在小学里面的暑假班。"陈卫红对吴晨茜比了个大拇指,"但是跟茜茜一起的可能是哥哥和姐姐们,茜茜怕吗?"

吴晨茜犹豫了一下,最后还是挺着胸膛说:"我才不怕呢。"

"我们茜茜真棒!"爸妈齐声夸奖。

但前一日豪言壮语,到了真的站在学校门口的时候,茜茜的气势立马就虚了下来。

新翻修的教学大楼,白墙簇新,阳光打在上面反射出耀眼的光芒,晃得人眼睛生疼。

"走呀。"陈卫红拉了一下赖在原地的吴晨茜。

吴晨茜向前迈了一步,又停下了,右手紧张地攥住了衣摆,双唇紧紧抿成一条线。陈卫红低头看着她,那犹豫不决的表情像极了父亲吴大伟。

吴晨茜抬头看向母亲,双眼湿润,希望通过示弱暗示母亲回心转意。但陈卫红完全不吃这套,反而笑着打趣道:"昨天不是还趾高气扬的,今天怎么了?"

"妈妈……"

吴晨茜刚要撒娇,就被陈卫红打断道:"不是说不怕的嘛!"

吴晨茜扁了扁嘴,脸上露出倔强的表情来:"我才不怕呢!我只是……

只是……"

陈卫红也有点心软,摸了摸她的头,语气温和道:"别怕!加油!妈妈放学来接你。"

吴晨茜眨了眨大眼睛,试图掩盖眼眶里面的眼泪,对陈卫红挥了挥手,独自一个人往教学楼走,边走边喃喃自语:"明明说带我来深圳玩的,现在却要去学校……"

陈卫红望着女儿小小的背影,渐渐消失在楼梯那头,内心也有些复杂。这连哄带骗地把女儿送进了国内的小学,也不知道后面会怎么样……

这样忐忑了一天,陈卫红早早跑来学校接女儿,跟一众爷爷奶奶一起挤在校门口,探着脑袋,透过铁丝校门向里面张望。

终于放学铃响了,教学楼里顿时一片欢腾。校门由门卫推开,两位衣着得体的老师站在门口,监督孩子们有序离开学校。

陈卫红左等右等,终于看到那个小小的人儿背着书包从楼梯那里走过来。"茜茜!"她冲进门口,对着那个小人挥了挥手。

吴晨茜闻声抬头,看到是自己的妈妈,一扫脸上的阴沉,高兴地蹦跳着往她那儿跑去。

"慢点!校园走廊内不许跑动打闹!"其中一位督导老师对着吴晨茜吼道。

吴晨茜吓得一抖,在原地停了下来,看了一眼那个老师,直观的生理反应,说了一声:"I'm sorry!(对不起!)"然后假装不紧不慢地走到了陈卫红面前。

陈卫红蹲下身拥抱了一下自己的女儿:"小公主放学啦!"

吴晨茜紧抓住陈卫红的手,回头瞥了一眼身后的督导老师,口中小声催促道:"这里的老师好凶啊,妈妈我们快走吧!"

陈卫红母女两人没有直接回酒店,而是先去了一家粤菜馆,小包间里面吴大伟和叶敢峰已经先到了,正热火朝天地聊着手上的项目。

"小峰叔叔!"见到许久未见的熟人,吴晨茜又变回小撒娇,跑去拥抱了叶敢峰。

"茜茜公主越变越漂亮啦!"叶敢峰也很高兴。

"我要坐小峰叔叔旁边!"吴晨茜甩掉书包,像抢位子一般手脚并用地快速爬上他旁边的椅子。

陈卫红笑着,挨着女儿坐下:"你们点菜了吗?"

"有小峰在,还怕耽搁了点菜吗?"吴大伟笑着打趣道,"都点好了,你一会儿看看单子,还需要加点什么跟服务员说,菜单在这儿。"

陈卫红接过菜单,随手翻了一翻。

坐下没多久,冷菜热菜就依次端了上来,荤素搭配,五光十色,陈卫红不禁称赞叶敢峰会点菜,点得好。

"对了,茜茜。"吴大伟转头问自己女儿道,"今天上学怎么样?"

一提到上学,吴晨茜的表情就变了:"爸爸,我明天不想去那个学校了。"

陈卫红心里咯噔一下,这不好的预感还是应验了。但面上强撑了一个微笑,温和问道:"怎么了?学校不好吗?"

吴晨茜摇了摇头:"老师好凶啊!今天坐我前面的男孩子用左手写字,被老师训了一顿,好凶好凶。我看他都哭了。"

"啊,这样啊?"吴大伟尴尬地喝了一口水,"那上课教什么了吗?听得懂吗?"

"今天教了拼音,a,b,c,d,e,f,g,老师有些话我听不大懂,但是妈妈教过我的……"吴晨茜说着开始用拼音的方式背字母表。

"拼音呀,我们不是在家里学过了吗,那茜茜一定没问题的!"陈卫红接话道,但还是觉得不太确定,又加了一句,"对不对?"

"对啊,妈妈教过的。可是……"吴晨茜扁了扁嘴,一副委屈的表情。

"可是什么呀?"陈卫红追问道。

"老师上课的时候提问有没有人能把所有的拼音念出来,我很高兴呀,就举手了。但是,但是,妈妈知道的,j和g我有的时候会弄混的,我就念成了Jay和Gee……然后,然后他们就一起嘲笑我了……"似乎又重临了一遍当时羞辱的场面,吴晨茜的大眼睛里面又眼泪汪汪。

坐得近的叶敢峰被小孩子说来就来的眼泪给吓到了,慌忙又是抽纸巾,又是擦眼泪,又是好言相劝,还夹了几个大虾到吴晨茜碗里,试图用美食转移孩子的注意力。

吴大伟和陈卫红交换了一个眼神,陈卫红无奈地摇了摇头。

想到上海爸妈的建议,陈卫红到处打听,终于找到了这里的公立重点小学校。

陈卫红兴冲冲带着女儿去到了那所学校。校长是一位戴着眼镜的儒雅的中年男子。她听陈卫红谈了情况后说:"我们是重点学校,不能随便收插班生。你要到市教育局去登记,教育局同意我们才能收。"

陈卫红一愣,但她毕竟是在国内长大的,知道此地的政策:"不是说就近读书吗?我们如果在附近的小区买房子,我们拿房产证来可以进校读书吗?"

校长很有喜感地笑了起来:"为了要上我们学校,有许多家长都在这里买了房子。现在有钱人多了,很多外地人都来买房子。如果买了房子就可以进我们学校,那我们不成了小区子弟学校了?没有那么容易的。"

陈卫红一计不成又生一计:"我们是美国回来创业的,是否有什么政策优惠?"

校长从眼镜后面重新打量了一下陈卫红和晨茜,似乎对她们刮目相看了,他拉长了声音说:"哦,你们是从美国回来的,那好办,那好办。"

陈卫红觉得有希望了:"那么我们可以报名了?"

校长认真地说:"你们可以有两种办法,一是请市里高科技办出一张从国外引进高科技人才的证明,你们拿着这张证明到市教育局去,教育局就会给你们开条子介绍你们来读书。还有一个简单的办法,就是你们给学校一些赞助费,这样学校也可以有理由收你们。"

陈卫红觉得真是太烦琐了,她以好奇而又有点故意引蛇出洞的心态问道:"那么请教校长,办引进人才要有什么手续呢?搞赞助又需要多少钱呢?"

校长一板一眼地说："市高科技办需要你们出示经过美国法律公证的博士学位证明，市里还要考虑你们所学的专业是不是国内需要的，并不是说外国的博士都照单全收。赞助的话，如果孩子的文化考试合格，那么有10万元人民币就可以了，也就是1万多美金吧。"

卫红干脆问到底了："还要考试？考哪几门啊？"

校长掰着手指说道："政治、数学、语文、英语，当然你们从美国回来，英语是没有问题的。"

陈卫红被搞晕了，她轻轻说了句："哦，My God！（我的天哪！）"

晨茜小声问妈妈："什么是政治啊？我们从来没学过。"

校长算是回答吴晨茜的问题："这个很容易的，找几本书看看就行了。"

他热心地站起来，走到书架前去抽出了一本又一本书，足有厚厚一叠："你看看这些书吧，考试是没问题的。"

陈卫红吃惊地说："小学生要读这么多书？"

校长说道："现在国内竞争激烈，不要说小学，从幼儿园开始就要进好学校，都说要赢在起跑线上嘛！我们是重点小学，以后都想考进重点中学的，不多读点书怎么行呢？"

陈卫红转念一想问道："那么，有没有什么学校可以用美国的教材的？"

校长严肃地说："我们国家办学，肯定不可能用美国的教材，就像你们在美国的学校，也不可能用中国的教材一样。不过我听说，在北京有这样的私立学校，一年收几万美金学费，针对外交使领馆的孩子，采用所在国的教材。你可以打电话去问问。"

陈卫红只能无奈而礼貌地说："好的，谢谢你的信息。"怏怏地带着女儿走了。

回家的路上，晨茜对妈妈说："妈妈，到北京去读书要坐飞机去，也不能跟爸爸一起，回美国读书也是坐飞机去，那我们还是回美国去读书吧，我真的好想念我的同学们。"

陈卫红抱住女儿陷入了沉思。

看到吴晨茜垂头丧气地回来,叶敢峰心生一计:"茜茜,你爸妈说带你来深圳玩的,怎么都是说的学校的事情?叔叔带你到几个好地方玩玩,你肯定都没听说过的。"

吴晨茜来了劲:"我要去我要去!什么好地方呀?"

叶敢峰翻出了几张照片,指着照片说道:"深圳有一个世界之窗公园,里面都是全世界各个国家最好玩的景点。还有一个叫作海上世界,原来是法国的一条豪华游轮,有九层楼那么高,现在都是游乐的地方。"

吴晨茜拍着手拉着叶敢峰要去。吴大伟瞪了叶敢峰一眼:"说是业务来不及做要加班,你加班加到世界之窗去啦?像你这样宠孩子,看你自家的老二生出来,都要骑在你头上啦!"

叶敢峰被大哥说得有点不知所措。陈卫红接上来说:"好啦好啦,你们都是工作狂,我来带茜茜去看吧!"

茜茜在学校受的委屈和压抑一扫而光,又变成了活蹦乱跳,精力充沛的小公主。吴晨茜在世界之窗里边走边说:"妈妈,妈妈,这里都有全世界的好地方吗?你看这个金门大桥比我们那里要小得多了,还有那些街道,也好像不是真的。不过,要把那么多好地方摆到一起来,大概也只能小一点啦。"吴晨茜开心地跟母亲分享自己观察的结果。

陈卫红应和着。但小公主身体里的能量没能坚持到游园结束就用完了,陈卫红只好叫了辆出租车回酒店,她倒在后座上呼呼大睡。吴大伟抱着熟睡的女儿,和陈卫红一起上楼回了房间。

"怎么样?"吴大伟轻声问道。

陈卫红摇了摇头,叹了口气:"孩子在这里玩玩还可以,但读书真的不方便。这里的教材与美国完全不一样,将来她要在美国考大学的。"

吴大伟将女儿轻轻放在床上,吴晨茜下意识地扭动着找到了枕头继续睡。"那……"

"大伟,茜茜的教育很重要,我觉得还是要回去,在美国念书,对她更好。"陈卫红说出了这几天考察后的决定。

吴大伟沉默了一阵子,转过身直视着陈卫红道:"你也要回去?"

陈卫红点了点头:"我得看着她,而且,我也冷静地想过了,创业时期不但没有收入,反而还要投入资金的,这段投入期到底会有多久,谁也说不准。如果我俩一起回来,没有了收入,各种开支怎么支付?我们自己可以吃点苦,但是女儿的培养费用尤其是教育经费还是一笔不小的支出,我们不能不考虑的。"

吴大伟叹了口气,摊开手臂,将陈卫红搂到怀里:"结果兜兜转转,我们还是要异地分居啊!"

陈卫红对吴大伟说:"大伟,我也很矛盾,我知道国内对你的吸引力太大了。但我们的女儿是在美国出生的,她是地地道道的美国人,她希望在美国受教育,我们要尊重她的选择。"

吴大伟幽幽地说:"我是铁了心回国创业的,破釜沉舟,没有退路了。我要留在中国。我会对自己的决定负责的。"

陈卫红追问道:"你说负责是什么意思?"

吴大伟没有直接回答,只是说道:"你可以带着女儿回美国,我一个人留在中国创业。"

陈卫红很不高兴:"那家庭不是分裂了吗?这怎么可以呢?"

吴大伟心里早就做了决定:"卫红,请相信我,这是没有办法的选择。等女儿长大些,你就可以回来跟我一起了。让我们的女儿留在美国生活吧,我们还是在国内更好。"

陈卫红哭了起来,她忍不住一下扑到吴大伟怀里,边哭边说:"我们在一起十多年了,从来没有分开过,现在一下子要两地分居,想起来我就心里发痛啊。"

吴大伟抱住她安慰说:"现在打国际长途很方便了,我们每天通一个电话,你的早晨是我的晚上,我对你也是早请示、晚汇报,你还不放心吗?再说每年寒暑假你都可以带茜茜回来,我也可以常去美国看你们嘛。"

两个人都好似心意已决。

第29章
空中飞人内在美

吴大伟与陈卫红达成了共识，决定在女儿还不能生活自理时，暂时分居两地，父亲在国内创业打拼，母亲带着孩子在美国读书。

叶敢峰打趣他："你也成了空中飞人，内在美啦！"

吴大伟反讽他："你自己不也一样，我们两个就在这里苦干吧，让老婆孩子在美国过安逸的日子，我们也更放心些。"

这也许是当时不少人无奈的选择：夫人在美国带着孩子，丈夫在美中两地飞来飞去，他们自嘲为"空中飞人内在美"。

可是彭金凤却有自己的见解。陈卫红一回到美国，彭金凤就挺着大肚子过来看她了。她几乎是开门见山迫不及待地责怪起了好友："海伦姐，你怎么放心让大伟哥一个人留在国内呢？国内的女孩子又年轻又漂亮，大伟哥可是她们的理想对象啊。"

陈卫红完全没当回事："你开什么玩笑？我们都是老夫老妻了。大伟已经是奔四十的人了。而且我们约好了早请示晚汇报，每天都会通电话的。"

彭金凤看了一眼在旁边玩耍的晨茜，把陈卫红拉到一边说悄悄话："海伦姐，我听说台湾老公到大陆去投资的，几乎是全军覆没的啊。"

陈卫红像在听故事："怎么说？"

彭金凤娓娓道来："国内的一些女孩又聪明又水灵，她们把攀上成功男人作为上升的捷径，根本不管人家已经结婚有孩子的，哪个男人能挡得住她们的进攻啊？这些男人不是在那里包二奶，就是跟原配太太离婚，几乎是百分之一百。现在台湾太太要么是跟老公一起去大陆，实在走不开的，就一定要老公做完结扎手术才能走呢。"

陈卫红有点不屑一顾地说："我们大伟可不是这样的人，我俩18岁进大学就认识，算是青梅竹马式的，当年人家出一百万美金要他放弃我他都不肯，我们是属于海枯石烂心不变的那种。"

彭金凤急得跺脚："哎呀，你就不要太书生气啦，男人既有他的社会性，也有他的动物性，碰到女人进攻，他们的脑子就不好使啦，那时候就是动物野兽啦。"

陈卫红听得将信将疑："现在我们也没有别的选择呀，女儿要回美国读书，老公要在国内创业，我又不能分成两半。"

彭金凤早已有了打算："我是准备生完老二就马上赶过去的。你要多留个心眼，常回去看看，盯得紧一点！"

陈卫红有口无心地回答说："知道啦！"

打开新世界总是美好的。

久违的熟悉感让吴大伟斗志昂扬，而陌生感又让他心生豪情。

这片故土确实也发生了很大的变化，与十年前离开的时候完全不一样了。虽然在这段时间内，他们也回国探亲了几次，但是真正在故土安定下来才感觉到切切实实的变化。进入千禧年的深圳发生着重大的革新，先是允许外国旅游团队直接到口岸办理团体旅游签证，罗湖和蛇口口岸一下子过关人流摩肩接踵。外贸出口额继续保持8%的增长，连续多年雄踞国内大中城市的榜首。其中高新科技产品出口已经突破100亿美元，将近占了总出口额的30%。正是看到了这些数据和自己行业的关系，加上诸多的政策优惠，叶敢峰和吴大伟把创业的第一站放在了深圳，虽然他们俩对深圳都不熟，也没有人脉资源，但深圳特区的开放领先于上海，而且不知怎的，吴大伟不想回上海，似乎在上海的他是另一个他，应该是搞学术研究、发表哲学论文的他，而不是编程做软件开发的他。

创业的日子十分清苦，似乎又回到了从江西到上海读书、从上海到美国半工半读的状态，当然也是有区别的，前者的自己没有享受过大房子，也没有月入上万美元的体验，并不觉得苦。而现在吴大伟重新过起那样的日子却感受大不相同，"由俭入奢易，由奢入俭难！古人诚不欺我！"吴大伟不由得自嘲道。

话虽如此说，但吴大伟还是农民的孩子，小时候也吃了很多苦，每天吃简易盒饭的日子也算熬过去了，苦只是苦在他们食不定时，常常没有时间吃饭，没有女人在身边，没有人知冷着热，要到实在饿得受不了才知道该填填肚子了，还是什么便宜吃什么，省着抠着每一分钱，都要让它用到刀刃上。那时候，吴大伟的投资款生活费，都要陈卫红从工资中先给予支持。

"红红，你的投资一定会让你看到回报的！"每天最放松的时候就是与卫红通越洋电话的时候了。因为国内打国际长途还是很贵，所以多数是陈卫红打过来，两个人定好说几分钟，然后在超时58秒的时候恋恋不舍又果决地挂掉电话。陈卫红对吴大伟回国诸多不舍，现在两人因为距离又催生了新的激情。吴大伟大多报喜不报忧，只拣开心的事情说，但陈卫红从彭金凤那边听到了很多故事，不管是他们出去见客户还是去政府部门申请执照，甚至连忙得吃不上饭的事情都一一汇报。陈卫红听了又心疼又生气，是的，你爱一个人的时候听到他受苦一定不仅仅是心疼，还会生气，生他没有照顾好自己的气。陈卫红在每次电话相遇的时候都想骂他几句，可是听到吴大伟的计划和雄心壮志，以及话语中透出的自豪神情，又把这些话压了下去。

"海伦姐，其实他们现在就在深圳这片土地上种着自己的梦想呢！"彭金凤是理解自己男人的。

陈卫红在美国的生活也并不轻松。当时吴大伟失业蹲在家里的那段时间，即使他有几次没记对晨茜的放学时间，或者未能协助完成女儿的实践课程，但好歹家里还是有一个人，而且多数时候他还是一个合格的父亲和丈夫。现在吴大伟不在家了,所有的事情都要陈卫红一个人承担,考虑过找保姆,但是现在正是用钱的关键时刻,在美国凡是涉及人工的都贵。也想过让双方父母来一段时间,但是晨茜奶奶说吴大伟弟弟家生了一个大胖小子,她得带着这个孙子。陈卫红父母又无法过来长住,两个人都退休返聘忙着带学生。而且,老一辈也没有义务千里迢迢过来为自己带孩子,那就只有自己扛着了。

"爹地,你什么时候回美国啊?我和妈咪都好想你。"每周日是晨茜和吴大伟的固定通话时间,也就这一天他们聊天可以超过5分钟,不再以秒计数。

"爸爸很快就会回去,你和你妈咪要好好的,等爸爸公司挣了钱,就可以给我家茜茜买更多好看的裙子了。"

"可是我不想要好看的裙子了,我想和其他小朋友一样,要爹地来参加'父亲日'。"父亲日是学校设定,一个月左右一次,几个同学的家长到学校分享自己的职业,一是让父亲参与这样的亲子活动,二也是让同学们开阔视野,听听各行各业的鲜活状态。本来这学期轮到是吴晨茜的"父亲日"了,但吴大伟回了国内,老师自然就只能重新安排。

夫妻俩听着这话心里都不好受,吴大伟清了清嗓子,还是柔声说道:"我们家茜茜小公主没问题的,爹地答应你,这里忙完就回去参加你的父亲日啊,你要乖乖当个小公主,听妈妈话,知道吗?如果你听话,圣诞节的时候爸爸就回来了。"

小晨茜乖巧地点了点头,想起来电话那头的爹地并不能看到自己的动作,于是大声应道:"爹地要说话算话啊,我爱你爹地。"

"我也爱你。把电话给妈妈吧。"

小晨茜将电话递到陈卫红手中,自己掩了门出去。

"晨茜她都好,你放心吧。"纵使嘴里有着责怪和想念,但一出口还都是安慰,"圣诞节还有大半年,你这个承诺可要兑现啊。"

"红红,辛苦你了。我保证,我这边上了正轨之后就回美国看你们,等公司挣钱了,我也可以坐在美国远程办公,到时候我们就不用像现在这么想念又不能见面了。"

陈卫红眼眶红红的、亮亮的,吴大伟说的话她都信,她知道这个社交中不善言辞的男人为了让公司早日走上正轨已经喝了几轮酒,趴下了几轮了,明明当初说了只是负责技术岗位的,但这是自己的公司,犹如自己的孩子,需要的时候干啥都得上啊。

想起第一天送女儿去上小学,陈卫红隔着车窗看着背着书包蹦跳着远去的女儿背影,个子渐长,脚上也是新买的小皮鞋,背后是新买的小书包,头上整齐地梳着马尾辫,出门前她还在梳妆镜前看女儿像煞有介事地往头上戴小蝴蝶发卡。心里不禁有些感慨,孩子的成长似乎是无声无息的,又似乎是一夜之间,原来还够不着桌上杯子的娃娃现在已经会自己开冰箱,自己热牛奶,自己烤吐司面包吃了。

当然还有更多的变化,女儿似乎更独立了,有了自己的朋友们,有了只跟朋友们分享的话题,不再经常黏着自己。最近还有一个新的变化,就是女儿讲话声音越来越大,特别是跟她争论的时候。上周末,记不得缘起何事,她们两个就熊猫是不是肉食性动物争论了起来。吴晨茜脸涨得通红,站起身叉着腰,混合着中文和英文大声坚持熊猫是肉食性动物,还不断举出牙齿和消化道的证据来证明自己的观点是对的。陈卫红哭笑不得,没想到她会如此捍卫自己的观点,当时含混过去了。可过了几天,吴晨茜居然特地从图书馆借回来了一盒美国国家地理的录像带来,其中有一部分特别说明了熊猫吃肉的特征和演化。

"我之前写作业的时候就查到这个了,妈妈你快看呀!"吴晨茜强行拉着陈卫红坐在沙发上看这个录像带。

陈卫红才想起来之前学校里面的确布置过生态主题的作业,当时女儿写的就是熊猫。女儿已经学会自己搜索资料,自己发现世界与知识。她笑着摸了摸女儿的头,由衷地感慨了一句:"茜茜真是长大了。"

陈卫红跟吴大伟通电话的时候,向他说了这个事情,听到了电话那头的人对于女儿成长的感叹。

"……女大十八变,等我下次见到茜茜,都不知道她会变成什么样子了。"吴大伟不无苦涩地说道。

从对方话音里面听出沉闷的陈卫红讲起别的事情来,调节这个气氛:"对了,茜茜最近开始学骑自行车了。"

"啊,这么小年纪就学啊。"

"不小啦,她的同学们都会骑了,有时候还骑到公园一起玩。茜茜眼馋很久了,天天缠着我教她骑车……"陈卫红说起女儿的事情,又开始滔滔不绝,"……所以我们就买了一辆二手的自行车,重新装了个车筐,茜茜高兴坏了。"

吴大伟在另一头安静地听,有关那一头的生活仿佛一部生活电影,所有主角都是自己最亲近的人,只是隔了一个大洋,似乎有点模糊了。

然后交谈陷入沉默,只能木然看着电话机屏幕上数字机械地跳动,最后互道保重,挂断电话。

对于陈卫红而言,生活简单而烦琐,每日家、学校、公司三点一线,忙忙碌碌,唯有周末能获得几许休闲的时光。每个周六下午,她会把女儿送到钢琴教室,然后获得一个下午的属于自己的时间,一般她会带本书到街角的咖啡店里面坐一坐,看看书,写点东西,或者就是看着街景发会儿呆。周日她们习惯在家休息,跟吴大伟打电话。

这个星期天,阳光烂漫而温柔,入夏之前难得的温情时刻。吴晨茜兴高采烈地踩着自行车出门,穿着轻便的陈卫红跟在后面,高声招呼女儿骑慢一点,注意安全。她们穿过一个街区,来到一个小公园,园内的草坪上三三两两的剩余几朵橙色耀眼的花菱草,再过一个月进入夏天的时候,这些不耐热的植物就会进入枯死的休眠期,等待凉爽的秋天到来时再次怒放。

吴晨茜一进公园就开心地奔向自己的朋友,嘴上高喊着对方的名字:"佩妮!"

佩妮闻声转过臃肿的身子来,对吴晨茜招了招手。吴晨茜推着自行车走到她的身边,亲昵地摸了摸对方的胳膊,叽叽呱呱地讲起话来。

陈卫红晚一步到,一眼就看到佩妮头上那个小蝴蝶发卡:"你好呀,佩妮。"

"你好,吴太太。"佩妮打招呼道。她是吴晨茜的新朋友,跟陈卫红还不太熟悉。

吴晨茜回头询问母亲能否跟朋友一起去玩一会儿,陈卫红自然点头应允了,只是佩妮头上的这个发卡让她有些在意,茜茜也有个一模一样的发卡,是最喜欢的一个,这样想想她好像是有段时间没看吴晨茜戴这个发卡了。

佩妮敏感地感觉到陈卫红的眼神,下意识地用手摸了摸头发上的小蝴蝶,低头快速瞥了一眼陈卫红,发现她脸色没有什么明显变化,才回头继续跟吴晨茜讲话。

陈卫红皱了一下眉头,现在她很确定这个发卡应该就是女儿最喜欢的那个了。奇怪了,女儿居然会把小蝴蝶送给别人,之前她可是连别人碰一下都要心疼把小蝴蝶碰坏了的呀。但小女孩之间的友情并没有困扰她太久,放女儿跟朋友去玩之后,陈卫红找了个能看到她俩的长椅位置坐下,从包里拿出一本书来看。

看了一会儿,起身想去买杯咖啡,关照了女儿两句,便离开了。常去的咖啡馆离公园并不远,她买了一杯咖啡给自己,一盒甜点给女儿和她的朋友。取完餐,还在咖啡馆偶遇到一位公司的同事,两个人聊了会儿天。等她从店里出来时,日头已经西坠。她快走两步,回到公园,却远远看到两个小人儿在一辆自行车上。

吴晨茜瘦小的双腿费力地踩着踏板,佩妮稳稳地坐在自行车后座上,一手抓着车座,一手不住拍她的后背,嘴上喊着:"快点!快点!"

陈卫红吓了一跳,"小心"的话还没冲出口。那边吴晨茜一个平衡没把握住,"哐"地往一边栽倒下去。佩妮尖叫一声,赶紧从车后座跳了下来,吓得站在一边,看着躺在地上的朋友,自行车压在身上,人已哭得稀里哗啦。

陈卫红也惊叫了一声,丢下咖啡和甜点,一下冲过去,扶起自行车,将吴晨茜搂在怀里,"怎么样?哪里痛?脚痛不痛?伤到胳膊了吗?妈妈看看!还有哪里痛?"

吴晨茜边哭边指给陈卫红看痛的地方,间或点点头或者摇摇头。

"哎哟!"陈卫红心疼坏了,"能不能站起来?"

吴晨茜点了点头,咬着牙站了起来,摔倒的时候自行车压到了小腿,肿了一大块,痛得她不住掉眼泪。

陈卫红这时才发现,女儿的新朋友佩妮已经害怕得逃走了,只剩下她和吴晨茜两个人。

陈卫红扶着女儿,推着车,吴晨茜一路哭哭啼啼地回到家里。

"骑车不能带人的,州交通法里面都这么规定了的。"陈卫红一边给吴晨茜清洁伤口,一边训导着。

清洁酒精擦在伤口上,痛得吴晨茜龇牙咧嘴:"我们不骑到路上去,就在公园里面玩。"

"那也很危险的!你看你现在!疼不疼!"陈卫红瞪了她一眼。

吴晨茜被顶得没话说,只能坐着乖乖听妈妈训话。

陈卫红又是心疼又是生气,嘴上也克制不住,絮絮叨叨地说教着:"……还有你的朋友佩妮。"

"佩妮怎么了?"吴晨茜敏感地问道。

陈卫红瞪了她一眼:"你们怎么在一起玩的?!她那么胖,你骑自行车载得动她吗?自己骑车载自己都危险……"

"妈!我不许你这么说我的朋友!"吴晨茜大声抗议道,"你这是歧视,歧视胖子。这是不对的!"

陈卫红的脾气也被顶了上来:"哈?歧视?我歧视?她那么对你呼来喝去的,她就不是歧视了,她就是歧视瘦子!"

"她是我的朋友!"吴晨茜涨红了脸继续嚷嚷着。

"是,是你的朋友,看你摔倒了受伤了自己先逃走的朋友!"陈卫红气急,用手戳了一下女儿吴晨茜的脑袋。

第29章 空中飞人内在美 247

这话一针见血，直刺命脉，吴晨茜虽依然硬着头为自己的朋友辩护，但明显声音小了很多，理不直气也不壮了："她，她肯定有她的理由。"

"什么理由？自私？胆小？害怕承担责任？"陈卫红怒其不争，担心女儿交友不慎。

"她……"

"茜茜，她不值得做你的朋友！你居然还把小蝴蝶送给她了！"

听到小蝴蝶发卡的事情，懊悔恼怒至极，吴晨茜一下子从沙发上站起来，推开陈卫红，大声道："小蝴蝶是我的东西，我想送给谁就送给谁！"

说完，一瘸一拐地走回自己的房间，为证明自己对母亲的愤怒，她重重地摔上了房间门，即使这样做非常容易夹到自己来不及缩回的手。

陈卫红仍坐在沙发上，手上还拿着酒精棉球，看着女儿的房门，又是叹气又是好笑。

第30章
朝朝暮暮谁与共

困难，可能是机遇也可能是覆灭前兆，毕竟不是每一次失败都能生出成功的。现在吴大伟也不知道，刚接到的这一单是好事还是坏事。

公司逐步进入正轨，头几单接入的业务都还是靠着两个人的一点点关系和留学生归国创业的光环，当然也少不了酒桌上的男子汉气概。每每在深夜吴大伟喝得半醉回到家，扒着马桶吐得昏天黑地，醒来要自己收拾有着呕吐物残味的屋子时，都忍不住想到陈卫红。甚至，好几次电话都拨了出去，只是在电话接通的前一秒用剩余的那一点点理智挂断，不知道是因为男人的尊严还是顾虑到了时差。陈卫红上次回国时为吴大伟买下了一套房子，即便是陈卫红亲手布置，把一家三口的照片放在了房间各处，甚至还把自己和女儿的一部分衣物用品都放了进来，想着假期回来的时候可以少带一些，但房子仍然显得空空荡荡缺乏生机。东西再多终究是死物，不会自己活动，只在放置的位子上静待着，与这个屋子并没有融成一体。

这一单来得急，没有一点前期征兆，也是先前接手的公司感觉到时间太紧迫，加之对方是国企背景，有着惯常审批烦琐的旧习，换言之，就是货要得急但是资金不到位，之前的意向公司不干了，才介绍到吴大伟和叶敢峰这边。当然同行公司也没有坑他们，把要求、缺点说得清清楚楚，两个人纠结了半天还是接了下来，即使并没有充足的现金流支撑他们做这个订单。公司起步难，万万没有把到手的生意向外推的道理。对方货款不到位，只能靠自己借钱、刷脸,好歹他们初期的信誉很不错,每一单结账都是在合同约定期限内,做人厚道也公道,因此几个合作商都愿意在收了保证字条之后给一个货款的宽限时间。做生意的大家都不容易,吴大伟他们也感恩遇上好人了。具体任务,就是需要编写新的程序系统,这个系统必须和第一批硬件一起交付,而时间总共只有十天。当初的意向公司就是觉得时间太短无法完成,而那家公司好歹还有一个部门的程序员。现在吴大伟这边满打满算就他和叶敢峰加上公司招聘的一个大学生三个人。可能是中国人的刻苦韧劲,也可能是"被资本主义修理过"有了经验,他们两个不惑之年的男人,外加那个初生牛犊不怕虎的小朋友,在六天几乎无休无眠的苦干后,竟然把系统初步写完并且成功运营,之后还要完成调试并安装到第一批的100台电脑中,又是一个浩大的工程。系统写完后,叶敢峰就忙着去张罗那一批硬件,修补和试验都成了吴大伟和新毕业生的活儿。这个小伙子叫王磊,吃苦耐劳程度令人刮目相看,还特别有自己的想法,吴大伟在看他写的编程时都不得不感慨"后生可畏"。

这六天里,他们三个吃住都在办公室,陈卫红给家里打电话一直没人接,打到办公室才找到人,但当时编程在关键时刻,吴大伟说了两句就想挂电话。

陈卫红还在儿女情长:"哎哟,你们都忙到打电话时间也没有了? 你也不和我说一下,我担心死了。"

吴大伟心不在焉:"主要怕思路会断,你也明白的,回头再给你打。"

"我们说好了每天都要通电话的。"

"这不已经打过了吗?"

"可是我们什么都没有聊啊。"

"还没聊吗? 时间已经1分钟了,我真在忙。"

"忙忙忙,就你忙,你从来不问我在美国过得好不好,也不问你女儿怎么样了。"

"不好你都会说的,红红,我真的很忙,挂了。"

吴大伟不再等对面回答,径直挂了电话。

陈卫红听着对面传来的嘟嘟声,一晃神似乎回到了自己刚来美国的时候,对面的男人过去十几年了,还是没有长大。他不明白,女人话里出现了埋怨,其实已经有事情发生。

确实,陈卫红这段时间过得很不好。先是公司开始裁员,整个公司特别是华人圈里人心惶惶,据说这次裁员就是因为有一个华人员工偷盗了公司机密倒卖,导致上层说需要好好筛选一下公司员工。陈卫红本来是不怎么担心的,她觉得美国这个社会虽然有着"政治正确"约束,但更多是遵循契约精神,换言之就是一人做事一人当,不会因为一个华人的行为惩罚所有华人员工。加之自己的能力也有目共睹,在公司还是有一定程度的不可替代性。但听到公司的华人副总也离职后,内心还是惶恐的,毕竟现在是自己一个人在养家,甚至还要支撑老公的创业。

再有,就是吴晨茜渐渐长大了。小时候的茜茜什么都听妈妈的,就算是任性也很有分寸,但少女的茜茜似乎变了一个人似的。不仅染了紫色的头发,穿衣打扮也走向了性感的风格。陈卫红是一个比较开明的妈妈,这些都算是女儿个人的打扮自由,她并没有打算干涉。让她不放心的是女儿身边的男孩子明显增多了,虽然在美国也待了好多年,但陈卫红一直不认同的就是美国的"性文化",换言之,她其实很怕茜茜被骗、"吃亏",又不知道怎么去开导女儿。倒是柔斯玛丽劝过她,"孩子有自己的自由",但她还是战战兢兢,似乎像堂·吉诃德那样随时准备与风车或什么人奋战。她觉得在自己成长的过程中就从来没有这样任性、叛逆、我行我素的阶段,她有些不知所措。加上吴大伟长年不在女儿身边,夫妻俩对茜茜有一种亏欠的心理,潜意识里事事都顺着她,更不知道如何去责备女儿了。

陈卫红真想好好与丈夫聊聊,就算不能解决具体问题,也能舒解块垒,宣泄情绪。夫妻不就是这样吗?能让自己在困惑难过的时候有人倾听,心理上有个依靠,即使对方什么都做不了,但内心总是知道有一个人永远支持自己的。这样,就算再大的难关也能无惧风险,勇往直前。可是,吴大伟正在创业的生死存亡中挣扎,哪有时间顾及这些呢?

就是在各自遇到难关的节骨眼上,中美两国的这对夫妻,却生活在不同的圈子,不同的语境,都在独自面对,独自闯关,手腕上月老绑着的红线,似乎跨越了太平洋的遥遥万里,变得有点风雨飘摇了。

吴大伟是真的没有觉得自己哪里做错了,他压根儿没有想到陈卫红会遇到这些问题,更没有想到一向乖巧的女儿会突然叛逆,也许他仔细想想是能够想到的,可是他哪有时间仔细想呢?他的时间和大量的脑细胞都耗费在面前的程序中,这些字母组成的就是公司的未来,是他的精神寄托,是他男人的尊严。即使他已经胡子邋遢、身有异味也不知不觉,脑子有点僵化,心里只有一定要完成这一单的坚持。

妻子和女儿不是不重要,只是现在无暇顾及。

"吴总,有一件事想麻烦您。"王磊站在门口听吴大伟撂下电话,他觉得这不是一个合适的时间,但又觉得前六天的共同奋战已经打下了感情基础,这应该是最好的时机。

"你说。"吴大伟的心情莫名烦躁了些,这小伙子应该不是一个会惹麻烦的人吧。

"就是,公司最近这么忙,我想——"王磊顿了一下,"我有一个同学正好在找实习,她学的行政管理,我觉得能够帮上一点忙,能不能让她过来?"年轻人的脸皮总是薄的,因为还没有见识社会的厚脸皮。

吴大伟略一思索,点了点头,看着对面的男孩子已经喜上眉梢,心里笑道:"这恐怕不是什么普通同学吧!"但脸上还是一派冰川的严肃:"但是你知道的,对实习生我们只发生活津贴,她不介意吗?"

"不介意不介意,她需要积攒经验,谢谢吴总!"

"明天就来帮忙吧,这几天大家都忙,你今晚回学校好好休息一下,我把系统升级再做两个测试,明早你过来看一下结果。"

"好的好的!"大概是心里的事情已经放下,王磊离开办公室的脚步都比平日轻快了许多。

"年轻人啊——"吴大伟心里画了一个长长的感叹号。

第二天一大早,王磊就带着一个女生等在了吴大伟办公室门口。

吴大伟熬到清晨四点才眯了一会儿,八点出门的时候看到这两人还吓了一跳:"来得挺早。"朝着两人点了点头,先去卫生间洗漱了一番,就连积攒几日的胡须也刮了。

等回办公室的时候,门口就站着那个姑娘一个人了。

"王磊人呢?"

"他去看程序了,说要看测试结果,让我一个人等您回来安排工作。"这姑娘一点也不认生,大大方方开口回答。

吴大伟不由多看了女生两眼,是个普通偏上长相的女孩子,有双金鱼泡似的大眼睛,中等身材,略显肥胖,皮肤较白,穿着打扮甚至还有点土气。

"你知道我们这边的报酬不高吧?"吴大伟还是怕小姑娘吃不了苦,又怕王磊没有交代清楚,不由再问了一遍。

"知道,没事,我年轻。"

"好,那你就把这叠材料做个数据表格给我,尽量上午就做完。你就在门口这台电脑做吧,有什么问题随时问我。"

"好的,吴总。"

吴大伟听她顺溜地喊自己吴总,不由愣了一下。看姑娘转身出去了才想到自己没有问人家姓名,但不知道为什么,心里却有一股热腾腾的喜悦在翻滚着,是因为那句"吴总"?不是,周围人除了叶敢峰其他人都这么叫他,他也没有觉得自己是什么"总",那是刚刚亮晶晶的眼神,还是因为长时间没有异性这样直视过他?

吴大伟轻咳一声,驱散了这些若隐若现的迷雾。

女学生叫胡小英,今年毕业,本来以为自己可以留校,一直没有找实习工作,直到一周前才知道此事泡了汤,但过了春招后工作机会明显少了很多,因此就算是优秀如她,也有点无头苍蝇似的。王磊是人家学长,在学校的时候也一直喜欢着她,似乎胡小英对王磊也有好感,只不过两个人都没有说破。这不，现在有表现的机会了，就来了一出"英雄救美"，修成正果也指日可待。这些消息，都是在茶水间听周围爱打听的朋友说的，也不知道他们是问了哪一方得出的这个版本，但同样的结果是夸赞小伙子有情有义，夸小姑娘聪明能干，夸吴大伟成人之美。吴大伟哭笑不得，明明自己讨了个便宜的人力，最后还落了一个好名声。

虽说有这些年轻的消息调剂着，但是最后时限这个东西是一点都没放松。胡小英做事的确利索，而且逻辑清晰，几份数据在她手里立马被甄选出重点，于是吴大伟和王磊根据数据又进行了两次系统调整。又耗去了两天时间，系统的1.0版本终于正式完成，最后就是将程序安装进100台电脑了。此事说来简单，但是安装调试又是一个费时间的活儿，公司能上的人都上了，到最后一天下班时还有几台没有调试完毕。员工们总归都拖家带口，不可能像吴大伟一样熬着夜，就连王磊在夜里11点时也因为接到母亲强制命令其回家的电话而走了。叶敢峰倒是在，但毕竟也是做父亲的人了，彭金凤又带着两个孩子，也被吴大伟赶回家了。叶敢峰走的时候还开玩笑似的说道："我们现在就一个巾帼英雄陪着你这个老头子了，别欺负人家女孩子。"

"去去去，废话这么多你留下来，我去陪茱莉亚好了。"

"别别别，我自己的老婆我自己陪，等着海伦姐回来你陪她就好。"

这一晚，两个身影一直忙到清晨，在太阳刚刚冒头的时候，100台电脑终于安装完毕。

"吴总，你为什么会回国？如果我有机会去美国，并且待在那里，我肯定不回来。"胡小英随口问出这样的问题，她与吴大伟都站在窗前舒了口气，伸着懒腰，看远处的太阳一点点升起。

晨曦洒在身上，两个人都被踱上了一层金色的光晕，吴大伟听着年轻姑娘可笑的问题，看着她脸上金色的在跳跃的茸毛，以及偷偷跃上睫毛的一根掉落的头发，忍不住伸手帮她取了下来，在手落到一半的时候才反应过来这个动作有多么暧昧，有多么不合适。

"我——大概因为我对美国没什么感情吧。"吴大伟强行转移了话题，又生硬解释道，"头发在睫毛上有点明显，我就顺手拿了……"

眼前姑娘"扑哧"一声笑了，吴大伟看着她，也笑了。

这一场战役打得漂亮，订单按质按量完成交货。这次的成功成了公司的里程碑分水岭，很快在业界打出了自己的名声，之后订单不断，公司也大大扩展了。胡小英当时虽然是实习生，但是能力有目共睹，就连一向不正经夸人的叶敢峰也认真地夸赞了这位姑娘，学校一毕业她就正式入职。待到第二年开春公司已经初具规模后，她成了两位总经理的大秘书了。虽说是两个经理的秘书，但叶敢峰主要负责对外业务，一直全国各地出差，作为已婚男性让女秘书跟着跑也不好，于是后来又招了一个男助理，胡小英接触更多的还是吴大伟。

吴大伟和陈卫红的那个电话两个人后来都没有提及，等第一批货交出去之后吴大伟就给陈卫红打了电话，只不过当时陈卫红那边还是半夜。

"红红，我们这次可能有好运了。"吴大伟没有提及这十天的忙乱。

"那很好，大伟，我升职了。"陈卫红也没有多聊其间的跌宕起伏。

"我圣诞节会早点回美国的。"吴大伟没有开口邀请妻女回中国，没有说自己想让她们回来。

"茜茜肯定会特别高兴。"陈卫红没有说自己高不高兴。

生活似乎重新回到了正轨，但是，又似乎有什么悄悄变化了，只是不说破就可以一直维系着。

陈卫红知道指望不上吴大伟的帮助，与自己的闺密加强了联系。一起来美国的周怡婷和李若兰成了家里的常客，她们会结伙去健身房活动聊天，去商场逛街，一起看电影吃饭。柔斯玛丽是她最好的倾诉对象，她有什么难解的心结，第一个想到的就是美国妈妈。美国学校的节假日，比如四月份的学生春假，十月末的万圣节，十一月第四个星期四的感恩节，她常常带着茜茜开车去柔斯玛丽家里过，她和茜茜都在那里感受到了家庭的温暖。

深圳那边,王磊突然辞职不干了,有传闻说他要跳槽到更大的公司。临走前他向叶敢峰吐露了心声,真正的原因是胡小英与他分手了。他伤心感慨地说:"在深圳很难找到一个结婚对象,到深圳的女孩不是来过家庭生活的,她们是来打拼闯荡的,她们是来鲤鱼跳龙门的,她们的眼界太高,一般的男孩子很难追到她们的。"

第31章
创业人在江湖

接到彭金凤电话的时候,陈卫红刚把女儿吴晨茜哄起床来,一手拿着电话筒,一手忙着从冰箱里面往外拿牛奶。

"茱莉亚,你到深圳啦!太好啦!宝宝还行吗,没有在飞机上闹吧?"

电话那头彭金凤的嗓音有些沙哑,但疲倦中透着些许兴奋:"还好,还好。我听我姐教的,在起飞和降落的时候给宝宝喂奶,打开她的耳朵,也就没有怎么闹。飞机上的空姐待我们也很好,看到我一个人带着两个宝宝,还给我换了一个旁边没有人的位子,方便照顾。"

陈卫红把倒满牛奶的杯子放在吴晨茜面前,用手拍了拍她的后背,提醒她快些吃早饭。"那还行,不然你太辛苦了。小峰去接你们了吗?"

"嗯嗯!大伟哥也来了,送我们到家刚走。"

"哦。"陈卫红应了一声,"你也是太勇敢了,宝宝才几个月呀,就敢直接飞回去。"

彭金凤一串爽朗的笑声:"哈哈,我没有办法离开罗杰,宝宝又离不开我,我们就只能把自己打包好了,送到这里来。"

陈卫红也跟着笑了,看吴晨茜吃完东西,便开始催促她去卫生间漱口,然后收拾书包,准备出门。

"我一定要来看着的!"彭金凤语气一变,"我可不想钱有了,人跑了。"

陈卫红闻言,愣了一下。

"哈哈哈,好了,不说了。你先忙,我还要给我姐打个电话报平安呢。"彭金凤匆匆准备收线。

"嗯,好的,自己保重啊。"说着,她也挂断了电话。

陈卫红一手放在电话机上,一手撑在墙上,出了一会儿神。

"妈妈,我准备好了。"穿戴整齐,背好书包的吴晨茜站在玄关口冲屋里喊道。

"来了!"陈卫红打了个寒噤,试图驱逐心里的这份不好的预感。

陈卫红和吴大伟事业危机的解除缓和了两个人的关系,只是,潜意识中似乎都已明白,远水不解近渴,两个人都不再苛求对方为自己解除燃眉之急。过了不惑之年,两人也少了年轻时的黏糊劲,互通电话从每天一次变成了每周一次,渐渐地也感觉没有太多的话要说,只是简单地互报平安而已。两个人似乎都习惯了这种安排,激情渐变为亲情,变成相敬如宾,客客气气了。

胡小英早已从实习生变成了正儿八经的总裁秘书,她和王磊好了一段时间,但最后对外说"性格不合"分了手,王磊黯然神伤悄悄离开了公司。工作几年,她早就不是当初那个略带土气的小姑娘了。跟着吴大伟,她也见过不少大场面,脸上的妆越化越精致,身上的衣裙越来越性感。公司里不知道多少热心大姐想给她介绍对象,她都婉拒了,说想趁年轻多拼搏事业。时光流逝,她也不算年轻了,按照当地风俗,年近三十的她也到了生孩子的年龄。

吴大伟一直有一种很奇怪的感受,他清楚地看到了眼前这个女人的变化,可是却又觉得有些东西没有变,她望向自己的眼神,永远充满了崇拜和敬仰。吴大伟也对她有感激之情,这几年公司的良性发展,胡小英功不可没,也正是因为她,吴大伟才从一部分行政琐事的桎梏中摆脱出来,做自己更擅长的技术拓展。

是夜,又是一轮酒桌上的觥筹交错。自从叶敢峰伺候老婆第三胎的月子后，这些应酬和交际就更多地落到了吴大伟身上，还好，现在有胡小英陪同，两个人真真假假，配合默契，在酒桌上没有吃什么大亏，但酒总是喝了不少的。

送走客户，走出酒店的两个人都舒了一口气。默默地在街上走了几步，胡小英说道："光想着让客户喝个痛快，也没顾上吃什么东西，现在倒有点肚子饿了。"

吴大伟也有同感："是啊，我现在就想吃一碗辣椒拌米饭呢。要不，就到我家里去弄点饭吃？"

"吴总，你带我回家不怕嫂子知道啊？"胡小英以玩笑的口吻故意试探吴大伟。

"那你要不要给她打个电话说一下？"喝了酒的吴大伟也比平时会开玩笑一些。

"我这个角色，不能打，是等着被打才对。"胡小英也顺着话往下走，等进了电梯，两人的身体距离被人为缩小了，才觉得有些不好开玩笑了。

吴大伟看过去，胡小英因为喝酒而红的脸似乎更红了，连眼角都带了三分醉意，比平日多了一份媚态。因为散发着酒意，就连体温也比平时高了一些，烘烤得两人周围的空气也升高了温度。

明明是快入冬的深圳，不知怎的，就如盛夏一样灼人。

两个人在电梯里都不再搭话，只听到电梯上升的声音和两个人互相应和着的呼吸声。

等电梯"叮"一声提示到楼层的时候，两个人仿佛经历了什么，不约而同地轻呼了一口气。

独居男性的地盘就是会空旷一些，胡小英到过几次小区送材料，但第一次走进门，大概是好奇吧，忍不住到处看了起来。两居室不算大，但整理得很整齐，几张全家福摆上了各个陈列架，虽然女主人不在，但也宣告着主权。

"这张照片嫂子还很年轻啊，不过上次见她也不显老。"胡小英在屋子里转了转,"这和我想象的独居男士家不太一样。"

"你想的应该什么样子?"吴大伟递上了蜂蜜水,"解解酒。"

"大概就是脏衣服到处都是吧,然后水池里泡着碗筷之类。"

"不好意思,让你失望了。穷人孩子早当家,你说的那肯定是被宠大的男孩子,我是苦出身,从小就会做事。"

"也不是,总归一个人住会没那么讲究吧。"

"吃点什么吗?刚就喝酒了,没吃饱,冰箱里有菜,你吃辣吗?"

"我吃,江西妹子怎么可能不吃辣?但是你不是平时不吃吗?"

"你江西的?"吴大伟站在冰箱门前回过头,"都没听说过。"

"啊,才知道吗?你这个领导也太不合格了,如假包换江西人,不过你吃辣吗?"

"江西的男人也能吃辣,你不知道吗?"

"啊!老乡?"这下轮到胡小英吃惊了。

"对领导了解得不够啊,功课没做好!"吴大伟已经从冰箱里取了几样食材,"你嫂子上海人不吃辣,我们在一起之后便也不怎么吃了,虽说习惯了,但总在某些时刻想来上点辣味。"

胡小英认同地点点头:"广东的菜好吃,但少些劲道,时常思念这一口辣味呢。"

这一晚,两个老乡重新认识了一下,从吃辣讲到风俗特点,甚至互相讲述了老家的情况,差点就要翻族谱看看有没有相交之处了。

时针指向了11点,胡小英想了想,有点试探地说道:"吴总,这老乡认识得值!我酒醒得差不多了,肚子也吃饱了,该回去了。"

"我开车送你吧!"吴大伟也跟着起身,顺手拿了外套。

"不用,吴总,你还是喝了酒的,酒驾还是很危险,我住得有点距离,你回头一个人开回来我也担心,还是不用了吧,我自己打车就好。"

吴大伟想坚持,但想了想也有道理,就坚持把她送到了楼下,给她叫了车。

"以后工作之外就不要叫我吴总了,都是老乡,喊我大伟就行。"

"这哪行?我还是怕老板开掉我的。我……叫你伟哥吧!"胡小英说完钻进了车内,也没有管吴大伟什么反应。

吴大伟关上车门的手愣在了半空中,还从来没有人叫他"伟哥",在美国的时候那一群学生喊的都是"吴老师",陈卫红也一直叫的都是"大伟",这一声"伟哥",让他心跳快了两拍。

车窗内外,两个人的脸都是红红的,像是之前的酒意不曾散去,反而更沁入人心。

这半个月来公司上下都在忙一个东莞来的大单子,资方出手阔绰,但同时也提出了诸多苛刻的要求。叶敢峰几乎要在东莞住下来,跟这个单子死磕到底,在跟深圳办公室的电话里面也都是满满的斗志,极大地感染着电话这头的吴大伟,尤其在此刻他与陈卫红处于僵持状态的时候,有种特别的安定和鼓舞作用。

"……好,我明天再去趟工厂谈谈看。"两边言定应对资方要求的下一步计划后便要准备收线开始分头行动。

挂电话前,吴大伟突然想起什么事来,叫住了叶敢峰:"小峰,晚一点给茱莉亚打个电话吧。小宝好像生病了,她怕你担心一直没告诉你。"

叶敢峰在那边"哎呀"了一声,说着"我现在就给她打"的话匆匆挂断了电话。

吴大伟笑了一下,也挂断了电话。坐在一边旁听做纪要的胡小英极有眼力见儿地把电话机端回到办公桌一旁,同时端过另一边的茶杯给吴大伟。

吴大伟道了声谢,喝了一口水:"小英,麻烦你把我们刚才说到的几点稍微整理一下纪要。我看看明早要怎么跟工厂那边聊这个事情。"

胡小英点了点头,坐回桌边,开始噼里啪啦地敲击键盘:"马上就好。"

稍微放松下来,吴大伟就觉得头疼得厉害,后脑涨痛,心绪不宁。他将背靠在椅背上,头垫着些边缘,闭目养神。几多日日夜夜编程的伤神费脑,订单争夺战中人际关系的微妙复杂,压得他头涨得更厉害了。

"哦哟。"因为身心的不适,吴大伟不自禁地呻吟了一下。

接着一双柔软的手撑起了他的后脑,顺着后脑上的穴位慢慢往下到脖子处轻柔地按压起来:"头又痛啦,伟哥?"

对方这恰到好处的力道极大地缓解了他的头痛,似乎淤积的经脉被慢慢推开,心里都觉得舒服了很多。他没有开口,只是用鼻子回应了一声。

胡小英控制着自己指尖的力道和按压的位置。深夜的办公室内仅余两人,此时更显得尤其宁静。

他闭着眼睛,听到窗外车子呼啸而过的声音,听到嘀嘀声,还有公共汽车驶过时新的机器报站的声音。他还听到人的呼吸声,自己的呼吸声和她的呼吸声。还有心跳,温热的、颤动着的。

几天后,先期抵达的叶敢峰向总部求救,说他一个人有点力不从心了。吴大伟和胡小英连夜开车赶往东莞。

一到那儿就收集最新情报,修改竞标方案,与总部团队边开电话会议边修改,轰轰烈烈地折腾了一晚上,终于将所有文件和材料整理出来。接下来只剩一些文字排版和文档归整的工作,吴大伟将这些事情交给胡小英,自己在旁边床上躺下补觉。

感觉眼睛才闭上没多久,就又被叫醒。吴大伟迷迷糊糊地走到卫生间里去冲了个澡,出来时清醒了很多。换上正式的西装,三个人又风风火火地赶去参加下午的公开招标。

招标会现场,整个气氛凝重,饶是平时神气十足的叶敢峰都忐忑地不断换坐姿,间歇搓一搓手心上的冷汗。

临近傍晚,收到中标口头通知时,叶敢峰提着的气一下子松了下来,双脚一软险些栽倒在地,幸亏吴大伟眼疾手快扶了他一下。叶敢峰顺势抱住他的肩膀,眼眶湿润,情绪激动地连说三声好。

吴大伟也十分激动,应着他的话点了点头。

叶敢峰很快从胜利的喜悦中抽身出来,开始打电话张罗起晚上宴请诸事。吴大伟则让胡小英先回酒店休息,饭局的事情还是交给他们两个大老爷们儿去应付比较好。毕竟这里是东莞。

果然，饭局之上，甲方总裁部长等领导刚坐下，问的第一个问题就是："今天招标会跟你们的那个姑娘怎么没来呀？"

"她身体不舒服回去休息了。"吴大伟搪塞道。

"哦。"领导神色有变。叶敢峰连忙用眼神求助领导身边的助理，那人立刻心领神会，转头趴在领导耳边讲了几句话，领导的脸色顿时就阴转晴，饭桌之上的气氛也活跃了许多。

珍馐美味堆满饭桌，但其实动筷子吃的没几口，酒过三巡，转场去了楼上的KTV包间。这KTV包间也是最近几年从香港流行过来的时尚玩意儿，进门电视音乐一开，霓虹灯一闪，先进来一排年轻貌美的姑娘，笑脸盈盈地拥上前去坐到宾客身边。

吴大伟被这阵势吓了一跳，一边挥手拒绝了姑娘的亲昵，一边转头向叶敢峰求助。也是见多了这样的场面，叶敢峰挥了挥手，示意姑娘去陪主位上的大领导。那两个姑娘也是常在风月场所，心领神会换了位置。

粉色和黄色的灯光给整个房间罩上了一层暧昧的颜色，几杯酒下肚，头脑昏昏，眼见影影绰绰，耳闻靡靡之音，有人在大笑，有人在大叫，有人在宽衣，有人在脱鞋。

他回头，看到叶敢峰高挺的身影佝偻起来，大口大口地灌着酒，扯着嗓子说着话，言不由衷的样子，看久了他的面目都模糊了起来。吴大伟也跟着站起来，大口喝酒，大声说话，跟着电视音响高声怪唱。

各种颜色的酒汤如牛饮水一般，被麻木地灌入肚中。再想起身时，突然眼前一黑，头脑发昏，感觉一阵一阵心慌得厉害，太阳穴突突突地跳动着。吴大伟只能借口上厕所，从纸醉金迷的包间里面退了出来，到走廊尽头的窗口吹点凉风。他趴了一会儿，抽了根烟。头脑好似有点清醒，也许是更加迷糊了吧。

当他回到包间的时候，不小心跟正准备出门的领导一行撞了个满怀。他下意识地道了声歉。已经喝得意识不清楚的领导只是笑嘻嘻地拍了拍他的后脑勺，举止轻率，然后搂着小姐摇摇晃晃地继续往外走。叶敢峰跟在他的后面，一直把对方送到楼下的专车上。

他看到叶敢峰跟领导身边的助理协力将对方臃肿的身体扶上车，叶敢峰正要从后座撤出来，冷不防被领导一把抓住了后脖颈，还没回过神来，对方满是酒肉腥味的口气就强硬地喷在他的脸上，然后才听到对方口齿不清地教育："小叶你是个好同志……嗯嗯嗯，是留学归国的人才……"

叶敢峰脸色一下绿了，胃里一阵翻腾，双眉紧蹙，下一秒就要吐在对方脸上。

旁边小姐眼尖，连忙趴到领导身上，温声柔语地劝了几句，叶敢峰后脖颈的手才松了开来。那手一松，叶敢峰就赶紧逃了出来，深吸两口夜晚的冷空气才不至于呕吐出来。

助理绕到副驾驶的位置，上车前跟叶敢峰打了个招呼。叶敢峰过去塞了个红包到他的口袋里面，笑道了一句"兄弟辛苦"。

助理这才心满意足地上了车，走之前也向站在一边的吴大伟挥了挥手，吴大伟勉强笑着回应似的挥了挥手。

两人并排站在门口，目送那辆高档进口车渐渐远去，消失在路的尽头，只是两点红色隐隐约约。吴大伟回头，看向叶敢峰，而叶敢峰的脸上已经没有了表情，双目昏昏，下巴上长出来的胡楂儿让脸看上去好似青了一块。吴大伟张了张口，想说句宽慰的闲话，但叶敢峰已经转身准备上楼。

"我让小英开车来接。"吴大伟对着他的背影喊了一句，看到对方回应性地抬了抬手。

等他给胡小英打完电话回到包房时，音乐已经被关掉，日光灯被打开，将房间照得分外清楚，他四处看去只看到沙发上的公文包，却不见叶敢峰人影。转身正要找人询问时，突然听到包房内带的卫生间里面的人语声，循着声音推开卫生间的门，只见叶敢峰瘫坐在地，单手扒着马桶，吐得一塌糊涂。

吴大伟吃了一惊，连忙上前拍着他的背顺气，然后扶他到洗手台漱口和清理。像是紧绷的弦终于松了下来，叶敢峰趴在吴大伟的胳膊上，又哭又笑地说着酒话:"……这些大老爷们儿……伺候好了……这些没读过几天书,根本不懂科学的人……他们自以为是什么东西?他们不过手上有权罢了!我们是什么人……我是美国E大……读过书,留过洋的……为什么要在这里受这种腌臜气……"

他英文夹杂着上海话,胡言乱语着,但句句都似针一样扎在吴大伟的心上。归国之后的种种都如走马灯般在他酒醉的脑中重演了一遍,胸中气闷得厉害。以致当胡小英开着车将两人载回酒店的路上,头脑一团模糊的他没有再说一句话。叶敢峰则完全相反,叽叽喳喳不停地说着这些年的不甘和屈辱,这些在别的场合无法启齿的话,今晚上借着酒劲一股脑儿都吐了出来。胡小英虽然听不懂上海话,但也感受到对方愤懑的情绪,一路上也只是默不作声地开着车。

快到酒店时,叶敢峰终于消停了下来,两人一左一右架着他上电梯送回他的房间。终于顺利将叶敢峰放倒在床时,吴大伟也一下子栽倒在他身边,头晕目眩,四肢发软,蒙蒙眬眬,只能闭上眼睛大口喘着粗气。

"大伟哥?"胡小英在他耳边轻声问道,"要回房间吗?"

吴大伟哼哼了两声,挣扎着想起身,胡小英连忙扶他起来,歪歪斜斜地送他回到房间门口,然后从他的裤袋里面摸出房卡开了门。

胡小英小心照料着他,帮他解开外衣,脱下皮鞋,放低枕头。吴大伟顺势舒服地躺下。胡小英略一思索,带着深思熟虑的微笑,走过去锁门关灯,又回到床边,三下两下脱光自己的衣服,挨着他躺下。被一个柔软怀抱搂住的他甚至舒服得哼哼了两声,他听到耳边有个声音在说着什么话,语调轻柔婉转,喷出来的气吐在他的耳朵上,痒痒的。下意识地他拉住了对方,有个温暖的肉体滑到自己身下,散发着一股致命的香味,让他茫茫然如在天际一般飘浮起来;又如回到孩提时代,赤身裸体,倾倒在母亲温暖的怀抱之中……他舒展开身体,沉入这醉人的温暖中……

次日的阳光,穿过窗帘的缝隙,毫不留情地在他的脸上刻下一道窄痕,耀眼的光亮将他唤醒。他眯缝着眼睛慢慢转醒,头疼欲裂,口干舌燥。迷迷糊糊地下床找水,却感觉身上一凉,低头才发现自己竟然真的不着衣物,赤身裸体。

糟!

他一下子清醒过来,回头看到床的另一边,白色被单下露出一个女人光溜溜的手臂。

轰的一声,他的大脑在原地瞬间爆炸。

第32章
当惊世界殊

想起第一天抱着宝宝抵达深圳,从楼道角落暗色的苔藓,窗台外闪耀着如新上油漆一般光泽的肥厚树叶,甚至木质桌面上湿湿凉凉的触感都在提醒彭金凤记忆中的故乡城市和童年。

"怎么样?累不累?"那个男人从背后搂住她,善良的脸上满是小心翼翼的担忧。

"挺好的。"她回过头,听到自己如是说,"这里倒是很像我的老家啊。"

然而当年,正是因为讨厌老家的环境和习俗,才让她义无反顾地抛下一切奔向美国。

现在,只要跟自己喜欢的人在一起,到哪里都是天堂啊!她笑了,叶敢峰也笑了,舒了一口气的表情。

对他来说,彭金凤到这儿就是吃苦来的,更不要说还带着不满周岁的娃娃,来到这个人生地不熟的地方。他只想加倍地对她和宝宝好,不让他们感觉一丝丝委屈和困难。

请当地员工介绍,他请了一位乡下来的阿姨,照顾家务和宝宝,还听朋友的推荐,七七八八买了很多香港过来的营养品,带回家里让彭金凤滋补身体。更不要说宝宝的奶粉、尿布、衣服什么的,只要彭金凤说了需要,他就会想办法买回来,甭管哪里产的。就算她说要月球上的土来糊墙,他也能背上铲子去搞点回来。

彭金凤都一一看在眼里，甜在心里。她学着姐姐的样子，如宫殿女主人般操持家务，特别是对丈夫除工作以外的生活细细掌握，从上下通勤，到一日三餐。她用天生的机警和智慧，控制着手中的松紧带。正如她经常在电话里面跟陈卫红说的："小峰现在正全力扑在事业上，其他的事情就交给我来操心吧。"

幸福的时光过得真快啊，一晃好几年过去了。近日，她似乎听到了一些流言蜚语，一些对自己闺密不利的消息。她决定亲自探访，静观默察。

夜深，城市中心却并不显出疲态，到处霓虹灯彩，已逐渐现出不夜城的气息。彭金凤抱着宝宝从出租车上下来，夜风沁人心脾，她却裹紧了怀中孩子的棉毯子。宝宝呢喃着往她怀里又缩了缩，继续沉沉睡去。她走进办公大楼，楼内零星几个隔间依然灯火通明，她进电梯到了楼上。

她踩着上周刚在香港买的小黑皮鞋，走出电梯，踏入办公室时，姿态仿佛亲临红毯的电影明星，挺胸昂首，略施粉黛的脸上挂着一股浓淡适宜的微笑。

"叶太！"坐在靠近门口位置的小姑娘先看到了她，惊讶地一下子从位子上站了起来。

其他人纷纷抬起埋在电脑前的头。业务做多做大后，叶敢峰和吴大伟租下了整层办公楼，隔断用的塑料板还在，但移动了些位置，在办公楼的一端设置了一大一小两间会议室。公司的招牌还没来得及换成大的，依然用着之前的那个金属牌子，挂在门口，边角耐不住此地的潮湿已然生锈。那么晚还留在办公室加班的人也不太多，除了叶敢峰和吴大伟，也就剩几个年轻小伙和姑娘，这几个年轻人她之前也见过，一直认为有几对是情侣关系，但好像又不是那么回事。

叶敢峰先站了起来，又惊又喜："你怎么来了？小英快倒杯水过来。"

坐在外面的胡小英立马起身，动作利索地倒了一杯热水给彭金凤。另一位男生也殷勤地拿了一把椅子让彭金凤坐下。

彭金凤笑着说了声"谢谢"，手上依然抱着孩子，没有坐下，眼睛却不着痕迹地仔细打量着面前的这个女人。她记得第一次见到她时,感觉她的一双金鱼泡大眼睛在整张脸上特别突出,身上和脸上都仍带着一些婴儿肥,显出不少稚气与土气,刻意盘起的发型和干净整洁的职业套装则是她努力掩饰稚嫩的装备。现在几年过去了,她的脸上有了已婚女人的成熟,身体略显发福,考究的衣裙紧贴在身上,使整个身形凹凸有致,张扬的性感与办公室的氛围很不协调。

"宝宝都那么大了呀!"吴大伟也起身,往彭金凤这边走。

彭金凤转过神来,笑着回道:"是呀,一下子就那么大了哦。在家就是小魔王了,大半夜的一直吵呀闹呀,说要见爸爸,但真的带他来了之后,你看,又睡过去了。"然后她小声笑了起来,连嘴角扬起的弧度都透出一种经过周密计划之后的精致来,"可见是个attention-seeker(求关注者),罗杰你说是不是哦?"

叶敢峰也笑起来,带着年轻父亲特有的傻气:"宝宝又闹你了呀,你不要太惯着他了呀,惯坏了他还累着了自己,吃力不讨好!"他用上海话强调最后几个字,试图逗大家一笑。

大家也如愿笑了起来。笑声吵醒了熟睡的宝宝,呢喃着睁开眼睛看了看这个陌生的环境。彭金凤见状,万分冷静地又将宝宝搂入怀中,右手有节奏地轻轻拍着他的后背,渐渐又将宝宝哄入梦乡之内。

叶敢峰回去看了一眼电脑屏幕,对彭金凤道:"再等一下,这个测试跑过去就好了。"然后对其他人高声道,"跑完这个,一起宵夜,我请客!"

办公室里一片欢呼声,但很快被彼此的嘘声制止,可不敢再惊醒了宝宝。彭金凤这才坐了下来,哄着宝宝,安静地观察办公室里的情况。

胡小英坐回电脑边,但没一会儿就兴高采烈地蹿起来,跑到吴大伟身边,拍了拍他的肩膀,靠近他的耳边低声道:"伟哥,图片加载出来了。"

吴大伟惊喜地回头,起身跟着她到外面的电脑边,一看屏幕,低声叹了一句"哎呀"。

彭金凤探出身子,想看一看那图片是什么东西。但吴大伟突然转身,瞬间捕捉了她探究的眼神。彭金凤条件反射地缩回身子,脸上挂着不好意思的微笑。没想到吴大伟反而笑着招呼她回来看:"我们家小公主的照片。"

除了彭金凤,其他人也围了过来看,一张小小的彩色图片,作为邮件的附件从大洋另一边发送过来,像素并不高,但还是能看清一个身披阳光的少女骑在自行车上,笑着比着"V"字。

"这就是茜茜吧,真可爱。"胡小英做作地夸赞着,"看那眼睛跟吴总多像呐!"

吴大伟也笑着,点着头:"红红折腾很久发给我的,能收到真是太好了。"

叶敢峰也站在旁边不住惊叹,做生意的脑子已经开始盘算这类图片传输的技术变现可能了:"不错,不错,就是查看一次太费事了,要等很久,时间能快一点就好了,应该会有很多地方能用……"

他的生意经被一个小伙子的一句"好了"打断。叶敢峰和吴大伟又一次察看测试结果,最后判断没有问题后,总算可以收工下班,众人又是一阵轻声欢呼。

几人开开心心地锁上门,说着笑着从电梯里面出来。吴大伟突然定在原地,翻找着口袋,最后一拍脑门:"糟糕,车钥匙忘桌上了。"

"没事,坐我的车吧,坐得下。"叶敢峰宽慰道。

"不行,明天要去海关收个货,约了大清早要过去的……"吴大伟说着要往回走,"我去去就来,很快的。"

"我去吧!"胡小英自然地扯住吴大伟的胳膊,主动请缨道。

吴大伟回头看着她,犹豫了一下。

"我有你办公室的钥匙,我比你跑得快呀。"胡小英自信地眨了眨眼睛,用手亲昵地拍了拍吴大伟的后背,没等他说话就先跑去按电梯了。

众人笑了笑,语带双关:"她现在比老总还厉害!"

彭金凤看着胡小英的身影消失在电梯里面,眉头皱了皱,转身推了一下叶敢峰:"你先去把车开出来吧。"

叶敢峰不明所以地看着她,用眼神询问她应该不着急这一会儿吧。

"我一直抱着宝宝太累了,想先坐一下嘛。"彭金凤语带撒娇道。

叶敢峰自然照单全收,并且一下子听明白了她的特别用意,走的时候还招呼带走了其他人。一时,门口暂时只剩下彭金凤和吴大伟两个人。

彭金凤靠近吴大伟,低声道:"大伟哥,这个女生……"

"小英?"

"她……有男朋友吗?"彭金凤问道,"刚才那个男生应该不是吧。"

吴大伟模棱两可地含糊否认了一声:"嗯,应该不是吧。"

"奇怪了……"彭金凤抬头看了一眼吴大伟,没把话说得太透,"你要小心了。"

"我?"吴大伟难得一下子就听懂了,讲话的声音都有点颤抖,"不可能,不可能,人家小姑娘比我小那么多,条件也不差……"

彭金凤瞪大眼睛,这次直视着吴大伟,正色道:"大伟哥,我可什么都还没说呢。"

吴大伟一下语塞,内心五味杂陈,嘴拙如牛,只会"那""那""那",最后自嘲一笑,说道:"我只是把她当妹妹看。"

彭金凤撇了撇嘴,不置可否。

那夜,竟不欢而散。

"还有吗?"

当第三遍问这个问题的时候,她知道自己的忍耐力已经达到了某种极限,这种愤怒与克制的对抗被完整地保留在颤抖的尾音上。上扬的音调穿过电缆,越洋传到那边大陆,透过塑料制的电话耳机听筒传出来,显得愈加模糊和不真实。但饶是迟钝如他,吴大伟也终于后知后觉地听出来不同寻常的部分,但知道有问题和知道有什么问题之间的距离可能比两人实际的地理距离更为遥远。当下,手足无措地他只能机械重复了一次她的问题。

"今天几号?"电话那边传来一个不相干的问题。

似为邀功一般,他脱口而出一个日期,然后在那个瞬间顿悟似的"啊"了一声。

接着是一片死寂。电话那头的陈卫红以多年夫妻默契地知道,他终于想起来了,想起来昨天是他们的结婚纪念日。在他们东拉西扯,她多方暗点明示之下,终于想起来了。

触发她心底真正恐惧的并不是对某个重要仪式纪念的遗忘,甚至不是对方言语之间的敷衍与不耐烦,而是对一种更为巨大的、更难以预料、更神秘莫测的生命的走向的恐惧,某种名为命运的操纵,滑向那个等待已久的必然的深渊。

裂缝应该在很早之前就已出现,如地震来临之前,开始只是出现在细枝末节上,或者只是一次遗忘的约定,一个敷衍的电话,一次漫不经心的抱怨。甚至没有争吵,在这通电话之前,分居两地多年的他们从来没有真的争吵过。随着年龄和阅历的增长,他们已经放弃这种最直接最激情的感情处理方式,而是变成更为冷静更为致命的沉默,这令她极为沮丧,极为惶恐。她体验到自己不再咄咄逼人,不再任性抱怨,甚至连丧气话都不再说起,但这一切并不仅仅来自他的迂回逶迤,他的声东击西,他的虚伪和市侩。

但这次她不想再换位思考,不再"善解人意",甚至不想要理智分析,因为过往这段时期的一切都在她的背后叫嚣着叛逆。

她深吸了一口气,然后她听到自己如是说,如同一位法官宣判死刑:"你忘了,你忘了这个家!"

"我没有!"这是他的第一反应,夸张的音量配合不容置疑的语调,充满了心虚的底色。

他并不十分清楚自己在那时那刻否认的动机,或许因为男人的自尊,或许因为对这段感情的盲目自信,或许只是因为不想输给对方。是什么时候这段感情变成了一种形式,一种过往的记忆,或者说,只是一种被法律定义了的存在?少一句问候,多一句认错就可能满盘皆输。

不,他没有办法细想。这段时间被工作充斥的大脑,被本能占据的身体已经放弃了对情感危机的判断和处理。作为动物的肉身需求暂居了上风。他的潜意识里只有一句话，不能输，不能服输，不能就是不能。这已非对与错的判断，不需要理智思考的判断，他只能固守住这个阵地。

她也绝不后退："你明明就是忘了！我从昨天开始等你的电话等到今天！哪怕一个邮件，一个别的什么！没有！什么都没有！甚至从上周我就告诉过你这个事情，但你从来没有听过。你现在根本就不想听我讲话！"

"我没忘！"他如此坚持。

这通电话变成了一个无休止无意义的争吵和谩骂，两败俱伤是唯一的结局。以致当这通电话被狠狠挂断时，两个人都为对话的结束暗自松了一口气。

吴大伟站在电话机边，皱着眉头呆看了许久，脑袋里面各种思绪，混乱混沌。

"呀！你流血了！"

胡小英的一声尖叫，终于把他拉回了现实。

胡小英扯了几张卫生纸，指了指他的嘴角，塞给他。

吴大伟这时才在嘴巴里面尝到了一些些血腥味，因咬得太紧牙龈渗出血来，嘴角也挂上一些带血的唾沫泡。

见他没有反应，胡小英直接拿着纸巾帮他擦起嘴角来，因两人动作过于亲密，吴大伟心虚地环顾四周，生怕被别人看出破绽来。其他人装作低头做事，吴大伟稍自镇定，从她手上接过纸巾："没事，最近牙龈有点上火。"

吴大伟去卫生间漱了漱口，冲淡了嘴巴里面的血腥味，大脑里面还没理出什么思绪来，就听到外面叶敢峰招呼开会的声音。创业者的密集行程里面放不下一点儿女情长的缠绵时间。

撂下电话的陈卫红也十分丧气。在厨房翻箱倒柜找出之前朋友送的红酒，又乒乒乓乓一通翻找出开瓶器，待她终于找齐了东西在桌边坐下时，身体已经累了。她喘着气，憋着眼泪，扯开红酒瓶口的封口，旋转着将开瓶器扎入软木塞里，往外拔的时候没控制好力气，竟断了小半截在瓶子里面，又

第32章 当惊世界殊

费了好一番工夫,还是无法取出半截木塞,只好用长柄钢勺把剩余的木塞捅下去,再看瓶内的红酒上已然漂了一层橡木屑。

她木然地看着杯中这些混合在红色液体里面的小渣滓,轻飘飘地顺着晃动上下起伏。举杯,灌到口中时,已经感觉不到这些木屑,甚至连味道都没有变化。但就是一种微妙的、不可言说的差异,充塞在口鼻之间。她试图将这一大口酒吞到肚子里面。不习惯喝酒的身体十分自然地产生排斥,食道蠕动着抗拒着进入的液体。

"呕……"

最后尽数吐在了水槽内。暗红色的黏稠液体。

她站在水槽前,大声哭了起来。为什么连体面的悲伤都不能如她所愿了呢?或许无论是感情还是生活本来就没有"如吾所愿",越想抓紧的人可能离开得越快。即使勉强凿开一瓶红酒,得到的不过是一杯沾满了软木渣滓的恶心液体。

这时从外面传来一个冷静的开锁声。似按下暂停键一般,哭声被迫戛然而止。她匆匆将酒杯丢到水槽内,剩了一半的红酒洒得到处都是。来不及多看一眼,她已经冲回了自己的房间,合上房门。

第33章
冰火两重天

俗话说,男追女,隔堵墙;女追男,隔层纸,这层纸已经捅破,胡小英有点肆无忌惮了。

晚上八点半,夜幕笼罩整栋办公楼,员工都已下班,但公司里仍然灯火通明,吴大伟和胡小英还没有走。

吴大伟先站起身,走到胡小英工位说:"该下班了,回家吧。"

胡小英抬头看了看吴大伟说:"我哪里有家啊?我父母远在江西,公司就是我的家,你就是我的家人。"

吴大伟稍一犹豫,终于还是发出了邀请:"那就到我家里去吧,我们自己做饭吃,我们都吃怕了饭店和盒饭,对吗?"

胡小英欢快地立马蹦弹起来:"就等你这句话呢!"

两个人出了办公室,黑暗中,胡小英亲热地勾住吴大伟的胳膊,吴大伟像被火灼烧似的立即甩开,轻声喝道:"别胡闹!"胡小英噘着嘴,低着头跟着吴大伟走。

这是陈卫红为吴大伟买下的房子,当时就是为了让他上班方便,不把时间浪费在路上,陈卫红在公司附近寻找房源,得知这个新住宅区即将开盘售楼,陈卫红几乎是飞奔前往,成了第一个买房的顾客,并且一次性全款付清。吴大伟心里记着老婆的这份情义,老夫老妻之间的深情,已经融化在血液中,不必言语,只在举手投足任何一桩小事情上显现。因此,尽管固守空房多年,吴大伟从来没有想过要请别的女人进入。

自从东莞那件事情发生后,胡小英在吴大伟面前有恃无恐,吴大伟也似乎对她有亏欠感,许多事情上只好顺着她。他拿钥匙打开房门,随即快步走到每个房间把电灯打开,又随手打开了电视,家里这才有了光亮声响。这是他一个人居住后养成的习惯,每次一回家立马全屋开灯,不管看不看都让电视大声嚷嚷。他跟陈卫红说过:"一个人走进空落落的房间真不是滋味啊!"

他招呼胡小英在客厅里坐下说:"小英,你看看电视,我去弄饭。"

他走进厨房,从冰箱里拿出鱼和肉,放到微波炉里解冻。胡小英径自走了进来说:"你还把我当客人吗?"

吴大伟不作声,胡小英卷起袖子帮忙,两个人一个洗菜,一个炒菜,干红辣椒炝锅,呛得人掉眼泪咳嗽。不一会儿,两荤两素一个汤就做好了,饭菜摆上桌,两个人都有一种温暖亲切的感觉。但吴大伟总觉得哪里有点不对劲,只是闷头吃饭。吃完了饭,小英主动洗碗收拾厨房。吴大伟看她挺懂事的,心里咯噔了一下。

正在这时,电话铃响起来了,是陈卫红固定的通话时间。

吴大伟看了看正在厨房忙碌的胡小英,走进房间拿起电话,有点心虚地说:"喂,卫红啊,我这里正忙着呢,有几个朋友在这里商量点事情,我们明天再聊吧。"

应付了远在天边的陈卫红,吴大伟却不知道怎么对付胡小英。夜已经深了,胡小英就是赖在沙发上看电视不肯回去。

吴大伟坐到她身边拍拍她:"小英,明天一早要上班,你还是回家吧。"

胡小英看定了他说道:"我天天一个人回到黑洞洞的空房间是什么滋味你知道吗?以前我宁可在公司无偿加班,也不愿意早回去。现在我有了你,我还回到那个地方去干什么?"

吴大伟摆了摆手,坐得离她远一点:"我是有老婆孩子的人,你还是该去找个男朋友的。"

胡小英带着哭腔说:"我原来有一个男朋友,两个人都说好毕业后就结婚。没想到他去了日本，开始还有电话来，以后就慢慢失联了，现在我都不知道他在哪里。周杰伦费玉清的那首《千里之外》唱得真好，沉默年代或许就不应该太遥远的相爱，那薄如蝉翼的未来，根本经不起谁来拆的。我们两个是同病相怜，你太太只想着她自己和女儿，哪里还管你呢？难道你真要用一生来等待吗？"

她站起来走到吴大伟身边，一屁股坐到他的腿上，勾住了他的脖子。吴大伟愣了一下，坐着没动。胡小英主动抱住他，越搂越紧，终于，两个人吻在了一起，又相拥着进了房间。

之后，胡小英向吴大伟要了房门钥匙，下了班就直接过来了。她按照自己的喜好重新布置了房间，把陈卫红的全家福照片丢到了橱柜深处，摆出了自己的艳照。吴大伟有点无可奈何，想着反正夫人不在身边，就让她折腾吧。

陈卫红再打电话回来，吴大伟的话越来越少："卫红，我们正在忙，公司进入了最忙碌的时刻，不聊了，你自己当心身体。"

电话铃声又响起，吴大伟干脆不接电话，铃声响个不停，胡小英直接走过去拔掉了电话线。

第二天，陈卫红又打来电话："大伟，你昨天去哪里了，怎么老不接电话？"

吴大伟只能撒谎了："我在公司加班，没有回家。"

陈卫红直言："那怎么我给公司挂电话也没有人接啊？"

吴大伟谎言编到底了："哎哟，人人都在忙，没有人顾得了接电话。我这里一切都好，你放心好了。"

吴大伟也不问陈卫红和女儿过得怎样，就挂断了电话。

陈卫红将信将疑。她没有时间多想别的，眼面前的女儿似乎一天一个样，已经上中学的吴晨茜个子几乎跟母亲差不多高了，晚上因小组讨论吴晨茜回来得有些晚，拿钥匙开门后，先扫视了一圈屋子，才蹑手蹑脚地进门换鞋。看到整个屋子都是黑的，只有主卧门缝里透出一点光亮。然后她听到主卧里面传来一声巨响，似乎有人撞到什么东西的声音。她提着包，右手敲了敲主卧的门。"妈？"

"我没事!"门内传来的声音过于含糊,以致她愣了一会儿才反应过来。

"妈,我今晚上跟同学讨论课题回来晚了。就是莎拉,你之前见过的那个卷头发的。"

"好!"

"嗯……那我回去睡了……"

"睡吧。"

为人父母的倔强和委屈只能留在一扇门之后。心智开始成熟的孩子或许会敏锐地捕捉到字里行间的隐藏,但他们的世界里还有更多的烦恼等着他们去消耗精力,无论是女伴新买的连衣裙,还是隔壁男生一个轻飘飘的眼神,都比眼下母亲的一句含糊不明的"没事"来得紧急和复杂。

陈卫红休了半天假在家,用冰块敷在眼眶周围消肿,但效果并不太明显。尤其当她躺下时,冰块融化后的水珠顺着眼眶的凹陷流入鬓角……"我拿个塑料袋子包起来就好了",她想起有个人曾经如是说。当时他们才刚结婚,有次换季时她被流感击垮躺在家里,笨拙的他手忙脚乱地找了几块冰包在毛巾里面敷在她的额头上,冰融化成水,毛巾吸不住的水流到了她的头发里面,吴大伟站在身边连连懊恼……

眼睛又有些酸涩,她从沙发上坐起来,眯着眼睛去卫生间拿毛巾把冰块包起来。去厨房取新的冰块时,她不经意看到昨天丢在水槽里面的红酒杯和凝固后的暗色红酒块。鼻子闻到过夜的酒味,觉得一阵恶心反胃,她拿了冰块便匆匆逃离了厨房。

下午的时候她回了公司,一半是因为需要工作来转移注意力,一半是因为老板的紧急电话。公司正在增资扩股的关键时期,老板踌躇满志,无论从市场还是SEC(证券交易委员会)[①]都收获了非常好的反馈,在这个节骨眼上他可容不得底下的员工有任何的松懈和差错。陈卫红强撑着红肿的眼睛

---

① SEC,全称是 US Security and Exchange Commission,美国证券交易委员会。

修改文件和测试系统，打起十二万分的精神来。

待全部文件提交，告一段落后，下班后的她将车子开出车库，看到夜幕降临的硅谷，霓虹灯耀眼的街道，人来车往，所有人都忙忙碌碌，连走路都比她印象中的快。或许整个世界都变了，只有她自己还活在自己的世界里面，不愿改变？

她深吸了口气开车回家，开门看到女儿正坐在客厅的长桌边写作业，灯光洒在她的头发上，反射出一圈温柔的光圈。吴晨茜回头看向门口："妈回来啦。"

"吃东西了吗？"

"没，等你回来吃。"

"那叫个比萨吧。"

"好啊。"吴晨茜站起身来去客厅给比萨店打电话。

陈卫红回房间，换了身舒服的衣服，出来时看到女儿身上的新T恤，眉头不禁皱了起来："你穿的什么呀？"

吴晨茜低头看了看自己的T恤，粉色底的花纹上有一行字体怪诞的低俗口号"cute & slutty"（可爱加淫荡），奇怪地看了眼母亲，挑了下眉："怎么了？"

"你这穿的是什么呀！"陈卫红皱着眉头，指着T恤正中间的低俗口号问："这种话怎么能穿在身上啊？"

"怎么不能？我们学校很多人都这么穿。"吴晨茜轻描淡写地摆了摆手，觉得对方老土又喜欢小题大做。

"什么？"陈卫红拔高音量道，"不行！不行！你脱掉，这件衣服不要穿了，难看死了！"

青春期的吴晨茜露出叛逆的表情，一字一顿道："我！不！要！"接着还用英文重复了一遍。

陈卫红被气得不行："这都是什么东西！大家都那么穿你也要那么穿吗？那大家都去跳楼你也去跳吗？"

吴晨茜露出不可思议的表情："妈你知道你自己在说什么吗？这个有什

么？不要企图用你老土的思考和眼光来打击我，OK？"

"我？我老土？"陈卫红被气得语塞。

吴晨茜觉得多说无益，合上桌上的课本，准备回自己房间。

"你！你给我站住！"陈卫红摆出家长的威严喝令道，"衣服给我脱了，你听到没？"

结果只有反作用，吴晨茜大声用英文反抗着："不！没门儿！"窜进自己的房间，还重重地闩上房门。

只剩下陈卫红一个人在客厅被气得直跳脚。

早餐时，陈卫红一直瞪着女儿，准确地说是瞪着她身上那件低俗的T恤衫。少女青春期渐渐发育的胸口上扎眼的"cute & slutty"。

吴晨茜坚持自己的叛逆，将"My body! My way!（我的身体！我的方式！）"的标语写在大纸上，贴在自己房间的门口，以示无声抗议。同时，跟母亲陈卫红开始冷战，甚至为了故意宣示一般，她几乎天天都穿着这件T恤，走到哪儿都穿着这件T恤。

陈卫红的火气更大了，每次晚饭时正襟危坐，想要严肃地跟女儿讲一讲这个问题，吴晨茜就把饭碗一扔，筷子一甩，干脆绝食抗议。

"小丫头片子，还学会了甘地的非暴力不合作了嘛！"陈卫红瞪着吴晨茜。

吴晨茜从餐桌上起身，去自己房间门口摘下写了大字标语的纸，如抗议游行一般，举着纸回到陈卫红面前，将这句叛逆的话狠狠甩到了桌上。然后一言不发转身回了自己的房间。

陈卫红气急发笑："好的不学，这种乱七八糟的老美文化倒学得快得很。"

一把攥起那张标语纸，揉成一团，丢到了垃圾桶里。

或许是近日事事不顺，连公司同事都从她的坏脸色中看出了不少端倪，被热心美国大姐在茶水间关心是不是身体不适，陈卫红只好说起了女儿穿叛逆T恤的事情。没想到热心大姐的话匣子一下被打开，滔滔不绝地讲起她自己家中三个女儿的叛逆故事来,一个接一个。听得陈卫红一愣一愣的。最后热心大姐吐完了自己的苦水,就说要回个邮件直接转身走了。剩下陈卫红在原地独自尴尬,想着美国长大的孩子都如此难带吗。

不过,内心的苦闷是真实的。她很想找个人倾诉一下,但奈何彭金凤搬去了深圳,柔斯玛丽最近身体不适她不便多去打搅。特别在每周末约好的越洋通话时间,却常常联系不上吴大伟,这种难受就愈加强烈了。周末晚上,叛逆期的女儿把自己锁在房间里面,维持冷战。陈卫红一个人坐在客厅里面百无聊赖地看着肥皂剧,吵闹的人物声音充盈在空空荡荡的客厅里面,格外寂寥。

她叹了口气,怎么就变成孤家寡人了呢?回头看着放在一边的电话,出了会儿神,那个人已经好久没有主动打电话来了。

她又看了会儿电视,脑中突然灵光闪现,转身兴冲冲地拨通了上海娘家的电话。嘟声响了一会儿才被接起来。

"喂?"

母亲魏晓楠熟悉的声音,透过听筒从遥远的那边传来,在一个瞬间她差点哭了出来。

"喂。"她强自镇定,但颤抖的声音泄露了她此时的心情。

"红红啊,我说谁那么晚还打电话呢。"魏晓楠说着话,离开听筒对屋里的人喊了一声"是红红",然后是一阵嘈杂的声音,她听到有人急急忙忙跑动的脚步声,听筒摩擦衣物的窸窣声,甚至隐约争执电话的乡音。最后还是魏晓楠回到了电话边上:"红红,你还好吧,许久没接到你的电话了呢。"

陈卫红不禁内疚,最近烦躁着自己的那些事情,忘记每月问候老人的承诺了,只好支吾两声糊弄了过去。

"最近身体还好吧?我们前两天看到美国西海岸刮飓风了,哎哟,吓人的嘞。你那里受影响了吗?"

"没事的,在别的州,我们这里就是下大雨。"

"哦哦,那就好呀。红红,你是不是有什么事情呀?"

陈卫红惊吓于母亲敏锐的感觉，几乎就要将与吴大伟吵架的事情交代出来时，话到嘴边勒住了缰绳："没什么呀。"

"嗯，嗯。"魏晓楠顿了一下，"茜茜还好吧，读书用功的吧？"

说到女儿的事情，陈卫红才话多了一些："读书成绩没问题的，就是青春期小孩子叛逆得来，什么话都听不进的，就跟你倔。"

"啊？茜茜很乖的呀，跟你倔什么啦？"

"衣服呀，穿得乱七八糟的。"陈卫红将整个事情的前前后后都跟魏晓楠讲了一遍，越讲越激动。

魏晓楠却在电话那头听得哈哈大笑："哈哈哈，红红你还记得小时候的那条灯芯绒的裤子吗？"

对于母亲突然提起的陈年旧事，陈卫红愣了一下，没有反应过来："什么裤子？"

"你忘记了呀，小的时候你一定要买一条灯芯绒的裤子，红红绿绿的，我们都说难看，但你一定要买，买了之后天天穿给我们看，骂了也不管，继续穿。"

她模糊的记忆中好似浮现出这么一条印着粗陋花纹的毛茸茸的裤子来："哦，是的。"

"你还记得后来怎么样了吗？"

"后来？"

"后来我们不骂你了，不管你了，过了阵子你自己就把裤子扔了。"

"啊！"陈卫红激灵了一下，"对，好像是的。"

"你看你看。"魏晓楠又笑了一阵，"你家茜茜是不是跟你一个样子？"

"啊……"陈卫红如醍醐灌顶，一下子茅塞顿开，"噢哟，姆妈你不要笑了，我知道了呀。"

挂断电话后，陈卫红的心情也阴转晴天，开朗了许多。从那天起，她就开始选择性无视吴晨茜的T恤。刚开始几天吴晨茜以为自己胜利了，天天穿这件T恤在家里走来走去，还常常故意凑到陈卫红跟前去。但没过几天，她的注意力就被别的东西吸引了,这件让陈卫红头痛不已的T恤也很快被换掉,几个月后被丢弃在了废品站内。

　　至于另外一场冷战,渐渐成为她难以启齿的一件事。那通越洋电话,常常像电影一样不停地在她脑海里面回放,慢放,快放,一些细节甚至被无限延长,被一帧一帧、一字一字回忆琢磨。他为什么说这句话?我为什么说这句话?他听明白了吗?我说明白了吗?时而焦虑,时而沮丧,时而愤怒,情绪起起落落。

第34章
青春作伴好还乡

"海伦姐，你快回来吧！你再不回来，大伟哥要撑不住了！"彭金凤已经多次给陈卫红打紧急电话催她回国，陈卫红总是说："好的好的，等茜茜考上大学我就回来啦。"她听不懂话里的潜台词。

叶敢峰直摇头，忍不住说道："唉，怎么这么聪明的女人，在这种事情上就这么迟钝呢？真的像那时候大伟哥不知道有一个追求海伦姐的王董那样，现在海伦姐怎么就悟不到也有一个第三者存在啊！"夫妇俩只能叹气，他们还能说什么呢？虽说美国只规定12岁以下的儿童一定要由父母看管，但现在读高中的吴晨茜，也真的还无法独立，离不开母亲的。

好不容易，这一天总算等到了。春日降临，陈卫红在家门口的邮箱里看到了那封盼望已久的大学录取通知书。她喜滋滋地做了一桌好菜，端在桌子上等女儿回来。又故意把信封好，让女儿自己来拆阅。

茜茜跳跳蹦蹦地回家了，一眼看到了那封信，一把扯开信封，边看边大叫："妈妈，妈妈，我被普林斯顿大学录取了！"

陈卫红装作刚刚知道的样子："什么？普林斯顿大学？全美国第一名的大学啊？你梦寐以求的好学校！快！快！给你爸爸打个电话报喜！"

这个时候，还是女儿比较清醒："妈妈，现在是什么时候啊？现在是国内的凌晨四点，爸爸还没起床呢！"

陈卫红还是喜笑颜开："那我们赶快吃饭，吃了饭正好给你爸爸打电话！"

两个人开心地吃饭,互相夹着菜。陈卫红边吃边说:"你就先给柔斯玛丽打个电话吧,她可为你花了不少心血啊。对了,等会儿还要给外公外婆打个电话,他们一直在发电子邮件追踪你的学习考试情况,我是怕影响你考试情绪,还不敢告诉你呢。"

女儿收敛了笑容:"妈妈,我就那么软弱啊?我已经是成人了,我会管理自己的生活,也会管理自己的情绪。我入学后就住校,你去跟爸爸在一起吧,你们因为我都两地分居那么多年了。我真怪自己怎么长得那么慢!"

陈卫红忍不住感慨道:"唉,每一天都那么慢,每一年都这么快,我都不相信自己都快年近半百了!"

两个人耐着性子等到了晚上。茜茜掐指一算:"妈妈,现在是国内的早晨七点的样子,爸爸应该起来了,我们给他打电话吧!"

陈卫红拿起电话拨打:"咦,怎么没有人接?好像电话线也拔掉了,怎么回事啊?"

茜茜比较灵活:"我来打爸爸的手机。"

茜茜拨通了电话,叫着:"爸爸,爸爸——"

那边吴大伟模糊的声音:"谁呀?这么早!"

茜茜极其兴奋:"爸爸,我被普林斯顿大学录取了!"

那一头似乎平静得出奇,完全不在同一状态:"好的,好的,让爸爸再睡会儿。"

陈卫红抢过电话:"大伟,你在哪里啊?怎么家里电话没人接?女儿终于考取理想的大学了,我们可以团聚了,我马上就要回来了!"

吴大伟睡眼惺忪地答道:"等等,别急嘛,你在美国那么高的工资,在国内可没有人给你发工资啊,你自己再想想吧。"

陈卫红有点反应不过来:"你不是一直怪我们不管你吗?现在女儿可以住校独立了,你怎么反而说不急了呢?"

亚洲人确实会读书,有一个笑话,说是美国家长怪孩子读书不用功成绩不好,孩子理直气壮地回答爸妈说:"我既不是印度人,也不是中国人,怎么

第34章 青春作伴好还乡

读得好书呢?"

吴晨茜经常被陈卫红嗔怪为读书不努力,饶是如此,高中还没毕业,她就一连收到了普林斯顿大学、南加州大学和父母读过的俄勒冈大学的录取通知书。小姑娘遇到选择烦恼了。

美国没有统一的大学入学考试,只有一个SAT（Scholastic Assessment Test）,即学术水平测试,考写作、阅读、数学三门课,每年举办七次。高中生只要觉得自己准备好了,就可以去参加考试。大学会根据高中生测试成绩,在当年的二、三、四月陆续发出录取通知书,学生要在当年的五月一日前决定究竟去哪所大学读书。吴晨茜反复考虑下来,竟然选择了南加州大学的电影学院。

陈卫红大吃一惊,觉得女儿走火入魔了,放着最好的常春藤盟校[①]不去,那里有一流的医学、生物、计算机系科,在这类系科读出来,一辈子都会衣食无忧。而什么电影学院,那只是玩玩的地方,美国本土人做电影也不见得能以此谋生,更不要说与美国文化还是隔了一层的新移民了。她苦口婆心地说服女儿,但女儿就是听不进去。

陈卫红心情很复杂,她深知不应当干涉女儿专业的选择,就如同她父母一点都没有干涉她的选择一般,但是,作为一个母亲,她又很功利地会担心女儿所学专业是不是能保证她一生衣食无忧,当初自己和吴大伟选择从哲学转学计算机专业,就是为了这一个"衣食无忧"。她和吴大伟想好好商量一下,但吴大伟却似乎更忙了,忙到一周一次的电话都草草了事,忙到在国内晚上打电话到家里常常没人接,再问起的时候也只是说在加班,或者说自己睡得早没听见。

明明办公室也没有人接。

[①] 常春藤盟校（Ivy League）指美国历史悠久的八所私立大学,包括哈佛大学、普林斯顿大学、耶鲁大学、布朗大学、哥伦比亚大学、康奈尔大学、达特茅斯学院、宾夕法尼亚大学。

明明那里才晚上七点。

陈卫红也不知道该如何解释,潜意识里似乎意识到什么,只是吴大伟每次编造出什么理由,她就选择相信——如果不相信又怎么办呢?难道要继续往下探究吗?她逃避似的不去多想。只是,她一定要找到吴大伟,跟茜茜的爸爸好好商量,这个节点对于女儿太重要了。

"你让茜茜自己选择就行了,不需要你帮她做决定。"吴大伟总算接了电话,但他的回答也就一句话。

"你之前不是希望她学音乐或者学计算机吗?"

"学音乐解决不了吃饭问题,学计算机她自己有兴趣吗?"吴大伟直接提出了自己的看法。

"我只是觉得当爸妈的还是要提出建议,毕竟我们的人生阅历更丰富……"

"我们做不了决定的,让她做自己喜欢做的事情就好了,我没做到……"吴大伟话出口了一半,又咽了回去,但陈卫红听到了。

似乎,他还是不喜欢现在的专业。

结果是陈卫红尊重了茜茜的选择,虽然当初她也只是担忧女儿以后活得好不好,并没有真的要强迫她去学不喜欢的专业,而且最后茜茜也真的说服了她。

"妈咪,我能明白你的想法和担忧,我也知道我自己选择的是怎样的路,我不觉得我有多大的艺术天赋,但是现在的我真的很想做这件事,我就是觉得电影有无比神奇的力量,我充满了好奇心,就是想探究这个力量,如果不去做我可能会后悔一辈子。我向你承诺我不会浪费这段时间的,我不是去玩玩的,我是要去探索新的未知世界的。当然未来怎么样我也不知道,未来的事情就交给未来好吗?"

陈卫红听到这些话的时候,才真的意识到自己的女儿已经不是那个要找妈妈抱抱才敢去学校的小姑娘了,也不是高中一度叛逆到什么话都听不进去的少女了,而是和自己一样能够平等交流的有着独立思想的成人了,陈卫红有想哭的感慨,却说不出这种感觉是因为开心还是微微的失落。

不管怎么说,陈卫红觉得自己在美国的任务已经完成,现在是回国与丈夫在一起的时候了。

卫红的美国闺密为她举办了一个别开生面的欢送派对。

派对地点选择在旧金山市郊的双峰山脉,那里有山岭,有沟壑,有清澈见底的涓涓细流,放眼望去,浩渺无际的太平洋就在脚下,耸立在太平洋上的金门大桥和屋伦大桥,宛如两条纽带连接彼岸。平时,这帮女伴经常在节假日、周末结伴爬山。山路弯弯,她们边攀援边诉说各自的心事,也总是有人指着这里那里的风景大呼小叫:"啊!真是太美了!"这儿丛丛山岭,层层叠翠,一年四季青葱碧绿,如果再罩上一层薄雾,放眼望去,轻柔缥缈的云气氤氲中,错落有致的峰峦若隐若现,远处镶嵌着草地游泳池的小平房、小别墅似有似无,真像是法国印象派画家莫奈笔下的风景画像。人在画中行,意在仙境中,似乎尘世的喧嚣,人际关系的烦恼,都被山里的清新空气冲洗得一干二净。

今天,女友们每人烹制了一道拿手的好菜,齐齐驱车来到双峰山,要为陈卫红开一个 Pot Luck 的 Farewell Party（每人各带一样食品的欢送会）。

陈卫红带着女儿茜茜开着一辆金色的凌志车过来,自己做老板的周怡婷带着男友孙宏钢开着紫红色的奔驰,电视节目主持人李若兰与男友斯蒂夫开着深蓝色的宝马车。三辆车一字长龙地开到半山腰的停车场停下。六个人各自从自己的车子里钻出来,手里捧着装吃食的坛坛罐罐。他们都穿着色彩亮丽的休闲装、运动鞋,一派飒爽英姿,说说笑笑地沿着蜿蜒的山势迤逦而行,走到了一块伸展出去的山间平地上,铺开塑料纸摆出了各人做的拿手好菜。

"卫红,"周怡婷打开香槟酒给大家斟上,举杯先说起了祝词,"祝贺你夫妻团聚,回家重新过蜜月去!"

"祝贺卫红!"大家笑着端起了香槟,冲着卫红碰杯。卫红笑眯了眼,说了声:"谢谢大家!"举杯一饮而尽。

"这下不用再每天早请示晚汇报了。"李若兰打趣地说。卫红每天早晨

7点给丈夫打越洋电话时，正是中国的晚上10点。听到了大伟的声音，她的心里才踏实，这一天的日子才好过，这种电话鹊桥是女友们都知道的，只是，她们并不清楚现今的真实情况。

"卫红真是好福气，女儿考上了名牌大学，丈夫创业事业有成，上帝太眷顾你了，我都要眼红死了！"女友们都挺羡慕她。

"卫红跟大伟是同学又是同事，两人感情这么深，却偏偏分隔十来年，上帝也是给了他们考验的。"忠厚的孙宏钢忍不住插话说。

"哎，卫红，你回国后跟你的美国妈妈怎么联系呢？她这么大年纪又不会用电脑。"李若兰关心地问道。

要回国了，卫红还真是舍不得这位美国妈妈。

"我会给她写信打电话的。再说，茜茜在这里啊，她会代表我去看望美国奶奶的。"卫红告诉女伴们。

茜茜终于有说话机会了："我当然要去看望柔斯玛丽的啦，她是任何时候都站在我这一边的好奶奶呀！"

"卫红，回去以后不要忘了给我们也发发E-mail（电子邮件），把你的幸福生活跟我们分享分享。"周怡婷又一次举起了酒杯。

"可惜我们聚餐时要少了卫红做的素鸭和油爆虾了，这可是美国的中餐馆做不出来的中国美味啊！"斯蒂夫对中国美食情有独钟。

"我们也不能一起去爬山旅游逛商店了。"周怡婷在摇头叹气。

"一整天泡在电影院里看三四部好莱坞新片子，也只有我跟卫红有这个劲头，她走了，你们谁还有这种雅兴呢？"学艺术的李若兰掩饰不住她的失落感。

卫红沉浸在幸福之中，同时也真有点依依不舍。十多年的美国生活，她已习惯了这里清新的空气，干净的水，碧澄如洗的蓝天；她欣赏美国文化中的幽默乐观，人际关系的简洁干脆，还留恋女伴们在一起的友谊和欢乐，与美国妈妈的依依深情……

但这一切的一切，在与丈夫团聚的天平上，卫红还是向丈夫倾斜了。她与吴大伟从18岁考进大学时相识，22岁开始谈恋爱，26岁结婚，几十年来甘苦与共，相濡以沫，卫红感到她与丈夫已合二为一，这种感情是融化在血液中，镌刻在骨骼里的，是没有任何东西可以替代的。美国再好，缺了丈夫在身边，卫红还是感到孤单，为了与丈夫团聚，卫红舍弃了这一切。

要回国了，该带点什么丈夫喜欢的东西呢？陈卫红开着车子在旧金山的几个超市购物中心转悠。她在艺术蜡烛柜台前停住了。上次丈夫回国前她就陪他来过这个商场，当时丈夫径自走到艺术蜡烛柜台前，选购了一组红蓝白三色小蜡烛，每一色由一个小玻璃方盒盛着，三色三个小玻璃方盒，连成一个精巧的长方形，一根粉红色的丝带绕着这个玻璃长方形，打了一个很好看的蝴蝶结。他说美国的东西就是精致，公司有人生日时可以作为小礼物，员工会特别高兴的，卫红知道丈夫是位受到员工爱戴的好上司，她也一直以丈夫关怀员工为荣。既然丈夫公司的员工喜欢，她也就又买了几套艺术蜡烛。还有呢，丈夫近两年似乎对照相颇有兴趣，还专门让卫红为他买了一架日本索尼相机，说是经常外出开会，以他的身份，带的相机太差了拿不出手。现在，卫红为这个相机又去配了广角镜头和三角架，想给丈夫一个惊喜。再有，一向不修边幅的丈夫现在似乎也开始讲究起来了，卫红想到这里笑了笑，又去为丈夫买了好几套名牌服装。

两只大箱子装得满满的，陈卫红没有犹豫，直接向公司递交了辞职报告，把一年四季的衣服都带回去了，准备安心跟丈夫过团圆日子。既然大伟恋着国内的事业不肯回美国，要夫妻团聚，也只有自己做点牺牲了。朋友们跟卫红开玩笑，说她要回去度蜜月了，卫红只是笑而不答，心里在想，是得补补课享受一下夫妻恩爱了。中国人还是怕羞，卫红曾经以漫不经心的口气对丈夫说出她深藏在内心的话，"我们分居这么多年，最大的牺牲是没法正常做爱了"。丈夫当时笑着嗔怪地瞪了她一眼，她也回瞪了一眼："我说的不是大实话吗？"

茜茜去办理新生入学手续，她坚持不要母亲陪伴，要自己独立完成一切。陈卫红登上了东方航空公司的航班，旧金山直飞广州。她在飞机上激动得无法入睡,飞机上的电视正在播放冰上芭蕾——男女花样滑冰的画面,一对对俊男美女在冰上翩翩起舞,速滑带起的微风吹动着他们轻柔的衣裙,真有霓裳羽衣飘飘欲仙的感觉。每次看到这样的画面,卫红总感到在冰上起舞的一对男女正是她和丈夫吴大伟,他俩的动作那么和谐优美,当年他们在同一所大学同一个系里教书,也被同事们戏称为双宿双飞。现在又能回去与丈夫双宿双飞了,陈卫红按捺不住内心的喜悦,一颗心跳到了嗓子眼上。马上要见到朝思暮想的丈夫了!她想要像美国夫妻小别重逢那样,扑上去拥抱他,两人热烈地接吻,旁若无人。为了实现这个设想,她特地关照大伟不要告诉任何人她回国的消息,只让丈夫一个人到机场来接她。

飞机着陆,好不容易出海关到了接机大厅,她用眼睛急切地寻找着丈夫。

彭金凤眼尖,她首先看到了推着满满的载物车的陈卫红,大声叫着:"海伦姐,海伦姐!"

吴大伟、叶敢峰、彭金凤和几个公司员工一拥而上。

吴大伟见了妻子,眼睛有点躲闪不敢直视。陈卫红并未察觉,悄悄跟吴大伟耳语:"搞那么多人来接我干吗呀?不是说了你一个人来就可以了吗?"

吴大伟干巴巴地说:"大家主动要求来接你的呀!"

一群人上了几辆车,陈卫红、吴大伟与叶敢峰、彭金凤坐一辆车,一路上议论了一下美国的老熟人,叶敢峰刻意融合气氛,语气有点夸张地说道:"茜茜考上大学了,你们终于团聚了,恭喜恭喜!"

彭金凤也紧紧跟上:"海伦姐,你这次来了再也不要回去了,要走就要跟大伟哥一起走啊!"

车里的气氛变得有点凝重,陈卫红还是后知后觉,只顾跟他们介绍蔡卓娅等几个老同学的近况,吴大伟一直不做声。几辆车子开到家里了,大家帮陈卫红取出行李送上电梯来到家门口,叶敢峰止足说道:"你俩也是久别重逢了,走,我们去上班了,你们好好聊聊吧!"

吴大伟竟然要跟着叶敢峰一起走:"卫红,我也去上班吧,你先在家里睡一觉,倒倒时差。"

叶敢峰往回推着吴大伟:"哎,你上什么班呀,在家里陪陪老婆,明天再来有什么关系呢。"

吴大伟仍然往外走:"我还是去公司吧,卫红,你先自己休息一下,我下班了就回来。"

大伙儿一哄而散,吴大伟也跟着大家走了,屋里只剩下陈卫红一个人。

陈卫红这才感觉到了吴大伟的冷淡,吴大伟似乎害怕单独跟她相处,陈卫红坐下来,她没有一点睡意,陷入了沉思。

第35章
东窗事发惊鸳梦

都说夫妻久别如新婚,民间还戏说男女性欲"三十如狼,四十如虎,五十还像头狮子"。陈卫红想象着丈夫会像年轻时那样火焰喷发,两人会有一场轰轰烈烈的床上游戏。她一边把带回的衣物归整起来放入柜子,一边焦急地等着丈夫回家。过了夜里十二点,吴大伟总算回来了。陈卫红曾经想象过各种各样两人见面的亲热场景,她迫不及待地扑上去亲吻他,但她做梦都没想到的是,吴大伟竟然推开她,冷冷地说:"我感冒了,你刚下飞机身体虚弱,抵抗力差,怕传染给你,我们还是分房睡吧。"说着,从大床上取出一只枕头,也不看陈卫红,转身进了原为女儿准备的小房间。

陈卫红有点摸不着头脑,只能委委屈屈地一个人在床上躺下,夜越深,她似乎越清醒,她把回国前后吴大伟的言行仔细地在脑子里过了一遍,越想疑点越大,问题越多……

那间屋子里,吴大伟也翻来覆去难以入睡。过去的日子中,他稀里糊涂地听信了胡小英的话,以为陈卫红只顾女儿不顾丈夫,以为陈卫红喜欢美国,是不可能真正回国来与他共同创业生活的。这次陈卫红毅然决然放弃美国生活辞职回来,倒真是出乎他意料的,他原以为陈卫红最多请个年假过来待上几天就回美国的。现在自己该怎么办呢?怎么面对发妻?怎么安排胡小英?这两个人要是吵起来又会怎么样呢?整个公司整个朋友圈都要看笑话了。怎么办?怎么办?一下子他心乱如麻,不知所措!

陈卫红早早地起床了,她像往常一样,到厨房去烧开了一壶水,做起了早饭。吴大伟也起来了,他其实并没有感冒,只是一夜没有睡好,神情有点萎靡,人也尴尴尬尬的,害怕陈卫红问什么,顾自低头漱洗。

陈卫红走了过来拍拍他:"大伟,感冒好点了吗?快吃早饭吧,你爱吃煎鸡蛋,我给你做了两个,你喜欢喝热茶,水也烧开了。我们有那么久没见面了,我有好多话想跟你说。"

跟陈卫红的热情相比,吴大伟明显冷淡:"我今天要出差,过几天才能回来,这是早就安排好的,我也没有办法。反正你这次在这里的时间长了,等我回来再聊吧!"

陈卫红对这招又是始料未及:"大伟,你不是说感冒了吗?过几天等感冒好了再出差不行吗?"

"不是跟你说了,这是早就安排好的事吗?我也没有办法的。"吴大伟说着,走到房间五斗柜前,从口袋里取出钥匙开了中间抽屉,取出一叠人民币交给陈卫红:"需要什么你自己去买吧!"他俩多年夫妻生活养成的习惯,两个人的收入都放在同一个抽屉里,谁需要花钱就从这个抽屉里取,钥匙放在一个两人默认的秘处。知道陈卫红没有人民币,吴大伟想到要留些现金给她。但不知为何,这次他把钥匙收起来自己揣在口袋里带走了。

吴大伟匆匆吃了早饭要出门,陈卫红过来跟他拥抱,吴大伟敷衍被动地站在那里,任陈卫红抱他,陈卫红想吻他,他躲开了:"我在感冒。"

吴大伟出门走了,陈卫红收拾碗筷,越想越觉得不对劲。

她迟迟疑疑地在房间里转了一圈,感觉到这个屋子有哪里变了,似乎不是在自己家里。再一看,发现原来房间各处挂着她与丈夫女儿一家三口的合影照片,一张都没有了。

陈卫红轻轻念叨:"怪了,我们的全家照到哪里去啦?"

她下意识地到处寻找,在书架上层层叠叠的书籍背后,才翻出了一个蒙着厚厚灰尘的嵌着自己全家福照片的相框。

难道是什么人不愿意看到这些照片吗？

陈卫红被触动了，她赶快去寻找那块刻着"海枯石烂心不变"的石头。怎么，也不见了？当时他们把这块石头放在垫着海绵和绸缎的丝绒盒子里，作为爱情的见证，当作镇家之宝供奉在家里的五斗柜上。那么，它到哪里去了呢？

陈卫红紧张地在屋子里到处寻找，她打开了家里的几个柜子，竟然看到许多女性用品，有小抽屉里的胸罩三角裤，也有隐藏在大衣柜深处花花绿绿的性感时装。

陈卫红吓瘫了，她浑身哆嗦，自言自语："难道真的是？"

她不愿意相信："不，不可能！"

陈卫红像坠入五里云雾之中，头晕脑涨，心神恍惚。她不愿，也不敢朝那个方向去想，但是，还能有别的解释吗？

一下子心房怦怦乱跳，一下子浑身乱颤气得发抖，她感觉自己快要窒息了，快要发疯了！不，不，还是先沉下心来，她下决心把家里翻箱倒柜彻底清理，一定要找出答案来！

她一个抽屉一个抽屉地翻起来。先从卧室开始。床头柜抽屉深处，一组红蓝白三色小蜡烛跳进了卫红的眼帘。哎呀，这不是丈夫在美国时买的那组艺术蜡烛吗？他不是说已经送给生日的员工了吗？怎么会在这里？而且已经用过了，燃烧了三分之二。卫红的心痛起来，难道丈夫与什么人在幽暗的烛光下共度良宵？再看下去，竟又发现了女人的发夹、梳子、口红，还有几根长头发。就是说，有一个长头发的女人在卧室里活动过。

那么，这个女人是谁呢？

想到以前每次回国，大伟马上给她全套钥匙，并把存折现金全交给她保管，而这次却把个五斗柜中间抽屉锁得牢牢的，钥匙还随身带着。看来这锁着的抽屉里有名堂，卫红心里想，一定得打开来看一看。

卫红东翻西找，她在大伟写字台抽屉的最里角，看到了一把备用钥匙，拿来开那个锁着的中间抽屉，果然就打开了。

抽屉里最注目的是一大包照片,打开一看,竟然是公司那个叫胡小英的女人,各种搔首弄姿的艳照,还有吴大伟与她在旅游景点的合影。另有一个精美的男式仿钻戒指,是奥地利名牌施华洛世奇水晶制品。跟戒指一起放在一个红丝绒小包里的,是一张胡小英的奖金单子,很明显是她用这笔奖金买了这枚戒指送给吴大伟作定情物的。卫红倒吸了一口凉气,全身发抖,头轰的一声炸开来,人像瘫了似的跌坐到椅子上。她不明白到底发生了什么,但又似乎全明白了。

陈卫红夜不成眠,她哭累了迷糊一会,又突然被噩梦惊醒,便再也无法入睡,思前想后,心乱如麻。

天哪天!卫红万箭穿心般绞痛,她又细细反省这过去了的三年时光,这三年是女儿的高中岁月,她觉得这是女儿人生的关键时刻,她一心扑在女儿身上,除了上班工作,就是陪读侍读。她没有回过国,以为丈夫每年寒暑假两次来美国看她和女儿,从来没想过会有一个丈夫变心的危险。现在细想下来,丈夫买艺术蜡烛是为那个女人,买照相机也是为她拍照。丈夫每次来美国的时间越来越短,对她也变得越来越冷淡,还总是说因为太累的缘故。卫红的眼泪已经哭干,心已经痛到撕心裂肺的地步。她明白自己被欺骗了,被欺骗了这么久!

好不容易熬到天亮,陈卫红打起精神赶到吴大伟公司,进了叶敢峰的办公室。

她忍不住带着兴师问罪的口气:"小峰,吴大伟跟胡小英关系不正常,你为什么不告诉我?"

叶敢峰喃喃地说:"我不是一直要你早点回来,要跟大伟哥在一起,别的我还敢说什么呢?"

陈卫红叹着气:"不知道他们到什么程度了?"

叶敢峰站起来走到陈卫红身边想安抚她:"海伦姐你不要想得太多,吴大伟的心里还是记挂着你和茜茜,他跟那个女人只是因为你在不在他身边,他有点寂寞。"

陈卫红恨恨地说:"他天天说公司忙得要命,连给我打电话都没时间,哪里还会寂寞?"

叶敢峰充当着和事佬的角色:"这种事你们女人是不懂的,男人身边总是要有个女人的。"

陈卫红举起了拳头想打他:"你还帮他说话?你现在打电话叫他马上回来,总要先把这件事搞清楚吧!大伟去哪里出差了?你跟他说,我在他办公室等他!"

叶敢峰用手挡着头,装出一副害怕的样子:"遵命遵命,我打电话叫他回来!"又凑上去讨好地说,"我让茱莉亚过来陪你吧!深圳的饭店越开越好,简直要赶上广州了,让茱莉亚带你去找地方吃饭吧!"

陈卫红坐到吴大伟的办公室里等着茱莉亚过来。这时候,胡小英悄悄地走了进来。她直接面对陈卫红说道:"陈老师,吴总在外面开会,你有事情找我问好啦。"

陈卫红的怒火腾的一下烧到脑门,这是她第一次近距离看到胡小英,以前那人都是混在人堆中不敢直面自己的。不能说是仇人相见分外眼红,但她确实恨这个胡小英,她只比自己女儿大不了几岁,却来勾引长她十来岁的自己的丈夫,破坏了自己的幸福家庭。卫红浑身在哆嗦,她有点控制不住自己的情绪,但她咬住了舌头告诉自己,决不能在丈夫的办公室里失态。她暗暗镇定一下,默默地怒视着胡小英。

胡小英竟然大胆地挑衅:"我知道你要问什么,是的,我是住在你家里。我与吴总的关系非常好,吴总需要有人照顾,我需要有人关心,我们性格相似,我们口味相同,我们很合得来,我们在一起很愉快。"一口一个我们,卫红似乎反倒成了外人。陈卫红做梦也没想到身为破坏家庭的第三者,居然还这么嚣张,她没有一点思想准备,脑子还没转过来,只是凭直觉说道:"你与吴总的关系能好过我们二十年的夫妻关系吗?你们关系不正常,你的愉快是建立在别人痛苦的基础上的。"没想到对方接得快:"没什么不正常!愉快就是愉快,我总不能说不愉快!"把陈卫红气得真要吐血。

彭金凤走了进来,她同情地坐到陈卫红身边,搂住她的肩膀。

看到彭金凤,胡小英立即泄了气似的走了。

彭金凤自言自语道:"这种事情都是这样的,全世界都知道了,而老婆却是最后一个知道真相的。"

她把陈卫红拉起来说:"卫红姐,不要多想这个事了,我们先去找个好饭店,美美地吃它一顿。再安排一次散心旅游,等大伟哥回来我们一起到云南去吧,当然先要好好教训一下吴大伟,让他做个深刻检讨。云南天高云淡一片净土,把什么尘世的烦恼都会忘记干净的。"

陈卫红轻声说道:"事情要有这么简单就好了。但这怎么可能呢?"

吃过午饭,她让彭金凤回家去陪孩子,自己坐在吴大伟办公室里等他回来。

傍晚时分,吴大伟拖着拉杆箱回来了。他打开门看到陈卫红坐在自己办公桌前看书等他,先是一怔,随即解释说:"我是下了飞机就赶过来,准备放下行李就回家的。"

卫红耐着性子看着他说:"这次回来,我们连谈谈心的时间都没有。我有许多事情想问你呢。"

吴大伟放下行李在沙发上坐下,躲闪地说:"有什么好谈的嘛!"

卫红单刀直入:"你让胡小英长期住在我们家里,怎么从来没有告诉过我?"

吴大伟支支吾吾:"她住得远,难得公司开会晚了,她在这里借宿一下,她是睡在茜茜的小房间里的。"

卫红毫不客气:"她自己承认是长期跟你住在一起的,家里到处都是女人用的东西!"

吴大伟还在抵赖:"哦,那是我妹妹她们从老家过来玩,在我们家住了几天留下的。"

陈卫红不依不饶地追问:"吴大伟,你老实说,你跟胡小英到底什么关系?"

吴大伟一点不松口:"没什么关系!她是我的助理,我们是工作关系。"

陈卫红紧盯不放:"哼,你不说实话,你们公司谁不知道,她就是你的小三!"

吴大伟也丝毫不放松:"卫红,我要比她大十多岁,如果以前早婚的话,都可以做她的父亲了,我是看她没有家可怜她,我们只是工作关系,或者说是父女关系而已。"

陈卫红气不打一处来:"哼,如果你们是父女关系,那你们就乱伦了!你跟胡小英两个人单独玩苏州逛无锡,算是什么名堂?"

吴大伟还想掩饰:"我们是七八个人一起去的。"

卫红紧追不舍,她把一叠照片往桌子上一丢:"你自己看这些照片上,自始至终只是你们两个人!"

吴大伟也不分辩,坐在沙发上看着地板慢慢地说:"卫红,我在国内压力很大,公司有一大帮人每月要发工资,公司的房租水电每月都要好几万元呀,我们每个月都要完成一定的指标,否则就要赔钱。我们的每一个订单、每一笔收入都来之不易。还有许多烦心的事你都想象不到,我的那些老同学知道我从国外回来,都要我帮忙他们在美国的杂志上发表论文,说这样才能评上职称,评上了职称就可以提薪升职。我帮他们翻译翻译还可以,但是绝不敢弄虚作假,这种论文,没有大数据支撑怎么发得出来?我就被这些老同学骂,他们还孤立我,弄得我情绪坏透了。我老家的亲戚都过来向我借钱,有些根本是八竿子打不着从来不来往的,他们站在我面前诉苦要钱,不给还骂人。你跟茜茜在美国,从来也不管我在这里怎么样。你知道,我天天回到空无一人的房间里是什么滋味?你知道国内的人际关系多么复杂?你能体会到那种无形的压力吗?你们什么都不管!"

卫红的心软了下来,恳切地说:"那你为什么不留在美国和我们在一起呢?你说这些干什么?你情绪不好就可以乱来啦?"

吴大伟辩解说:"我没有乱来,我只是需要有人安慰我,鼓励我呀!"

陈卫红跟着他的话题走了:"那你为什么不跟我说呀?还有叶敢峰、彭金凤他们,都可以安慰你呀。"

吴大伟有点求饶地说:"卫红,我要请你理解我。"

陈卫红通情达理地说:"我这不是丢下美国的一切,回来跟你在一起了吗?过去我不在你身边,我对你既往不咎;现在我回来了,你一定要跟那个女人一刀两断!"

吴大伟轻声叹气说:"过去天天跟她在一起,现在一下子分开,我怕她会受不了。"

卫红一听气炸了:"你就不怕我受不了?"

正在这时,办公室的门打开了,胡小英走了进来,原来她一直躲在外面偷听。

现在是三个人短兵相接,办公室里的气氛一下子紧张起来。

胡小英一改上午那种气势汹汹的口气,用几乎是恳求的语调说:"陈老师,我和吴总真的很合得来,我们关系非常好。"

陈卫红忍住了没有发作,故意问道:"你们到底好到什么程度?你们实在分不开,我走人,我回到美国去,让你们在一起。"

胡小英一点没犹豫,竟不假思索地立即回答:"吴总对我关怀无微不至,又把我的精力引导到正确的方向,我愿以一生的精力,照顾吴总一辈子!你回美国去好了。"

陈卫红一听,几乎要昏厥过去,她原以为胡小英至少要掩饰一下与吴大伟的关系,没想到她说得如此直露,简直就像是教堂中的愿嫁宣言。卫红一时语塞,也顾不得优雅,近乎是气急败坏地喝道:"你要照顾吴大伟,你以什么身份照顾他?你以为你可以乱来?这种事轻则身败名裂,重则家破人亡!你想过没有?"

吴大伟有点挂不住了,他呵斥胡小英:"你先出去!"

胡小英很不甘心地走了。

陈卫红对着她的背影骂道:"这个婊子,来勾引我老公!"

吴大伟怼道:"你说什么?你凭什么骂她是婊子?这么说我是嫖客啰?"

陈卫红顺势追问:"你跟她有关系吗?有关系就是嫖客!"

吴大伟耍赖到底:"没有关系!跟你说了没有关系!"

第36章
闺密胜亲人

整夜整夜的失眠在折磨着她越发脆弱的神经。

一个人躺在双人床上,双眼瞪着空旷的天花板,天色由暗转明,又是新的一天,新的一天的煎熬。

长期的失眠还诱发了她旧疾偏头痛的发作。她感觉到大脑里装了一个每秒钟爆炸一次的炸弹,砰砰砰,砰砰砰,砰砰砰。

她想哭,但哭不出来了,突然觉得自己前面四十几年的人生是没有意义的,爱情与婚姻一切都变得虚空而可笑。

头又开始痛了起来。

陈卫红受不了这样的打击,终于病倒了,高烧发到摄氏39度,晚上咳嗽不止。吴大伟带她去看了一次病,但没有一句问候的话语,更没有一点丈夫的抚爱,只是站得远远的问她要不要喝水。天哪,天哪!吴大伟怎么会这样了呢?过去每晚睡觉前,大伟都要催促慢条斯理刷牙洗脸的卫红,他热切地小声地呼唤道:"快点,快点呀!"等卫红一上床,他就一把揽住搂在怀里,热乎乎的一股暖流传遍卫红的全身,两人紧贴在一起,轻轻交谈一天来碰到的人和事,吴大伟总是把他最得意的写作新想法,或是为某人某事出的新点子,细细地讲给卫红听,这是陈卫红一天之中最开心的时刻,她就这么天天偎在丈夫暖烘烘的怀中进入梦乡。但现在,丈夫竟然像变了一个人,卫红感到天昏地暗,全身发冷,世界上最亲近的人怎么变成了陌路人?她觉得自己孤苦伶仃，举目无亲了，这后半生还怎么活？这接下去的路该怎么走？卫红脑子里一片糊涂，理不出个头绪来。她的世界崩溃了，她感到自己跌到了一个万丈深渊，冰天雪地。她好冷好冷，好孤独好孤独，她似乎失去了一切，失去了自己最心爱最信任的人，失去了未来，失去了自己所憧憬的幸福，她不知道要怎么办才好。

发烧不退，在彭金凤的坚持下，陈卫红去做了一个肺部透视拍片。医生一看到片子就要她住院，说是肺部有阴影，疑点很大。她又换了几家医院去做CT检查，几个医生都说是有疑点，也就是怀疑可能是肺癌。有一个医生甚至说，管它是不是肺癌，开刀切掉疑点就是喽，还举了很多病人的实例说明开掉这个阴影有多好。这个医生还把家里的地址告诉了陈卫红，旁人解读说，这是让你去送红包，让他更用心为你开刀。

陈卫红被送进医院，稀里糊涂住进了准备开刀的病房。护士每天来教她如何吸气止痛，如何准备手术。第二天就要上手术台了，陈卫红这才认了真，她仔细一想，还没有确诊生癌，为什么就要手术呢？这可是开膛剖胸的大手术啊，身体发肤受之父母，怎么能随随便便破坏了自己的完整身体呢？她打了国际长途电话给美国闺密求助，大家一致意见，不管是不是癌症，立即回来，要动手术也要等确诊以后啊！

陈卫红连夜从住院部逃回家里，收拾了她一年四季的衣服，临时买了从日本转机去旧金山的机票，离开深圳了。

怕父母担心，又怕说不清楚更加添乱，陈卫红一直瞒着陈启帆和魏晓楠，想着等理出了头绪再向父母汇报。

回到美国的朋友圈子里，每个朋友见到她都会惊叫一声："哎呀，你怎么瘦了这么多！"卫红这才意识到，去称了一下，竟掉了整整十磅。爱情这样折磨人，对任何年龄的人都一样。

卫红觉得没有必要隐瞒，把伤心事藏在心里只会伤了身体。她向她的女友们倾诉。当然，她没有心绪在大庭广众中演讲，只是在好友来看望她时，断断续续地，含着眼泪将此事告诉了周怡婷、李梦兰、蔡卓娅等几个最接近的女友。更令她吃惊的是，几个朋友竟平静地答复她："我们早就听到风声了，说他在中国事业有成，崇拜者众多，在美国中国各一个老婆。"卫红气得倒抽一口冷气："你们为什么不早告诉我？"朋友们说："你自己不发现，我们敢说吗？就算我们说了，你会相信吗？"

女友们对卫红提出了种种建议，当然，首先是把身体状况搞清楚。

陈卫红原来在美国公司工作，有很好的医疗保险。现在辞职了，一切都归零。她抱着试试看的心情，打电话到公司询问，辞职后医疗保险还能持续多久。没想到接电话的人事总监老太太听到她的声音叫了起来："你这个小傻瓜，谁批准你辞职的？你躲到哪里去了？打你家里电话没人接，给你发电子邮件你不回，我们到处找不到你！你马上回公司来！"

陈卫红开车去公司，幸好她的车子还没处理掉，当时想着女儿回来需要开一开的。公司同事热情欢迎她，老总说，她是公司元老，怎么能说走就走呢？现在中国经济飞速发展，美国公司都要有中国元素，都在打中国牌，迫切需要谙熟美中两国情况的人才，她本来就是公司的员工，这样难得的人才怎么能放走呢？

如此中国热在圈子里早就传开了，只是当时陈卫红没有把自己放进这个大局中联想。陈卫红交往的女友圆圆到美国30多年了，开始她是教钢琴为生的，以后求她教中文的人比学钢琴的人更多，渐渐她就不教钢琴只教中文了。据她说，来找她学中文的都是白人医生律师等高级知识分子家的孩子，那些家长思想敏锐，说中国在世界上的影响越来越大，孩子学了中文就多一项生存竞争的技能。还有帮她买卖房子的华人房产中介董先生，他的女儿在美国出生长成，大学毕业后到美国花旗银行求职，从众多比她学历更强的竞争者之中脱颖而出，最后险胜的优势就是她的中文：面试官给她一张中文报纸让她念一段抄写一段，请来懂中文的专家评判。这个女孩字正腔圆的国语、工整的中国字把评委镇住了，原来董先生毕业于上海师范大学中文系，到美国后要求女儿从小学中文，女儿在外面说英文，在家里说中文写中文，中文也是她的母语强项。

陈卫红顺水推舟,说自己的身体出了点状况需要就医。有公司的医疗保险,陈卫红去了几家医院彻查,最后的诊断结果是肺部炎症,连续吃药打点滴可以逐步消除炎症恢复健康,她就一边治疗一边去公司上班了。

陈卫红扪心自问,醒悟到心态情绪真是厉害,如果自己因为吴大伟的事情一直忧郁下去,那么肺癌确实会不请自到,想想真是后怕哟!

看来需要调整心态,重新审视整个事情。她先与闺密们讨论剖析这件事情。

最激进的是带有艺术气质的李若兰,她气愤地说:"世界上总有这种坏女人,仗着年轻貌美,勾引成功男人老头子,破坏别人家庭,自己不劳而获走捷径。等到老头子死了或不中用了,她已掠取了金钱地位,再另外找小男人陪她享乐。香港艺人伍咏薇30岁嫁70多岁老男人,结婚5个月老头子就死了,她分得3亿多港币,又找了比自己年轻的男人陪她周游世界吃喝玩乐,就是最明显的例子。偏偏男人又不争气,男人是人,也是动物,野兽!卫红,还是早点分手,自己另外再找一个吧!在美国,50岁的女人还很年轻呢!"

自己做老板的周怡婷不以为然:"我觉得罪魁祸首是吴大伟。卫红,对不起,我要说自己的真实想法。吴大伟既然跟你约好了要夫妻团聚的,那他为什么又跟女秘书搞上了呢?女秘书这么死心塌地要跟他,一定是他欺骗了那个女人,才使她产生幻想,以为最终可以跟老板结婚。当然,女人有虚荣心,靠在成功男人的肩膀上舒服些,升得快些。卫红,我要是你,一定跟吴大伟离婚,这是对他最大的惩罚,让他内疚一辈子!"

蔡卓娅结合自己的经历说了一通:"恋人长期不在一起,慢慢地就变成朋友了。我跟王义尧也曾经热恋过,但之后我坚持要读出博士学位,他又喜欢东部大学的教师职位,我们长期不在一起,关系渐渐地就淡化了。当然我跟他并没有婚约,两个人都是自由的,我们现在是好朋友,我只要开口请他帮忙,他是无论如何都会做到的。只是,我们永远都不可能结合成一家人了。看来,两个人都坚持自己的事业,也只能牺牲爱情了。婚姻爱情是需要天天在一起柴米油盐过日子的,说什么两情若是久长时,又岂在朝朝暮暮,那只是说说而已。"说着,她轻轻地叹了口气。

女友们的想法见仁见智,莫衷一是,但有一点是相同的,她们都认为陈卫红长期以来除了上班就是老公女儿,现在需要寻找自己的幸福,开阔眼界,见见世面。

她们开始轮流请客,邀请陈卫红出来吃饭喝酒。

这次是李若兰做东,主客是陈卫红,还有周怡婷和蔡卓娅一起聚餐联谊。李若兰开了一瓶红酒:"来,喝酒,欢迎卫红回美国!我们又可以在一起吃饭聊天健身了。"

周怡婷一贯是比较实惠节俭的:"明天到我家去,我再做几个好菜给你们吃。"

陈卫红对这帮闺密又爱又恼:"你们这是干什么呀?还要轮流请我吃饭呀?"

蔡卓娅总是说实话的:"你碰上倒霉事了嘛,应该我们请客的。卫红,你这次回来人瘦了一圈,眼眶都凹进去了,看着真叫人心疼。"又鼓励地说,"你明明是独立的,你思想独立,经济独立,为什么要在感情上依赖别人呢?"

李若兰说出了她请客的动机:"卫红,不要再想着吴大伟了,你这么好的条件,我就不相信你找不到比吴大伟更好的男人,包在我身上了,我帮着你找!"

陈卫红有点自言自语:"我真觉得好像在景德镇买了个高级瓷器,一路上车船劳顿,小小心心捧回家都是平安无事,没想到临到了家门口却跌了一跤,把瓷器打碎了。我们结婚二十来年,经过多少风浪都打不散,没想到女儿考上大学,我们可以夫妻团聚了,却偏偏在这时候出事。"说着说着又掉起了眼泪。

李若兰一个劲儿地替陈卫红打气:"卫红,我们就要争这口气,现在美国那么多速配网站,又有那么多婚姻中介,还怕找不到个Boyfriend(男朋友)?蔡卓娅,你也一起去看看!"

一个月亮皎洁的夜晚,李若兰和斯蒂夫开车到了陈卫红住所,李若兰先下车到陈卫红家里,好说歹说要陈卫红换上一套晚礼服,化了淡妆,然后一起去了一个速配派对。

这是一家高级宾馆,大厅里布置得花团锦簇,许多氢气球飘悬,中间是一大块空地,周围有一张张咖啡桌可以供人们休憩谈话。男人们围成一个大圈,是外圈,女人们也围成一个大圈,在内圈,有人拿着话筒在指挥,音乐响起,男人们走动,音乐停止,每个男人面对一个女人,中间指挥的那位先生说:"Each couple have six minutes to introduce yourself. Now go!(每一对男女可以有六分钟的时间来互相介绍认识,现在开始!)"

李若兰和斯蒂夫陪着陈卫红来到这个派对上。

陈卫红还在推脱:"我真没有兴趣,提不起精神来。"

李若兰热心地劝解说:"就当是来玩玩嘛,多认识几个朋友总是好的,放开一点,散散心!"她把陈卫红领到内圈,加入女人队伍里,她自己则和斯蒂夫坐到旁边的咖啡桌前喝咖啡聊天等着陈卫红。

陈卫红在队伍中开始有点拘谨,后来看到也有不少亚裔妇女在女人圈子里,而且那些男人也都彬彬有礼的,渐渐放松了下来。

陈卫红面前来了一位中年男士。

男士:"My name is Peter, last name is Flacy. I'm a engineer work for a computer company. What's your name?(我的名字叫彼得,姓福雷希,我在一个电脑公司做工程师。请问您的芳名?)"

陈卫红:"My name is Weihong Chen. I work for a Internet company.(我叫陈卫红,我在一家互联网公司工作。)"

男士:"I just got divorced. My children all with my ex-wife. What't your situation?(我刚刚离婚,我的孩子都跟我的前妻,你的情况是怎样的?)"

陈卫红不知道怎么说自己的情况,只能支吾道:"My husband go with another women.(我的丈夫跟别的女人好了。)"

男士:"Have you got divorced yet?(你离婚了吗?)"

陈卫红:"Not yet.(还没有。)"

男士:"May I have your phone number? May be we can go some place to have a cup of coffee.(能给我您的电话号码吗？也许我们可以一起出去喝喝咖啡。)"

陈卫红不愿意把自己的号码给陌生人,搪塞道:"May I have yours? When I got divorced I will call you.(请把您的电话号码给我吧,等我离婚了我会打电话给您。)"

男士也不尴尬:"Sure! My number are……(好啊！我的电话号码是……)"

陈卫红拿出一支笔来把那人的电话号码记在随手拿出来的一张餐巾纸上。

音乐又响起,男士队伍在走动,下一个男士又走到陈卫红面前。

男士:"Hi. My name is Andy, last name is Howard. I'm a proffeser works at California state University. I never got married before.(我叫安迪·哈沃德,我是加州大学的教授,没有结过婚。)"

陈卫红有点像背书似的说道:"My name is Weihong Chen, I work for a IT company.(我叫陈卫红,在一家互联网公司工作。)"

男士:"May I have your phone number, and may be we can go some place to have a cup of coffee together.(能把您的电话号码给我吗？也许我们可以一起出去喝喝咖啡。)"

陈卫红依然搪塞:"May I have yours? If I have time I will call you .(还是把您的电话号码给我吧,我有空的时候可以打给你。)"

男士还是彬彬有礼:"OK. Here is my card.(好的,这里是我的名片。)"

音乐又响起,又走过来一位男士。

男士:"My name is Kevin.(我的名字叫凯文。)"

男士:"My name is Jimmie.(我的名字叫吉米。)"

陈卫红只觉得头昏脑涨,兴趣索然,她走出了女人的队伍,走到李若兰和斯蒂夫的咖啡桌前坐下。

李若兰兴致勃勃地问道:"怎么样？有没有感兴趣的？你们可以先一起

出去看看电影喝喝咖啡啊。"

陈卫红摇着头说:"走吧,没有一点感觉,好像是电影里看到的牲口市场挑牲口似的。"

斯蒂夫笑了起来:"这些可都是一个个壮实的洋牲口啊!你就没有看中一个?"

陈卫红黯然神伤:"没兴趣,我们回去吧!"

李若兰不愿意善罢甘休:"卫红,你还是没有放下吴大伟,这么多男人,你就不能找一个试试?"

陈卫红低着头说:"人家都会问我是离婚了还是分居了?我算什么?又没有离婚,又没有正式分居,这么不明不白的样子就去跟别人约会,那我不是跟吴大伟一样了?"

李若兰赌气地说:"就要跟他一样,至少也要气气他。"

陈卫红拉着李若兰一定要回去:"我做不出来啊!"

李若兰无奈地戳着她的背脊笑着说:"你这个老古板,真拿你没办法!"

然而,陈卫红的美国同事有的是办法,他们可要活络多了。

第37章
东边日出西边雨

陈卫红的美国同事也都是那么热心，大家嚷嚷着"你需要去海边度个假"！

"哪里？"

"当然是迈阿密！"

只是一时冲动答应了同事们的邀约，而实际上经过五个小时的飞行之后，双脚一落地，她就后悔了。打车到达酒店，往床上一躺，她连打开行李箱的力气都没有了。同行的几个美国女友却干脆利索地换了衣服，补了妆，兴冲冲地准备奔向海滩。

陈卫红婉拒了她们的盛情邀请，在酒店结结实实地睡了一觉。可能是舟车劳累，这一觉睡得格外踏实，闭眼天亮，睁眼天黑。她摸着黑去卫生间洗了个澡，整个人焕然新生一般，换衣服的时候，她甚至哼起歌来。

"哇，你看起来很棒！"

晚餐时和同伴会合，她刚坐下就不断受到同桌人的称赞。

食材新鲜可口，一杯白葡萄酒下肚，她感觉到脚下开始飘，整个人好像轻了许多。她跟女伴们大声欢笑着，手舞足蹈地又要了一杯酒，忧愁与不甘都随着这杯酒烟消云散了。

"我们去跳舞吧！"一呼百应，连陈卫红都点着头，笑眯眯地同意了。

迈阿密海边的酒吧就建在沙滩上，围起来一圈霓虹灯泡，放着时下流行的电子音乐，穿着泳衣T恤的男男女女簇拥在一起，伴随着强烈的节奏摇摆着。她也摇摆着，身体轻飘飘的仿佛悬浮在半空之中。

"海伦，我要去个洗手间。"有人抓住了她的肩膀，趴在她的耳边如是说。

"好的，我跟你一起去！"她朝着声音来的地方大喊道。

然后她就感觉到有人拉着她的手离开了嘈杂的现场，像一下子跳进冰海之中，她迷迷糊糊地反应过来的时候，已经来到了一个公共卫生间前。与其说是个卫生间，其实是个用简易塑料拼装出来的临时厕所，只有最简单的马桶和洗手台，而且臭味熏天。

"哦！"她一下子清醒过来，"我在外面等你。"

女伴深吸了一口气，钻进了其中一个单间。

陈卫红四处望去，才发现此地已经距离热闹的酒吧很远，但离海很近。她迎着海风，走到海边，脚下的沙子变得潮湿而柔软，她慢慢蹲了下来，有海浪贴着地皮温柔地浸润她的脚趾，又快速逃走。她抬起头，望着海湾对面隐隐约约的灯红酒绿，酒精上头，思绪又渐渐飘远。

"真美啊。"

突然从背后传来一个不熟悉的男声，她被吓得立马从沙子上跳了起来："谁？"

身后是个白人中年男子，穿着休闲的POLO衫，见对方被自己吓到，连忙后退一步，礼貌致歉道："对不起，如果我打扰到你了的话，女士。"

陈卫红没有应话，转身要往卫生间方向走。

在经过身边的时候，白人男子礼貌地又低了一下头。她抬头看了他一眼，看到对方一双漂亮的蓝眼睛，脸上挂着和善的微笑。下意识地她也点了一下头。

随后女伴出来了，很快她们也离开了酒吧回酒店。

当她在床上躺下，依然微醺的大脑又回忆起海边的那个男子来，那人讲英文时带一点东海岸的口音，还有身上的古龙香水，夹杂着几丝烟草的苦涩气味。

但也就只是这样了。她这样想着，只是将此视作一次平常的擦肩而过。所以次日清晨在酒店自助餐厅再次见到他的时候，她大大地吃了一惊。

"哎呀，是他！"

"是谁？"女伴问。

"没什么。"她连忙把目光移到一边，假装从未见过。

"嗨！"没想到那人也认出了陈卫红，而且非常自然地上前打起了招呼，"好巧啊。"

"哦，嗨！"她条件反射地打了个招呼。同桌的女伴们好奇地看着那男子，又看了看她。她只能磕磕绊绊地解释着，"昨晚上，在酒吧，那个，海边……"

女伴们马上敏锐地"哦"了一声，当那男子询问是否可以坐下时，她们自然高兴地报以"当然"。

那人介绍自己叫Daniel（丹尼尔），从纽约来，每年夏季都会到迈阿密来住一段时间，一方面是为了休假，另外一方面更重要的是为了见他的女儿。他跟他前妻离婚五六年了，前妻带着他们的女儿搬到迈阿密开始了新的生活。

陈卫红心思一动，回了一句："听起来是个不错的决定。"

"在迈阿密，是的。尤其是当你准备遇到一个新的伴侣时。"丹尼尔看着陈卫红笑了。

陈卫红有点尴尬，将话题岔开聊起了今天的计划，结果丹尼尔的话匣子被打开，对当地的形形色色如数家珍，听得陈卫红一行人一愣一愣的。顺理成章，他变成了后面几日行程的导游，带着她们尽情享受迈阿密的阳光和海鲜。

她们走的那天，因为丹尼尔约好了带女儿去水上乐园，只能在酒店门口与她们匆匆道别。

"我会去找你的。"临走前，丹尼尔坐在车里，对陈卫红摆了摆手，脸上满是自信。

"OK。"她不知道该如何面对这样的承诺，只能愣愣地点了点头。

女伴们比陈卫红本人更加激动,不停追问她的计划和打算,热心分析起丹尼尔的优劣势,甚至开始规划起了婚后生活是住西岸还是东岸来。吓得陈卫红连连否认,头摇如鼓。

但是……

透过飞机的舷窗,她看到渐渐远离的陆地,内心忐忑。

回到硅谷办公室,日子继续不温不火地往前过去,她接到了几次越洋电话,从亲朋到好友,好似全世界都知道了吴大伟出轨的消息,全世界都跑来告诉她应该怎么怎么做。

这些话语听得过多,导致她现在一听到电话铃响就头疼。当然内心深处,她最害怕同时也最期待的还是那个人的电话。

她知道他打过电话,还是晚上的那个时间,有时响一下,有时响两下。有一次,因为她正好坐在电话机边看电视,铃声响第一声就被她接了起来。

"喂?"

那边没有声音,只有一个加重的呼吸声。

是他!

她一个鲤鱼打挺坐正了身子,又轻轻地"喂"了一声,好似害怕吹落一朵灰尘。

那边停顿了几秒,没有讲话,电话便被匆匆挂断了。

甚为狼狈。

两人都是。

家中的电话铃声成了另一种魔咒,每当响起,她的太阳穴就开始突突地跳动。她站在厨房门边,手上还端着刚倒的水,双眼盯着客厅桌上的亮色电话机。

电话铃响了许久,陈卫红犹犹豫豫的,还是拿起了听筒。

"海伦,你好呀,我是丹尼尔。"

"谁?"陈卫红皱了一下眉头,脑中突然浮现一个晒得黑黑的白人男子的面孔来,"哦,你好,丹尼尔,迈阿密。"

"是的！迈阿密的丹尼尔！"

陈卫红跟电话那头的人寒暄着，心中想着别的事情。

"听着，我下周到硅谷出差，如果时间方便的话，或许我能有机会邀请你共进晚餐？"

"哦……下周……"她重复着对方的话，心中一走神，稀里糊涂就同意了对方的建议。

"那真是太好了！太好了！"

陈卫红不禁有些后悔，但此时已来不及拒绝，只能草草结束了这通电话。

挂断电话，她端起杯子，将杯子里面的水一饮而尽。

也许办公室内过于枯燥乏味，一点点小是非，一两个人便传得尽人皆知，最后甚至连她的老板都听说了，在每周例会之后，还特别叫住陈卫红，对她说了一通"新的开始"和"珍惜眼前人"等等不知所云的过来人训诫。

"……丹尼尔，很有趣啊，你们已经决定去哪个餐馆了吗？"当时一同去迈阿密的同事兴致勃勃地给她提供诸多无用的建议。

"我还没有准备好开始。"陈卫红如实道。

"你把这个看得太严重了，只是一次约会，一次聚餐，一次会面而已，当事情该发生的时候它就自己发生了，放松一些。就当见个朋友。"

"朋友……"

"对，让它发生吧。"

事情也就发生了。丹尼尔到硅谷的那天给陈卫红打来电话，约她到自己下榻的酒店餐厅一起晚餐。陈卫红听信了同事的劝说，也就是一次会面嘛，反正女儿在洛杉矶的南加大读书，她一个人生活，下了班就开车去了那家酒店。

进了酒店大堂，她在迎宾区的沙发上坐下，掏出手机给丹尼尔打了电话后直接去了餐厅。果然，丹尼尔已经在餐厅等她了。

第一次两人单独见面，感觉都有点不自然。坐下点菜，陈卫红声明要

AA制付账，丹尼尔也答应了。陈卫红点了煎鲑鱼，丹尼尔点了牛排，还加了瓶红酒。

聊天，不知道聊什么，于是丹尼尔说他女儿的故事，陈卫红也说自己女儿的往事，聊着聊着，感觉像两股道上跑的车，总是交叉不到一个点上。

总算吃完了这顿乏味的晚餐，丹尼尔提议要她到他楼上房间里坐坐，陈卫红婉拒了，拿起自己的手提包往外走。丹尼尔过来搂着她轻声说道："不要那么害羞啦，我们都是成年人嘛，一起做爱一次就互相了解了，再也不必害羞的！"

陈卫红被惊着了，忙不迭地说着："不，不，不！"丹尼尔笑嘻嘻地说："我知道，女人说不，就是要反着听的，还是到我房间里去吧！"说着，就要接过陈卫红的手提包。

陈卫红板起了脸说："丹尼尔，我并不了解你，我不可能跟你上床的！"说完夺过自己的包扬长而去。

快步走到停车场，似乎惊魂未定。她气喘吁吁地开着车回到家里，给柔斯玛丽打了个电话，把刚刚发生的一切告诉了美国妈妈，并问道："妈咪，美国人对性生活这样随便吗？"

"No, no，不是的，美国人，尤其是我们基督徒，对家庭是很看重的，对性生活是很严肃的。"

"哦。"陈卫红认真地听着。

"红啊，你为什么不回来住几天呢？咱娘俩好好聊聊天！"柔斯玛丽发出了邀请。

她真的觉得需要清静一下，好好清理思绪头绪。向公司请了假，她回到了自己的美国故乡，柔斯玛丽家里。

柔斯玛丽一直保留着陈卫红住过的房间，床垫还是那么厚实柔软，被褥还是那么暖和干净，窗明几净，地毯刚刚清洁过，镶嵌在墙壁内的大衣柜里，挂着陈卫红去加州时带不走的衣服；盥洗间里，洗脸巾洗浴巾擦手巾牙刷牙膏香皂全都换上崭新的。家庭起居室为陈卫红保留的那个书架上，还是

第37章 东边日出西边雨

满满的中文书籍。陈卫红眼睛湿润了,浓浓的爱包裹着她,融化了她心中的块垒,感觉从头到脚都洒满了阳光,全身都暖洋洋的。

母女俩彻夜长谈。虽然在电话中已经说过,陈卫红还是从头到尾原原本本把自己看到的、感知到的,含着眼泪向柔斯玛丽倾诉了一遍。

柔斯玛丽说话的角度很新颖,或者说是陈卫红自己从来没有想到的。

她说:"你意识到吗?你与大伟是同学、夫妻,也是竞争对手。在美国的时候,他感觉样样都不如你;回到中国,他要做出点成绩来给你看看,扬扬男子汉的威风。"

"还有,你对他是平视的,因为你们是平等的;而他的秘书对他是仰视的、崇拜的,男人有时候需要这些,满足他的虚荣心和自尊心。但这并不是爱情,他的爱情还是属于你的,你要相信这一点。"

"你们是几十年的夫妻了,从一个男孩子变成丈夫、父亲,那是需要时间磨炼的。你花了那么多时间把他磨炼好了,怎么能轻易地把他让给别的女人呢?"

"圣经中说夫妻都不可以分房各睡,你怎么可以跟丈夫分居十几年呢?男人有时候像孩子一样需要爱抚需要哄的。你要像对自己的孩子那样原谅他的过失,溺爱他一点,宠着他一点。"

柔斯玛丽这么分析是有底气的,因为,在陈卫红进门之前,她刚刚接到了吴大伟的电话。

吴大伟听到医院诊断陈卫红患了肺癌,起初觉得根本不可能,他告诉陈卫红,这只是国内医生耸人听闻骗医药费。等到陈卫红连夜起程赶去美国,他才有点当了真。陈卫红去后杳无音信,不再与他联系,他心里惶恐,打电话问女儿,女儿只回答他:"你自己好好反思一下!"挂断了电话,吴大伟觉得自己似乎被逐出家门了。

思来想去,还是自己的不是。他找了个借口去美国拜访客户,飞到旧金山,租了辆车子开回自己硅谷的家。

不敢贸然进去,他隔着马路观察着曾经自己的家。原来在互联网鼎盛时期，他与陈卫红都是公司元勋，收入高又有股权分红，他们买下了一栋三百多平方米的别墅。到吴大伟回国时，他们卖掉大房子，只付头款买下一套小小的独立屋，其间的差价就是吴大伟带回国的创业经费。陈卫红留守美国，用自己的工资偿付这套小房子的房屋贷款，还要存下女儿的教育基金，维持与女儿两个人的生活费用，不时还得支持吴大伟创业的亏空。站到了自家门口，过往的种种情景一一浮现在他眼前。

现在，房子看上去与以前有些不一样了。信箱原本是他们自己组装的，现在这个明显就是新换的。房屋外面的墙也是重新漆过了，虽然都是白色，但吴大伟知道这个白不是他们挑选的那个白色。莫非？吴大伟想起回国前叶敢峰似是无意间提起的一句话："我很久没联系海伦姐了，听茱莉亚说她在美国有男朋友了。"

房子里走出了一个男人，吴大伟努力想辨认他的样貌，看清了才发现是个典型的西方白种人——他以为陈卫红还会找一个亚裔或者中国人呢，毕竟她说过，西方人的长相不够有韵味，太帅了也不安全。只是，物都变了，人也会变吧，就像自己一般，从没想到自己会变成如今的模样吧。吴大伟的内心像是有一只怪兽在咆哮着，又像是有千万只蚂蚁在蚕食着。

本来见到了那位新的男主角，也算是尘埃落定，但吴大伟莫名站在原地，可能想着能不能看到陈卫红吧，许久未见，也不知道她怎么样了。如他所愿——房屋里走出了一名女性，走到那位男子跟前，与他拥抱、接吻，两个人似乎在讨论着门前的什么事情。

吴大伟扭开了脸，踌躇了两下又回头看向了那一对男女，才猛然发现女人并不是陈卫红。他心里腾起一种可能，他不能让陈卫红再受一次委屈——他原地呼吸了两口气，走了过去。

"你们好，我想问一下这边是不是海伦的家？"

"海伦？你是哪位？"那名男子对这个名字没有特别的反应。

"我是他一个朋友，我知道她住在这里。"

"不不不，这是我的家，与她无关。"

"你是在用她的房子另外养女人吧?"吴大伟没想到对方什么都不承认,也不委婉了,直接开骂,刚想动手,那个一直没出声的女人问道:"你是说海伦陈吗?"

吴大伟的手停在了半空中。

"她几个月前把房子卖给我们了,甚至因为急着脱手还给了我们一个特别好的优惠。"

"卖?"

三分钟之后,吴大伟已经被邀请至客厅坐下,对自己刚刚的言行道了歉,也大概弄明白事情的前因后果。就在陈卫红这次回国前,她委托房产经纪发布了售屋广告,而且价格优惠,据说就是急于脱手,所以他们顺利地买下了房子。在签署买卖合约时,陈卫红与房屋新的女主人见了一面,女主人才记起了这个名字。了解真相之后,吴大伟再次道了歉,离开了房子。

那么,现在她在哪里呢?

他拨通了柔斯玛丽的电话。

"大伟,红在我家里,你放心。她可能现在还不愿意见你,你先去茜茜那里看看吧!"是美国妈妈柔和的声音,没有一句责怪,但听在吴大伟耳朵里,竟比责怪还严厉。

第38章
世界依旧那么美丽

　　陈卫红在俄勒冈大学做访问学者时，柔斯玛丽经常带她去教堂，在那里陈卫红认识了许多美国朋友，也练习了英文口语，理解了美国的宗教文化。像柔斯玛丽这样虔诚的教徒，他们会去一个固定的教堂，教堂里的主要成员相互都认识，像一个大家庭里的兄弟姐妹一样互相帮助互相爱护。每周至少去参加一次教堂聚会做礼拜，听牧师布道，之后还认真地在圣经学习小组里分组讨论。牧师的布道内容都会预先印发给教友，大抵是结合当前时局形势热点，用圣经中的观点来解读分析。到硅谷上班后，她忙于紧跟互联网最新科技，应对职场种种繁杂事务，而且她的同事中有一位是牧师的儿子，据他说，以宗教为职业的神职人员家属往往是不信教的，她也就渐渐不去教堂了。现在，精神痛苦中柔斯玛丽又把她带进了教堂，她像是回到了老朋友中间，教友们张开双臂热情欢迎陈卫红。陈卫红切身感受到，这些虔诚的教友是一群不功利的人，一批好心人。

　　他们邀请卫红参加教会每周五晚上的团契活动和星期天做礼拜。团契更像小组聚会，住在附近的教友们围绕一个主题讨论交谈。无论团契还是做礼拜，都是以唱圣歌开始。那美丽动听的圣歌，会唱的，不会唱的，都放开歌喉大声吟诵。歌声使大家放松、舒展，一星期来的辛劳、紧张，都随着歌声散开，飘去；对美好未来的憧憬，向往，都在歌词里描述，延伸。卫红在歌声中觉得放松了许多，这几个月来的悲伤、愤怒、紧张，渐渐得到了发散。

一个周末，教会的朋友们邀请卫红一起去游览俄勒冈的风景胜地——火山口湖国家公园。卫红已经许久没有心绪出去游玩了，她跟着教会的弟兄姐妹们坐上了大家合租的大巴士。

车子先开到了崇山峻岭之中的克莱蒙斯瀑布，哇，远远地就有水气雾气加上哗啦啦的水声扑面而来，人似乎进入了仙境，沿着峻峭的山崖飞流直下的大瀑布，真是"疑是银河落九天"。陈卫红坐在大巴士上放眼望去，车子就在仙境中盘旋，沿着迂回曲折、逐渐攀升的公路向湖泊方向前进，自己就置身于满是红杉和松树的茂密森林之中。大巴又开了一段上坡路抵达火山口湖，大家呼唤着下车，站在湖边，只见一潭靛蓝凝重的湖水，恰似一颗镶嵌在群山峻岭中的明珠，又似一潭蓝色浓墨，凝固在陡立峭壁、巍峨群山和险峻悬崖构成的巨大天然怀抱之中，美得令人窒息，陈卫红与朋友们一起，惊叹大自然的鬼斧神工，感慨宇宙的苍茫浩瀚，在如此壮阔的悠悠天地之中，个人的恩恩怨怨喜怒哀乐都显得那么微不足道，陈卫红感觉自己的心胸变得博大开阔，许多事情都看开了，她反思自己与大伟恋爱结婚二十多年来，总是以为只有与丈夫一起游山玩水才有快乐，才能真正从心底里感到开心。尤其来美国以后，开始是埋头读书打工，从不游玩，以后又要陪着女儿成长，除了上班之外，其他时间都随着女儿的节奏安排，哪里能顾及自己的心灵思绪呢？她醒悟到自己要来一个思想解放，要在精神上独立起来，不要把幸福和欢乐维系在别人对自己的态度上。她想起了最近读到的一本书上的话："这个世界依旧那么美丽，就跟你还是个小女孩时一样。"

"是啊，这个世界真美啊！"陈卫红忍不住惊叹了一声，心里充满了喜悦。

大家都看得恋恋不舍，还在抓紧时间拍照留念。陈卫红在这群人里一点不活跃，她很少说活，只是细细地品味，她在试着寻找失落已久的欢乐，一种不依赖他人、不系情于别人的喜怒哀乐，而靠自己内心与大自然、与外界沟通的真正的快乐。

星期五晚上，教会团契组织座谈，讨论最近学习圣经的体会，交流生活中的问题和想法。这是每个人都要发言的。邻座的一位姐妹敞开胸怀谈了她与赌博的儿子沟通的困难,轮到卫红讲话了。

卫红不会讲假话,也不想对教会的弟兄姐妹隐瞒情绪。她轻轻地尽量客观地叙述了自己这次回国遭遇第三者的情况,当然,她是从与大家共同欣赏火山口湖国家公园感受到的快乐,谈到自己这么多年来将喜怒哀乐维系在丈夫家庭身上,以至于丈夫变心后她感到无所适从,现在回美国来疗伤等等。

一阵沉默,大家与卫红一起伤感。

突然,姐妹翠西若有所悟:"哎,你丈夫并没有承认他跟女秘书有性关系呀,这说明他知道这件事是错误的,他顾及你的感受,说明他还想维护这个家庭呀!"

"对呀,卫红,二十几年的婚姻了,你不要轻易放弃!"另一位姐妹玛利说。

"卫红,我说你也有责任,你太粗心大意,忽略了你丈夫的需求。"另一位姐妹丽莎说。

"卫红,你应该回去,以女主人的身份振兴这个摇摇欲坠的家庭,让她重新闪光发亮,让大伟为你骄傲,为这个家庭自豪!"教堂的弟兄,当教师的彼得充满热情地鼓励卫红。

卫红的心里七上八下的,她也意识到了自己的糊涂。遭遇第三者重回美国以后,她读了许多书,许多有关家庭、事业、夫妻关系的书,她要使自己冷静下来,也想一想自己有没有做错什么事。当卫红读到"幸福的蓝鸟总是在自己家里""真正的宝贝在自己家的后院里"等美国谚语时,她深叹了一口气:自己为了女儿读书,为了在美国的工作,却把生命中最重要最珍爱的人放在服从的地位,等到醒悟到这一点时,正如书上所指出的,"斯人已是心不在焉,或是心有所属了"。

陈卫红感到姐妹们说得很中肯,二十几年的婚姻,决不能轻易放弃,吴大伟是自己选择的终身伴侣,自己当年爱的就是他这个人。现在不能意气用事,不能一叶障目不见泰山。他为人善良,脑子聪明,做事勤快,感情真挚。两人自从谈恋爱开始，陈卫红家里的脏活重活都是吴大伟一手包办的，天寒地冻，自来水冷得钻心，吴大伟一到陈家，就把家里的脏衣服全部清洗干净，手指冻得又红又肿。结婚后，买菜做饭也都是吴大伟主动担当。在自己母亲身边从不做家务的他，居然学会了烹饪各式菜肴，而且味道鲜美，连过来蹭饭的学生都赞不绝口，开玩笑要他在大学旁开一个吴老师饭庄，说保证生意兴隆。来到美国，他对一百万美金嗤之以鼻，置若罔闻，只是一心一意地要跟自己在一起。他学什么会什么，虽然钟情于哲学社会科学，但出于争气好强要尽快创造出自己的一百万美金而转学计算机后，他还是很快掌握要领，拥抱了这个互联网新时代。回国创业他也是没日没夜地苦干，公司业务从单纯的硬件设施配套逐渐转向软件程序设计，而且他还很有前瞻眼光地早早与那只"企鹅"（指腾讯公司）和那只"猫"（指天猫，阿里巴巴公司）保持了良好的合作关系。也因为他敏锐的洞察力和苦干实干的执行能力，他们公司总是在行业里走在前列，就连叶敢峰也不得不佩服吴大伟的眼光，甚至在行内都流传着一句话"大伟一出手，就知有没有"。

陈卫红想起柔斯玛丽说的话："大伟是好人犯错误，就像健康人也会得病那样，不能得了病就嫌弃他。他生病时做的糊涂事你要忘记它，不要去挖这些伤疤，要帮助他早点好起来！"

对，还是要回到中国去，与自己的丈夫在一起，不能光责备他，要用心血重新浇灌爱情的花朵，重新建造幸福的家庭！

陈卫红接受了公司要她担任中国常驻代表筹建分公司的任务。这一次，她是有备而来的，她是志在必得的。她回到了深圳。

吴大伟开了七个小时的车，从硅谷到了南加大。一路上他神思恍惚，几次都差点追尾前车。他思前想后，一幕幕，一桩桩，似在眼前。

他想起自己刚刚进入大学时，对大城市的一切都陌生，见了人怯生生的，低着头缺了点底气。是陈卫红主动过来与他聊天，他对着她讲述自己的家乡习俗，童年趣事，她听得津津有味，哈哈大笑。那时候，两个人是多么单纯的金童玉女啊，两个人的眼睛里都闪烁着星星，那个时候没有物欲，没有铜臭，只是少男少女的异性相吸。他突然悟到，陈卫红是在自己啥都不是的时候爱上自己的，而那个胡小英却甩掉了同学男友王磊，自己当时恐怕连王磊都不如啊，如果自己还是当年的那个农村出来的年轻人，胡小英恐怕连正眼都不会看一眼的！他狠狠地抓着自己的头发，真想一头撞到车窗玻璃上去。

他想起自己到陈卫红家里去的情景，陈卫红父母那么热情地招待他，没有一点城市人的优越感，有的只是知识分子的高雅与平等待人的和蔼可亲。有了陈卫红，他的心才找到了归宿。当时自己与她每晚在校园里花前月下携手散步。月光下的一切都是那么柔和，万籁俱寂，只有两颗相依相偎的心在一起跳动的声音。月色溶溶，书香洋溢，两个人在校园里海誓山盟，生死相托。大伟看定了卫红说："我这辈子只要有了你，就一切都满足了。"天气暖和时，大伟脱下外衣铺在校园草地上，让卫红躺下去，他就跪在地上，从上到下亲吻卫红的全身。两人眼望着漆黑天幕上的闪闪星光，心里激荡着爱情的欢乐。

与心爱的人在一起，心儿在歌唱啊。新婚之夜，卫红带着羞涩的微笑脱得一丝不挂，这是大伟第一次看到女人的胴体：雪白丰满、高高耸起的乳房；急转直下，陡然收窄的蜂腰，把吴大伟看呆了。他血脉偾张，下身立即鼓胀起来。两个人拥吻着躺到床上，却不知道怎样做这第一次。他横冲直撞，累得筋疲力尽，还是无法刺破爱妻的处女膜。直到第二天早上，无计可施的大伟冲着卫红发火，怪她不配合，不努力。两人抱了拼死的决心，咬紧牙关，无论如何也要冲破这一关。哎呀，总算谢天谢地，床上现出了一摊血迹，两人都舒了一口气，似乎完成了一件历史重任。

在结婚的头十年里，只要两人在一起，他们是每天都要做爱的。那种精神和肉体的全身心融合，真如天人合一神灵交欢，既满足了人性的需求，又充电般激发起更充沛的精力，笑对人生的种种历练而永不言败。那种销魂，那般缠绵，令人如痴如醉，梦牵神绕。吴大伟记得自己每天醒来的第一件事情是用眼睛寻找爱妻,只要看到陈卫红在,他的心就定了,魂就安了。他对女儿笑言,妈妈是家里的定海神针。那么,这几年,是不是因为陈卫红不在身边,他就乱了方寸,魂不守舍,而忘记了自己角色,只做了行尸走肉,似动物般的欲求,而忘记了贵为人灵的约束节制呢?

想到与胡小英的苟且,每次都有偷窃似的心虚,做贼般的恐慌,匆匆忙忙像是充饥的快餐,事毕心中涌起的第一个念头竟是赶快逃脱现场,离开是非之地,盼望她快快走掉,自己可以清净一下,安心一点。唉,那是一个堂堂正正的男人做的事吗?不堪回首啊!

还有那块"海枯石烂不变心"的刻石,"山无棱,天地合,才敢与君绝"的誓言。陈卫红拒绝了亿万富豪的求婚,自己抵挡了百万美金的诱惑,一切的过往都那么美好啊!

鲁迅说过,悲剧将人生有价值的东西毁灭给人看。为什么要演悲剧呢?幸好自己死不承认,死不承认!希望还有挽回的余地。

就这么东想西想地开车到了女儿就读的南加大,约了女儿出来在校园里见面。父女相见,吴大伟张开双臂想拥抱自己的女儿,可是女儿却冷冷地看了他一眼,后退一步躲开了。吴大伟的心里像被尖刀猛刺了一下,脸上的笑容也凝固了。茜茜眼睛看着地上,脚尖在地上拨拉着砂砾,幽幽地说:"我读小学和中学时都有同学因为爸妈离婚自杀的。现在我已经是成人了,听到这种事还是头昏脑涨的。你怎么能做出欺骗妈妈的事情呢?"

吴大伟无言以对,想了一想说:"你妈妈误会了,我们还是一家人,永远不会变的。"

茜茜抬眼看着他问:"是真的吗?"

吴大伟信誓旦旦:"爸爸什么时候骗过你?"

茜茜情绪有所缓转,伸手从裤兜里拿出一串钥匙,试图从钥匙圈上抽出一把来:"妈妈为了跟你在一起,把家里的房子都卖了,现在我们租了一个小公寓,主要是让我回家时有地方可以住住。你要去吧?给你钥匙,地址我发到你手机上。不过妈妈现在跟美国奶奶在一起,可能还要在那里住几天吧。"

吴大伟见女儿松了口,笑着说:"爸爸请你去吃饭吧,你喜欢哪家餐厅就去哪里!"这才有了父女相见的氛围。

吴大伟在女儿学校附近的汽车旅馆住了一晚,第二天就开车回到旧金山机场乘飞机回国了。

在回国的飞机上,吴大伟似乎彻底醒悟了。他一直以为自己在国内创业艰难,而陈卫红却不愿意离开美国,自己潜意识里责怪她,还以此为借口与别的女人苟且,现在想来完全不是这么回事:陈卫红两次卖房,第一次是因为自己要回国创业,她把卖房的钱投给了自己事业;第二次是女儿考上了大学,她觉得留守美国的任务完成,卖掉房子要回来陪伴自己。那么多年来她一个人既要应对女儿的叛逆抗争,又要保证茜茜的身心学业健康成长,还有她公司的人事纷争业务升级,也不知道她是如何方方面面斡旋安排的。自己从没有听过她一句抱怨一句牢骚,她是全心全意地为着这个家庭奉献出自己。愧疚、后悔和感动轮流裹挟、攻击着这个男人,伴随着万里高空的气压,他痛痛快快地躲在厕所里哭了一场。

回国之后,他做的第一件事情就是要求公司股权重新登记,把自己名下的全部股份转到了陈卫红名下。接着他调整了胡小英的工作,让胡小英离开秘书岗位改到第一线上班。其实,胡小英在得知他放弃全部股份后,就背地里痛哭流涕大骂一场,自己不辞而别了。

叶敢峰不知道吴大伟这一趟美国之行究竟发生了什么,只是瞪大了眼睛看着他这一系列果断的动作。吴大伟没做任何解释,只是轻轻地叹了一口气:"我要追回你的海伦姐,请帮帮我!"

尾　声

两个相爱的人，两个相向而行的人，即使分得再远，最后还是抱在了一起。

爱你的人终将不会离开你，即使他有100个理由要离开，他也会找到一个理由坚持下来。

多年以后，当陈卫红唱起Lady Gaga的歌《一百万个理由》时，嘴角挂起了会心的微笑。

You're giving me a million reasons to let you go

You're giving me a million reasons to quit the show

You're givin' me a million reasons

Give me a million reasons

Givin' me a million reasons

About a million reasons

If I had a highway, I would run for the hills

If you could find a dry way, I'd forever be still

But you're giving me a million reasons

Give me a million reasons

Givin' me a million reasons

About a million reasons

I bow down to pray

I try to make the worst seem better

Lord, show me the way

To cut through all his worn out leather

I've got a hundred million reasons to walk away

But baby, I just need one good one to stay[①]

    陈卫红回国担任自己工作的那家美国公司驻中国总代表,并创建了分公司。吴大伟与叶敢峰一起,继续努力拼搏,让公司在上海证交所上市了。事业成功的前提是夫妻重归于好,婚姻中那段不和谐的插曲,已经翻篇了,他们谨记柔斯玛丽的叮嘱,永远不再提起,彻底忘记它。

    公司上市,吴大伟感觉自己对家庭的任务已经彻底完成,财务自由了,就可以做自己真正想做的事情。他把公司交给叶敢峰和陈卫红打理,聘请了职业经理人,自己去读完了哲学博士课程,回到母校当教授了。这是他真正喜爱的事情,遨游在知识的海洋,探寻宇宙的奥秘,让年轻人的多元价值观相互激荡。这里有对过往的尊敬,对未来的向往,每天与时代的希望之星青年学子在一起。陈卫红把他的生活安排得舒舒服服的,他衣食无忧,心思都放在做学问上。

    陈卫红回国之后,在经营好自己家庭的同时也经营好了美国公司的分公司业务。在这个过程中,她与周围人一样惊讶地发现,自己竟然还有经商

[①] 这首歌的中文翻译为:你给我千万个理由离开你,你给我千万个理由去结束,你给我千万个理由——如果我面前有条公路,我会直奔目标,如果你能够找到你的方向,我永远会和你相守,但是你总是给我千万个理由,给我千万个理由。我跪下祈祷,我试着让一切变好,主啊,指引我吧,剪开那些分割我们的旧皮草,我有千万个理由去摆脱,但是宝贝,我只需要一个好的理由留下来。

的天赋,是不是遗传了外公家的资本市场意识抑或做生意的基因呢?反正妈妈魏晓楠说是有这个可能的。当她觉得已经对得起那家培养她的美国公司时,她辞职了,专心做起了吴大伟和叶敢峰创业公司的业务。

吴晨茜从南加大电影学院毕业后当上了电影导演,专心做纪录片拍摄。她在美国中国之间寻找题材,屡屡斩获国际金奖。只是,即使不断拿奖杯,纪录片总是不赚钱的。她与一位华裔同学结婚生子,儿子取名David[①](大伟),成为吴大伟和陈卫红家庭几代人争夺的宠儿。

叶敢峰与彭金凤连生了三个儿子,虽然一心想要个女儿,但也不敢再生了。叶敢峰说他此生最大的遗憾是儿子生得太晚,比茜茜小得太多,没有办法与吴大伟和陈卫红做儿女亲家了。

蔡卓娅与王义尧都成了德高望重的大学教授,只是,两所大学隔得很远。他俩没有结婚,也没有与别人结婚,至今都还是单身,还是最好的朋友。

杨麒麟成了文物鉴定专家,做着文物生意。他的艺术细胞遗传到了女儿身上,女儿爱上了花样滑冰,成了令人瞩目的花样滑冰女王。

韩伟强,听说是在国内某大学当教授,还很权威呢!

---

① 欧美人往往与父辈、祖辈取同一个名字,以示向他们致敬。

后　记

　　背井离乡，夫妻分居，几乎是单枪匹马地在美国奋斗了十多年，我没有像传奇人物那样发了大财，衣锦还乡，还失去了在国内发展的大好时机，但是我始终无怨无悔，甚至还暗暗自得，因为我亲历了一个历史时刻，一个中国人在海外由弱变强，由社会底层走向上层的转折时刻。海外华人的这种结构性变化，是与国内改革开放相对应的，是国内发展在海外的缩影和写照。

　　也许是因为一个人在海外，接触深交的大多是同性。敢于漂洋过海闯荡美利坚的中国女人，总有某种强项绝技，而美丽是她们最起码的武器。走在洛杉矶、旧金山的大街上，随随便便就能碰上国内的明星大腕。但是，光靠美丽和性感打天下的女人，似乎都没有好结局。我的几位女性朋友，个个艳丽照人，但聪明的她们，不肯使用这个最起码的武器，而是善用中国女人的撒手锏——坚韧、刻苦和智慧。当然，在生存竞争的舞台上，不用性别去软化异性的女人，总是会更辛苦、更惨烈。我与她们朝夕相处，常常被她们冥顽不化般的刚毅所撞击，总在构想着全方位呈现她们坚毅前行的音容笑貌。在中国的剧变与世界文化的相互观照这个大环境下，写海那边的两代中国女人生存奋斗的经历，就是《海那边的中国女人》三部曲要表现的内容。

　　我出国前在复旦大学新闻学院教授广播电视专业，开始动笔写的是一个电视剧本,之后将剧中三位女主角的故事改写成三部小说,就成了这"爱情三部曲"。在改写过程中,我得到了复旦大学两位硕士才女张煜、张宇桐的大力帮助,她们是"自天降临到我书桌的天使"(借齐邦媛语),在此对她们两位表示衷心感谢。

当然,能够完成这部著作,最应该感谢的是我的丈夫李良荣,他一贯纵容我去做自己喜欢的事情。当年他支持我出国闯荡看看世界,之后又鼓励我把这段经历以艺术的形式记录下来。还要感谢我们的儿子李岗,他18岁赴美深造,已在美国读书工作30多年,凡是有我有不能确认的美国方面的知识,他都能像百科全书似的给予及时详尽答复。

感谢文汇出版社接受了这部小说,谢谢张涛编辑为这部书的问世花费了大量时间和心血。

施天权
2019年6月

图书在版编目(CIP)数据

爱情是不离不弃/施天权著.—上海:文汇出版社,2021.8
(海那边的中国女人:爱情三部曲)
ISBN 978-7-5496-3596-2

Ⅰ.①爱… Ⅱ.①施… Ⅲ.①长篇小说-中国-当代 Ⅳ.①I247.5

中国版本图书馆CIP数据核字(2021)第120969号

海那边的中国女人(爱情三部曲)

爱情是不离不弃

作　　者 / 施天权
出 版 人 / 周伯军
责任编辑 / 张　涛
封面装帧 / 梁业礼

出版发行 / 文匯出版社
　　　　　上海市威海路755号
　　　　　(邮政编码200041)
经　　销 / 全国新华书店
排　　版 / 南京展望文化发展有限公司
印刷装订 / 上海颛辉印刷厂有限公司
版　　次 / 2021年8月第1版
印　　次 / 2023年10月第2次印刷
开　　本 / 787×1092　1/16
字　　数 / 300千字
印　　张 / 21.25

ISBN 978-7-5496-3596-2
定　　价 / 45.00元